本书由贵州大学人文社科类学术著作出版基金资助出版

Research on the Impact of

GLOBAL VALUE
C H A I N S

Participation on Carbon Emissions and Carbon Productivity in China

全球价值链嵌入对中国碳排放
及其生产率的影响研究

谢会强 ◎ 著

中国财经出版传媒集团

经济科学出版社
Economic Science Press

图书在版编目（CIP）数据

全球价值链嵌入对中国碳排放及其生产率的影响研究／
谢会强著. —北京：经济科学出版社，2022.12
ISBN 978 - 7 - 5218 - 4415 - 3

Ⅰ. ①全… Ⅱ. ①谢… Ⅲ. ①经济全球化 - 影响 - 二
氧化碳 - 排气 - 研究 - 中国②经济全球化 - 影响 - 劳动生
产率 - 研究 - 中国 Ⅳ. ①F114.41②X511③F249.22

中国国家版本馆 CIP 数据核字（2023）第 012294 号

责任编辑：初少磊 王珞琪
责任校对：易 超
责任印制：范 艳

全球价值链嵌入对中国碳排放及其生产率的影响研究
谢会强 著
经济科学出版社出版、发行 新华书店经销
社址：北京市海淀区阜成路甲 28 号 邮编：100142
总编部电话：010 - 88191217 发行部电话：010 - 88191522
网址：www. esp. com. cn
电子邮箱：esp@ esp. com. cn
天猫网店：经济科学出版社旗舰店
网址：http：//jjkxcbs. tmall. com
北京季蜂印刷有限公司印装
710 × 1000 16 开 13 印张 205000 字
2022 年 12 月第 1 版 2022 年 12 月第 1 次印刷
ISBN 978 - 7 - 5218 - 4415 - 3 定价：58.00 元
（图书出现印装问题，本社负责调换。电话：**010 - 88191545**）
（版权所有 侵权必究 打击盗版 举报热线：**010 - 88191661**
QQ：**2242791300** 营销中心电话：010 - 88191537
电子邮箱：dbts@ esp. com. cn）

前　言

　　嵌入全球价值链在给中国带来经济增长的同时，也显著增加了中国的能源消费和碳排放。在嵌入全球价值链的过程中，中国产业整体处于全球价值链的中低端，导致全球价值链嵌入带来的经济收益与碳排放成本比例失衡，严重影响经济的低碳发展，尤其影响"双碳"目标的实现进程。因此，在全球价值链嵌入背景下，如何有效控制发达国家的碳转移，提高中国地区和行业碳生产率，是实现中国经济低碳转型的关键所在。本书研究的核心问题是：全球价值链嵌入对中国碳排放及其生产率的影响机制是什么？影响效果如何？为了准确回答上述问题，本书首先理论分析了全球价值链嵌入对中国碳排放及其生产率的影响机制，并构建相应的数理模型；其次，基于投入产出分析和社会网络分析法，全面分析全球价值链嵌入对中国整体及行业碳排放的影响；最后，从地区和行业两个层面实证检验了全球价值链嵌入对中国碳生产率的影响，并提出相应的对策和建议。本书主要内容分为以下8个部分。

　　第1章是绪论。主要介绍本书的研究背景与意义、研究内容与方法。

　　第2章是全球价值链与碳生产率研究现状。本章首先介绍了全球价值链嵌入与碳生产率的相关研究。其次，综述了全球价值链嵌入对碳排放及其生产率影响的相关研究，并进行简要述评，指出现有研究的不足及可能改进的方向。

　　第3章是全球价值链嵌入对中国碳排放及其生产率的影响机制分析。全球价值链嵌入通过直接效应和间接效应影响中国碳排放及碳生产率。在借鉴贝纳罗克和韦德（Benarroch & Weder, 2006）与斯沃特（Swart, 2013）研究的基础上，本书基于中间品贸易和两阶段生产视角，增加了发达国家高碳技术转移程度和中国低碳技术吸收能力两个研究角度，构建了全球价值链嵌入对中国碳排放及其生产率影响的数理模型。

第 4 章是全球价值链嵌入下全球——中国碳排放网络分析。主要包括：利用社会网络分析，立体刻画全球价值链嵌入下各国间隐含碳排放网络流向图，分析各国碳排放如何通过全球生产网络发生区际转移；分析中国与 39 个国家（地区）间碳排放网络流向及网络关联程度；分析中国与"一带一路"沿线国家间贸易隐含碳流向及网络关联程度。

第 5 章是全球价值链嵌入对中国碳排放影响的实证分析。主要包括：基于隐含碳视角、生产者原则和消费者原则，测算中国进出口隐含碳总量、流向及分布；采用单位国内增加值出口隐含碳指标，从国家间、贸易国和行业三个维度分析了中国嵌入全球价值链后出口的碳排放成本；采用结构分解方法对中国出口隐含碳的影响因素进行详细分析。

第 6 章是全球价值链嵌入对中国省级碳生产率的空间效应研究。本章对中国省级全球价值链嵌入程度，以及中国省级碳生产率进行了测算，分析了中国省级碳生产率的变化趋势，并通过构建四种不同的空间权重矩阵，从空间视角研究了全球价值链嵌入对中国省级碳生产率的空间溢出效应。

第 7 章是全球价值链嵌入对中国制造业碳生产率影响的实证分析。本章基于增加值框架对出口进行分解，测算 2000～2014 年中国制造业全球价值链嵌入程度和地位，实证检验了全球价值链嵌入程度和地位对中国制造业碳生产率的影响效果。

第 8 章是主要结论与政策建议。本章对前述研究进行总结，提出提升国际分工地位，加强技术创新能力，实现产业低碳转型的政策建议。

本书创新之处在于：

第一，理论分析全球价值链嵌入对中国碳排放及其生产率的影响机制。与现有文献将国际贸易对碳排放的影响分为规模效应、结构效应和技术效应不同，本书结合全球价值链嵌入特征和碳排放影响因素，加入低端锁定和环境规制效应，全面分析全球价值链嵌入对中国碳排放及其生产率的影响机制。与贝纳罗克和韦德（2006）及斯沃特（2013）的研究不同，本书基于中间品贸易和两阶段生产视角，增加了发达国家的高碳技术转移程度和中国低碳技术吸收能力两个研究角度，通过构建理论模型，系统揭示了全球价值链嵌入对中国碳排放及其生产率的影响机制，为后文的实证研究提供理论基础。

第二，从增加值和隐含碳视角分析全球价值链嵌入对中国碳排放的影响。与单区域投入产出模型和双边贸易模型不同，本书基于全球多区域投入产出模型，分析中国贸易隐含碳的区域和行业现状，结果更为准确，为中国参与全球碳减排谈判提供数据支撑；同时，与现有文献仅从国内增加值或出口隐含碳单方面研究不同，本书基于增加值框架构建单位国内增加值的出口隐含碳指标，分析中国出口的碳排放成本；并采用结构分解方法对中国整体和行业出口隐含碳影响因素进行详细分解，找出了影响中国出口隐含碳变动的重要影响因素，为全球价值链嵌入下中国经济低碳转型提供政策依据。

第三，基于空间计量视角和增加值分解框架分别实证分析全球价值链嵌入对中国省级和行业碳生产率的影响。现有文献忽略了区域间要素流动可能产生的空间相关性，本书从空间计量视角分析全球价值链嵌入对中国地区碳生产率的空间溢出效应，避免传统计量模型设定偏误，在一定程度上为我国地区协同减排政策制定提供经验依据。此外，以往研究仅以垂直专业化指数衡量全球价值链嵌入程度，本书基于增加值分解框架，测算中国制造业全球价值链嵌入程度和地位，并从增加值来源和跨国界次数视角对全球价值链嵌入程度进一步分解，克服传统贸易框架对增加值重复计算以及不能区分增加值来源及跨国界次数等缺陷，深入分析全球价值链嵌入对中国制造业碳生产率的影响。

目 录
Contents

第 **1** 章

绪论

1.1 研究背景及意义

1.1.1 研究背景

（1）国内碳排放约束日益趋紧，节能减排显得尤为迫切。改革开放以来，我国经济快速增长，能源消耗随之大幅度增加，从 1978 年的 5.71 亿吨标准煤上升到 2021 年的 52.4 亿吨标准煤，年均增长率约为 5.29%。能源消费增加导致中国碳排放大幅度增长，2006 年中国已成为全球最大的碳排放国，2015 年，中国二氧化碳排放量为 104 亿吨，占全球碳排放总量的 29%，超过美国与欧盟 28 国之和。①

中国是全球最大的二氧化碳排放国，"中国气候威胁论"在发达国家不断升温，发达国家纷纷要求中国承担更多的碳减排责任。随着经济的快速发展，中国未来的能源消耗量和二氧化碳排放量还将持续增加。同时，中国国内环境污染问题集中出现，特别是全国大面积雾霾污染现象频发，国际碳减排和国内环境污染治理的双重压力，倒逼中国转变经济发展方

---

① 数据来源于 2016 年 11 月 14 日，未来地球计划（Future Earth）下的全球碳项目（Global Carbon Project）发布的《2016 全球碳预算报告》。

式、促进经济绿色低碳发展，将低碳发展作为宏观经济五大目标之一（厉以宁等，2017）。为此，在《京都议定书》和《联合国气候变化公约》框架下，"十三五"规划提出，"十三五"期间，单位 GDP 二氧化碳排放量累计下降18%。"十四五"规划明确提出，落实 2030 年应对气候变化国家自主贡献目标，制定 2030 年前碳排放达峰行动方案，锚定努力争取 2060年前实现碳中和。

（2）中国在全球价值链中嵌入程度逐步加深，嵌入地位有待提高。随着信息通信技术的快速发展和交通运输成本的不断下降，全球价值链分工模式逐渐成为国际分工新常态（Baldwin & Lopez-Gonzalez，2015），以中间品贸易和生产环节国际分割为特征的全球价值链分工成为当前主要的国际贸易模式。在这种新型分工模式下，发达国家跨国企业专注技术研发和营销服务等低碳排放、高附加值的价值链高端环节，将生产制造等高碳环节转移到其他发展中国家（地区）。

中国充分利用财政和税收政策优惠以及劳动力、资源和环境禀赋优势，积极嵌入全球价值链分工环节，承接发达国家生产环节的转移，从发达国家进口零部件和先进的机器设备，从事加工组装环节，大规模出口最终品，极大促进中国出口和经济规模的迅速增长。然而，由于中国企业整体上缺乏核心技术和自主品牌，产品附加值低，存在价值链低端锁定的风险。2018 年 4 月 16 日，美国商务部工业与安全局对中兴通讯实施制裁禁令，禁止所有美国企业 7 年内与其开展任何业务往来。这给中国科技型企业在关键核心技术上受制于人、自主知识产权长期处于劣势的现状敲响了警钟。中兴通讯设备关键组件超过60%为外来零件，大量进口来自美国的元器件，尤其是芯片，中兴通讯因此蒙受巨大损失。这说明中国由制造大国向制造强国转变，关键在于中国制造业能否迈向产业链中高端，是否掌握关键技术并能迭代创新。因此，我国企业成功嵌入全球价值链，实现向全球价值链高端环节攀升，提高全球价值链分工地位显得尤为迫切。

（3）全球价值链嵌入引致中国碳排放与碳生产率问题凸显。在嵌入全球价值链的过程中，发达国家通过向发展中国家直接投资转移高碳生产环节、购买发展中国家的高碳产品，减少国内碳排放。中国作为全球最大的碳排放国，碳排放不仅是国内生产与消费活动所导致的，同时也是中国处于全球价值链低端（傅元海等，2016），出口货物急剧增加所导致的，出口隐含碳占到中国碳排放总量的 30% 左右。随着全球生产网络的不断扩展，发达国家跨国公司利用产业前后向关联逐渐将高耗能、高碳排放的生产加工环节向中国等发展中国家转移（Levinson & Taylor，2008），直接或间接将本国的高碳排放产业转移到中国等发展中国家，造成严重的碳泄漏。2009 年，全球价值链嵌入导致中国出口隐含碳占生产碳排放比重约为 19.84%，而同期进口隐含碳占比仅为 7.35%（闫云凤和黄灿，2015）。

全球价值链嵌入虽然为中国带来了技术进步和经济增长，但也显著增加了中国的碳排放。在低碳经济背景下，我国实现减少碳排放和保持经济增长双重目标的唯一出路在于提高碳生产率（Beinhocker et al.，2008；杨翔等，2015）。以碳生产率来衡量中国的经济收益和碳排放成本，中国现阶段碳生产率相对较低，处在相对减排的阶段（王萱，2013）。

基于上述研究背景，本书研究问题主要包括：

（1）中国嵌入全球价值链后，对外贸易过程中隐含碳排放的国家和行业分布特征如何？中国生产侧和消费侧的碳排放分解、来源及其构成如何？中国出口的经济收益和碳排放成本变化趋势如何？中国出口隐含碳排放的促进和阻碍因素有哪些？

（2）中国作为全球生产网络的重要节点，全球价值链嵌入对中国碳生产率的影响机制是什么？从地区角度来看，全球价值链嵌入对中国省级碳生产率影响效果如何，是否存在空间溢出效应？从行业角度来看，全球价值链嵌入程度和地位对中国制造业碳生产率影响方向和程度如何？影响效果是否存在非线性和行业异质性？回答上述问题，有助于全面理解参与全球价值链分工对中国碳排放及其生产率的影响机制，为中国深入参与全球分工，实现经济低碳转型提供理论与经验依据。

1.1.2 研究意义

现有研究关于全球价值链嵌入对中国碳排放及其生产率的影响缺乏系统的理论分析。本书从直接效应（规模效应、结构效应和技术效应）和间接效应（低端锁定和环境规制效应）两个层面出发，理论分析全球价值链

嵌入对中国碳排放及其生产率的影响机制。同时，基于贝纳罗德和韦德
（2006）以及斯沃特（2013）的研究，构建了全球价值链嵌入对中国碳排
放及其生产率影响的理论模型。这对深刻理解全球价值链嵌入对中国经济
低碳转型的影响，具有重要的理论意义。

　　本书具有重要的现实意义。首先，本书基于隐含碳排放的视角，从国
家和行业两个维度，分析全球价值链嵌入对中国碳排放的影响，这对于如
何科学分摊碳排放责任以及合理推进国内和国际环境治理具有重要的现实
意义。其次，本书在阐明中国地区碳生产率的空间格局特征和全球价值链
嵌入程度现状的基础上，理论分析并实证检验了全球价值链嵌入对中国地
区碳生产率空间效应的影响机制及其效果，这对客观反映地区碳生产率差
异和变动趋势、合理评估全球价值链嵌入对中国省级碳生产率的影响、统
筹中国区域间低碳协调发展具有重要的指导意义。最后，本书在考虑行业
异质性的基础上，全面分析全球价值链嵌入程度和地位对中国制造业碳生
产率的影响，这对于中国产业根据行业特征制定差异化碳排放政策和促进
中国制造业低碳转型具有重要的现实意义。

1.2　概念界定与研究内容

1.2.1　概念界定

1. 全球价值链嵌入

　　全球价值链的概念源于波特（Porter，1985）提出的企业价值链，随
后科克特（Kogut，1985）和杰里菲（Gereffi，1999）分别提出了增加值链
和全球商品链的概念，直到2001年，杰里菲提出了全球价值链的概念。

　　1985年，波特基于工序的概念，在《竞争优势》中提出企业价值链是
指由设计研发、生产加工、运输销售等整个生产活动构成，能够创造价值
的生产链（Porter，1985）。此外，波特还从不同企业之间具有经济交往的
视角提出了价值系统的概念。价值系统包括与供应商相关的上游价值、与
分销商相关的渠道价值和与消费者相关的顾客价值。上述两个视角分别涉

及企业的内部价值链和外部价值链。因此，波特认为企业在面临竞争时需要兼顾内部价值链和外部价值链，从而获得竞争优势，这为全球价值链的形成奠定了理论基础。

与波特强调企业的竞争优势相比，科克特更注重企业在全球范围内资源优化配置和生产的国际分割。科克特（1985）基于增加值概念提出价值增值链，他认为价值增值链是指企业需要在全球范围内优化要素配置，获得竞争优势，根据国家的比较优势和企业的竞争优势决定企业的关键环节。与企业价值链相比，价值增值链更能反映价值链的垂直分工特点和在全球生产网络中的空间再配置功能，对全球价值链的形成和发展影响更大。1999 年，美国杜克大学杰里菲教授基于产业组织提出全球商品链，商品生产在全球范围内生产，全球供应商作为生产网络中的关键驱动者，协调生产者和购买者，实现资源优化配置。

在全球商品链的基础上，杰里菲（2001）提出了全球价值链的概念，认为研发设计、生产加工、运输销售等过程应在不同国家间进行分工，不同分工环节获得的价值增加值存在差异，从而形成全球价值链。斯特金（Sturgeon，2001）从组织规模、地理分布和生产主体三个角度对全球价值链进行界定，即全球价值链描述了具有从生产到交货、消费和服务的一系列过程，包括参与产品或服务生产性活动的全部主体（零售商、供应商等）。联合国工业发展组织（2003）认为全球价值链是指包括原材料获取、生产加工、销售回收整个过程的全球性跨国企业网络组织，它包括所有生产活动的组织与生产利润的分配。

在全球价值链的基础上，本书中的全球价值链嵌入是指中国的地区和行业参与全球价值链分工。具体而言，本书第 3 章、第 4 章和第 5 章分析中国参与全球价值链分工行为对中国碳排放的影响，第 6 章和第 7 章分别从省级层面和行业层面对全球价值链嵌入指标进行测算，来考察全球价值链嵌入对中国地区和行业碳生产率的影响。其中，省级层面参考黄灿（2014）的做法，利用海关数据库测算中国 30 个省份 2000 ~ 2011 年全球价值链嵌入程度；行业层面借鉴王直等（Wang et al.，2013）和王直等（2015）基于增加值框架对出口进行分解的方法，结合库普曼等（Koopman et al.，2010）对全球价值链嵌入程度和地位的定义，测算 2000 ~ 2014 年中国制造业全球价值链嵌入程度和地位。

2. 贸易隐含碳

隐含（embodied）这一概念在 1974 年的国际高级研究机构联合会上被提出，用来衡量产品在生产过程中直接和间接消耗的各种资源总量。科斯坦萨（Costanza，1980）将隐含的概念与能源结合起来，提出隐含能的概念。在此基础上，逐渐衍生出隐含碳的概念。隐含碳（embodied carbon）是指基于隐含流分析方法研究国际贸易过程中隐含的二氧化碳（Nishimura et al.，1997；Machado et al.，2001；Peters & Hertwich，2008；齐晔等，2008；Su & Ang，2013；Xu & Dietzenbacher，2014；Su & Ang，2017）。《联合国气候变化框架合约》将隐含碳定义为在原材料获取、加工、运输到最终品整个生产过程中所产生的二氧化碳。彼特斯和赫特维奇（Peters & Hertwich，2008）认为隐含碳是指为了得到某种产品，在整个生产链中所产生的二氧化碳，但不包括下游使用过程和能源产品本身的碳排放量。

贸易隐含碳包括进口隐含碳和出口隐含碳。出口隐含碳是指国内产品出口并在国外被消费，而生产产品时在国内产生了碳排放；进口隐含碳是指在国外进口的产品并在国内被消费，生产产品时在国外产生了碳排放。在参与全球价值链的过程中，产品在生产加工、制造和运输整个生产链上会直接和间接地产生碳排放，因此，全球价值链嵌入过程中碳排放流动的现状可以基于隐含碳视角来探讨。

本书采用《联合国气候变化框架合约》中隐含碳的定义，隐含碳是指商品从原材料获取、生产加工、运输销售直至废弃回收整个过程中排放的二氧化碳。其中，国家间贸易隐含碳是指一国为满足其他国家的消费需求，在本国生产的碳排放量；部门间贸易隐含碳是指一部门为满足其他部门的最终消费需求，在本部门生产的碳排放。

3. 碳生产率

碳生产率由卡雅和横堀（Kaya & Yokobori，1997）提出，指一定时期内地区生产总值与二氧化碳排放量之比，即单位二氧化碳排放所产生的经济收益（Sun，2005；Binhocker et al.，2008；谌伟等，2010；林善浪等，2013；吴晓华和李磊，2014）。碳生产率和碳排放强度的测度指标互为倒数，虽然都是衡量经济低碳发展水平的重要指标，但是也存在差异。一方面，碳生产率的测度是将碳排放作为要素投入，进而测量二氧化碳排放所产生的经济收益，与传统的劳动生产率和资本生产率属性相同（潘家华等，2010）。另一方面，碳排放强度是逆向指标，而碳生产率是正向指标，更具有经济内涵。

碳生产率可以分为单要素碳生产率和全要素碳生产率。单要素碳生产率反映了单一要素的产出效率；全要素碳生产率，又称碳排放效率（Reinhard et al.，2000；Zhou et al.，2008）或全要素碳排放效率（Bing et al.，2010；徐永娇，2012），反映了所有要素投入的综合产出效率（杨红亮和史丹，2008）。基于此，大量学者在考虑资本、劳动、能源间的替代关系以及二氧化碳排放对生产效率影响的基础上，开始采用 DEA 或 SFA 方法测算全要素框架下的碳生产率。

本书中的单要素碳生产率是指一定时期内该地区生产总值或行业销售总额与二氧化碳排放量的比值。全要素碳生产率是指在资本、劳动和能源投入不变的前提下，获得最大经济产出和最少碳排放的综合产出效率。尽管单要素碳生产率不能反映要素间的替代关系，但计算简便且易于理解；而全要素碳生产率的衡量指标和计算方法尚未统一。同时，考虑到国际公约和中国政府在减排责任和减排目标方面均采用单要素指标衡量（孙广生等，2012），因此，本书在采用单要素和全要素碳生产率对碳生产率现状进行对比分析的基础上，采用单要素碳生产率进行实证分析。

1.2.2　研究内容

本书核心内容主要包括四个部分。

（1）理论分析全球价值链嵌入对中国碳排放及其生产率的影响。全球价值链嵌入通过直接影响经济增长和碳排放影响碳生产率，通过低端锁定和环境规制效应间接影响碳生产率。在贝纳罗克和韦德（2006）及斯沃特（2013）研究的基础上，本书基于中间品贸易和两阶段生产视角，增加了发达国家高碳技术转移程度和中国低碳技术吸收能力，构建了全球价值链嵌入对中国碳排放及其生产率影响的数理模型。

（2）分析了全球价值链嵌入下全球与中国碳排放网络结构特征。采用社会网络分析，从整体层面立体刻画全球价值链框架下各国间隐含碳网络流向图，分析各国碳排放如何通过全球价值链嵌入的全球生产网络发生区际转移；并分析了中国与12个国家（地区）、39个国家（地区）、"一带一路"沿线国家间贸易隐含碳流向及网络关联程度。

（3）分析全球价值链嵌入对中国碳排放的影响。基于隐含碳视角、生产者原则和消费者原则，测算中国进出口隐含碳总量、流向及分布；并采用单位国内增加值出口隐含碳指标，从国家间、贸易国和行业三个维度分析了中国嵌入全球价值链后出口的碳排放成本；采用结构分解方法对中国出口隐含碳的影响因素进行详细分析。

（4）从地区和行业层面实证分析了全球价值链嵌入对中国省级和制造业碳生产率的影响。在地区层面，通过对 2000 ~ 2011 年中国省级全球价值链嵌入程度及碳生产率的测算，分析了中国省级碳生产率的变化趋势和空间演变格局。并通过构建静态和动态四种不同的空间权重矩阵，从空间视角研究了全球价值链嵌入对中国地区碳生产率的空间溢出效应。在行业层面，基于增加值框架对出口进行分解，测算 2000 ~ 2014 年中国制造业全球价值链嵌入程度和地位，实证分析了全球价值链嵌入程度和地位对中国制造业碳生产率的影响效果。

1.3   研究方法与技术路线

1.3.1   研究方法

本书综合运用环境经济学、产业经济学、统计学和国际贸易学等相关学科的研究方法，系统分析了全球价值链嵌入对中国碳排放及其生产率的影响，具体包括：

（1）投入产出分析法和数据包络分析法。基于国内增加值核算框架准确测算中国出口的国内增加值来衡量中国出口收益，同时采用全球多区域投入产出（global multi-regional input-output，GMRIO）模型准确测算中国出口隐含碳的行业和国家流向；在此基础上，以中国出口单位国内增加值与出口隐含碳排放水平来衡量中国嵌入全球价值链的收益与成本。此外，本书基于松弛变量模型（slacks-based model，SBM）方向性距离函数和全局曼奎斯特—卢恩伯格（Global Malmquist-Luenberger，GML）指数，计算中国省级全要素碳生产率和 2000~2014 年 16 个制造业行业的全要素碳生产率。

（2）社会网络分析法。首先，利用国家和行业间贸易隐含碳数据构建关联网络，考察全球和"一带一路"沿线国家（地区）构成的隐含碳排放网络密度、中心势、平均路径和中心度等整体网络和个体特征；其次，基于隐含碳，找出关联网络的核心和边缘国家（地区）、行业；最后利用迭代相关收敛法（convergent correlations，CONCOR）块模型，将国家（地区）划分为 4 个板块。

（3）结构分解法。从出口隐含碳结构分解的视角对中国出口隐含碳的影响因素进行深入分析，将中国行业出口隐含碳变动分解为二氧化碳排放系数变动效应、能源消费强度变动效应、行业间前向关联变动效应、行业结构变动效应、行业间后向关联效应、出口结构变动效应和出口规模变动效应七种效应，并找出出口隐含碳的重要影响因素。

（4）计量分析法。在对中国省级碳生产率进行了测算的基础上，实证考察了全球价值链嵌入对中国地区碳生产率的空间溢出效应。在行业分析层面，从全球价值链嵌入程度和地位两个方面实证分析全球价值链嵌入对中国制造业碳生产率的影响。

1.3.2　技术路线

本书基于"问题提出—理论分析—实证分析—政策建议"的研究思路展开研究，技术路线如图 1-1 所示。

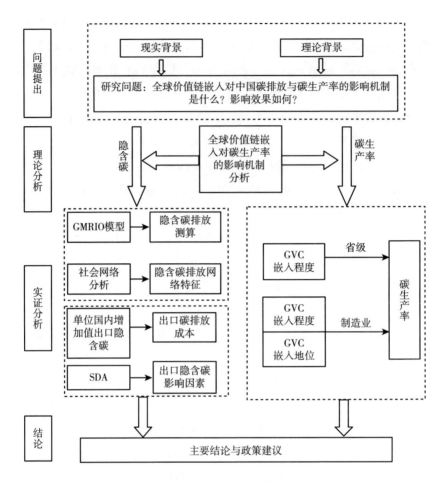

图1-1 技术路线

第 2 章
全球价值链与碳生产率研究现状

本章主要从以下四个方面对现有文献进行梳理和评述：一是全球价值链嵌入相关研究；二是碳生产率相关研究；三是全球价值链嵌入对碳排放影响的相关研究；四是全球价值链嵌入对碳生产率影响的相关研究。

2.1 全球价值链嵌入相关研究

2.1.1 全球价值链理论演进

全球价值链理论研究源于杰里菲（1994）提出的全球商品链。根据动机不同，全球商品链分为生产者驱动和购买者驱动两种模式，其中，生产者驱动型全球价值链通过技术优势主导全球理论价值链中的生产和销售，使前后链节相连；购买者驱动型全球价值链依靠在品牌和营销渠道方面的优势主导全球价值链的流通环节，拉动市场需求（Gereffi，1994）。根据升级过程，全球价值链分为过程升级、产品升级、功能升级和链条升级四种。其中，过程升级指通过改进生产系统或引进先进技术提高投入产出效率；产品升级指运用更加成熟的生产线，提高产品价值；功能升级指获取产品新功能提高生产的整体技术含量，从附加值低的生产环节向附加值高的研发设计和营销服务环节转变；链条升级指从原有价值链转向新的价值链（Humphrey & Schmitz，2002）。杰里菲等（2005）运用交易成本经济学、生产网络、技术能力和企业学习的理论知识，识别出交易的复杂程度、交易可编码性、供应商能力三个关键变量，解释和预测全球价值链治理模式。全球价值链治理类型分为五种：市场型价值链、模块型价值链、关系型价值链、俘获型价值链和层级型价值链。

通过上述分析可知，全球价值链理论主要包括驱动模式理论和治理模式理论。在此基础上，庞特和斯特金（Ponte & Sturgeon，2014）提出模块化分析框架，认为非政府组织、标准制定者和社会运动是影响全球价值链的关键因素；杰里菲和李（Gereffi & Lee，2016）将价值链上下游间组织协调视为垂直型治理，将制度、社会关系网络等集群内部的生产关系视为水平型治理，并指出全球价值链嵌入企业同时受到水平型和垂直型治理机制的影响。

2.1.2　全球价值链嵌入研究

在全球价值链[①]研究初期，大部分学者采用案例分析法对全球价值链理论进行定性研究（Gereffi et al.，2005；Gereffi & Lee，2016）。随着投入产出表和国家（地区）间贸易数据的完善，大量学者开始采用定量分析法测度全球价值链嵌入程度和地位。

现有文献主要运用垂直专业化指数（share of vertical specialization，VSS）和增加值贸易核算方法衡量全球价值链嵌入程度，具体方法及相关研究内容如下所示。

垂直专业化指数。胡默尔等（Hummels et al.，2001）提出垂直专业化

---

① 现有文献中包括大量与全球价值链相近术语，如离岸和外包（Feenstra & Hanson，1996；Baldwin & Venables，2013）、生产非一体化（Feenstra，1998）、垂直专业化（Hummels et al.，2001；Bridgman，2012）、生产共享（Johnson & Noguera，2012；Wang et al.，2013；Koopman et al.，2014）、生产片段化（Timmer et al.，2014）、增加值贸易（Johnson & Noguera，2012；Wang et al.，2013；Koopman et al.，2014）等。

指数，是指出口产品中包含进口中间品的价值或者出口品的国外增加值，其计算方法为进口中间品除以总产值再乘以出口额，用来衡量一国参与全球价值链分工的程度。垂直专业化指数可以分为绝对值指标和相对值指标，其中，绝对值指标衡量一国进口中间品用于生产出口品的绝对价值，而相对值指标衡量垂直专业化绝对值在该国总出口中所占的比重。垂直专业化具有三个重要特征：一是最终产品要在至少两个连续的阶段生产；二是至少两个国家参与生产过程并在不同阶段实现价值增值；三是至少一个国家必须在其生产过程中使用进口投入品，且其产品必须有一部分用于出口。

胡默尔等（2001）采用 HIY 方法计算了 10 个经济合作与发展组织（Organisation of Economic Co-operation and Development，OECD）和 4 个新兴市场国家的垂直专业化程度，发现垂直专业化在这些国家中占比为 21%。国内学者采用 HIY 方法，发现中国劳动密集型产业具有较强的国际竞争力，提高垂直专业化程度有利于中国产业竞争力的提升（张小蒂和孙景蔚，2006）。中国制造业出口垂直专业化程度从 1992 年的 16.8% 上升至 2003 年的 29.4%（黄先海和韦畅，2007），1992~2003 年中国工业部门垂直专业化的平均水平在 1%~10%，且随着时间的推移稳步增长（盛斌和马涛，2008），1999~2012 年中国工业行业全球价值链嵌入程度总体呈上升趋势，且高技术工业嵌入程度远远高于传统工业（王玉燕等，2014）。高运胜和郑乐凯（2018）采用 WWZ 法，结合 1995~2014 年世界投入产出数据发现，入世后中国制造业全球价值链嵌入水平总体提升，其中资本技术密集产品和中间品垂直专业化指数高于劳动密集型产品。在全球生产网络下，中国企业参与垂直专业化分工程度越高，对其出口产品质量越有利（沈国兵和于欢，2019）。中国制造业采取垂直专业化分工参与全球价值链，获取了诸多有利因素（杨蕙馨和高新焱，2019），提高垂直专业化水平对提升行业研发效率和垄断势力具有促进作用（胡善成等，2021），并且有利于缩小我国中西部地区与沿海地区之间的技术差距（黎峰，2021）。

增加值贸易核算方法。增加值贸易核算方法是对胡默尔等（2001）提出的垂直专业化方法的改进，该方法主要计算出口产品中进口投入的份额、加工后再出口到母国的份额和加工后再出口到第三国的份额。这不仅更加准确地体现出一国出口中对各国进口中间投入品的依赖程度，而且测度了一国出口产品中的间接附加值和再进口附加值。

世界投入产出表的建立推动了学者对全球价值链的深入研究，从而导致增加值贸易核算方法被提出（Johnson & Noguera，2012；Koopman et al.，2014；王直等，2015）。随着全球价值链分工的不断细化，垂直专业化指标不能追溯连续两个以上生产阶段，而且不能完全刻画全球价值链中国家和部门间的价值来源。主要原因在于垂直专业化方法具有两个重要假设：假设一是国内销售和出口的中间品进口投入比例相同；假设二是中间品中进口价值和国内价值与最终品中进口价值和国内价值比例相同。加工贸易中的中间品进口远大于一般贸易中的中间品进口，导致假设一与以加工贸易为主的中国现实情况不符；进口产品中含有大量增加值，导致假设二与发达国家的现实情况不符。因此，部分学者开始尝试采用国家间投入产出表①来分析全球价值链。比如，多丹等（Daudim et al.，2011）利用全球贸易分析模型（global trade analysis project，GTAP）数据库，按照来源国的不同计算了最终产品的附加值，并进一步计算了出口产品中进口投入的份额、加工后再出口到母国的份额和加工后再出口到第三国的份额。约翰逊和诺格拉（Johnson & Noguera，2012）提出并运用国内增加值与总出口比值指标衡量一国在全球价值链中的嵌入程度。由于约翰逊和诺格拉（2012）没有考虑中间品出口国外增加值和重复计算的增加值，库普曼等（2014）将垂直专业化和增加值贸易整合到统一框架中，将一国出口分解为被国外吸收的增加值、返回国内的增加值、国外增加值和重复计算部分。

在此基础上，王直等（2015）进一步将总贸易分解扩展到行业层面。袁红林等（2017）基于增加值贸易核算框架测算，发现我国在资源和劳动密集型制造业中仍处于产业价值链的低端环节，而在个别的资本技术密集型产业中已具有一定国际影响力和竞争优势；李宏等（2018）通过使用贸易增加值数据分解的框架测算出中国制造业整体具有明显优势，中、高技术行业相对于低技术行业和新兴制造业更具竞争力。此外，部分学者基于贸易增加值核算框架，利用世界投入产出数据库（world input-output data-

———————————

　　①　世界投入产出表起源于日本发展研究所提出的亚洲国际投入产出表，随后欧盟在2012年推出了世界投入产出表，该表覆盖了1995～2009年40个经济体和35个行业。在2016年，世界投入产出表覆盖了2000～2014年43个经济体。

base，WIOD）国际投入产出表，测算发现中国制造业在全球价值链中的竞争力强于服务业，所获得的贸易收益高于服务业（陈雯等，2017）；刘似臣等（2017）利用同样的方法分行业测算中国服务出口国内增加值，发现中国在传统服务行业具有竞争优势，而在具有高附加值的新兴行业则处于劣势地位；在此方法的基础上，陈艺毛等（2019）通过分解 2000～2016 年中国多部门贸易流量，测算发现中国制造业依靠劳动比较优势处于全球价值链的低端环节，缺乏核心技术，出口获利能力有待提高。我国高技术产业国际竞争力提升较大，但国内增加值率整体远低于全部行业平均水平，贸易竞争力较低（张珺和江元祥，2019）。

全球价值链分工地位的衡量方法。现有文献主要从出口技术复杂度、全球价值链地位指数和产业上游度等方面衡量全球价值链分工地位。

出口技术复杂度。出口技术复杂度来源于迈凯利（Michaely，1984）提出的贸易专业化指数，采用各国人均 GDP 按照该国出口额占世界总出口的比重加权衡量。罗德里克（Rodrik，2006）认为高附加值、高技术含量和高生产率产品在一国出口中的比重越高，其出口复杂度越高。豪斯曼等（Hausmann et al.，2007）在罗德里克（2006）的基础上提出了出口复杂度，并从国家、产业和产品层面测算了一国出口产品的技术水平。采用此方法发现中国制造业在 2001～2009 年大部分行业出口复杂度总体呈现上升趋势（邱斌，2012），基于增加值视角，研究发现中国服务业出口技术复杂度从绝对值角度看有不断提升的趋势，但相对于其他发达国家而言呈下降趋势（张雨，2017），以 2004～2013 年 230 个地级以上城市为样本，调查研究发现我国地方经济目标约束会阻碍制造业出口技术复杂度的提升（余泳泽等，2019），卢仁祥（2020）研究发现中国工业制造业除纺织业等传统部门以外的其他部门出口技术复杂度仍与其他发达经济体具有较大差距。2000～2012 年中国产品尤其是机械制品、车辆等产品的出口技术复杂度得到显著提升（赵红和彭馨，2014），但总体呈倒 "U" 型增长，存在价值链 "低端锁定" 现象（高运胜等，2019）。

在出口技术复杂度的影响因素研究中，学者们认为技术创新、人口数量和质量结构、企业家精神、数字化服务贸易等都显著促进了制造业出口技术复杂度提升（张艾莉等，2019；程锐等，2019；任同莲，2021）。姚洋和张晔（2008）在豪斯曼等（2007）的基础上，提出出口产品的国内技术含量（domestic technological contents，DTC），研究发现1997~2002年中国及江苏省的出口国内技术含量呈下降趋势，在此期间，广东省出口产品的国内技术含量出现先下降后上升的"V"型趋势，我国技术市场的发展提升了我国高技术产品出口技术复杂度（戴魁早，2018）。部分学者采用DTC方法，发现中国出口国内技术含量上升趋势并不明显，中国在全球价值链中的分工地位并未出现显著上升（于津平和邓娟，2014），全球价值链分工前向嵌入方式能提高本国的出口技术复杂度，提升一国在全球价值链分工的地位（王思语等，2019）。研发投入、良好的商业环境和制度环境会在全球价值链上对国内技术复杂度的偏效应中产生正向作用（刘琳，2017），一个地区自然资源禀赋与制度质量两者共同作用能够显著提升出口技术复杂度（王永等，2019），但地区经济政策不确定性的波动又会通过抑制制度质量来阻碍出口技术复杂度的提升（席艳乐等，2019）。还有学者利用中国2003~2016年30个省份的面板数据实证分析得出国内市场一体化显著提高了出口技术复杂度（雷娜和郎丽华，2020），数字经济的发展也能提升国内出口技术复杂度（刘志坚，2021）。

全球价值链地位指数。全球价值链地位指数是由库普曼等（2010）在对总出口进行分解的基础上提出的，简称KPWW方法，是测算一国产业在全球价值链所处国际分工地位的具体指标。该指数是由一国产业用于其他国家或地区生产和出口最终产品的中间产品出口额与本国相同产业用于本国生产和出口最终产品的中间品进口额之比计算得到。由于KPWW方法的计算过程中不仅考虑了出口产品中的国外附加值，而且考虑了本国产品出口后被第三国间接出口的国内附加值，因此，这一方法比较准确地测度了一国参与全球价值链的程度。张海燕（2013）基于附加值贸易法测算中国1995~2009年35个行业的出口附加值，以衡量在全球贸易体系中的地位，研究发现样本期间中国出口国内附加值率迅速下降，纺织服装等制造业出口行业竞争力相对较强，而化学制品、基础金属制品等行业竞争力相对较弱。周升起（2014）基于增加值贸易（trade in value added，TiVA）统计数据，采用全球价值链地位指数测算1995~2009年中国制造业及内部各部门国际分工地位，研究发现中国制造业整体及内部各部门在全球价值链中的国际分工地位仍处于较低水平，劳动密集型制造业部门在全球价值链中的国际分工地位明显高于资本、技术密集型和资源密集型制造业部门的国际分工地位。王涛等（2017）利用 TiVA 数据库，通过全球价值链（global value chain，GVC）参与率和 GVC 地位指数，测算 1995 ~ 2011 年中国装备制造业整体及部门在全球价值链中的参与程度和所处位置，研究发现在制造产业内技术水平较高的部门虽然在全球产业链中的参与度较高，但地位水平却比较低，技术水平较低的部门则呈现出较低的参与度与较高的地位水平；其中基础金属业、交通运输设备制造业是所有部门中全球价值链地位指数最高的部门（王英等，2018）。

还有学者同样基于 TiVA 统计数据实证检验影响中国 14 个制造业全球价值链地位提升的因素，结果表明物资资本、经济自由度、研发投入以及开放创新、以全球创新链（global innovation chain，GIC）整合全球创新资源、充分利用各国的创新比较优势均能对中国制造业价值链地位起到提升作用（康淑娟，2018；林学军和官玉霞，2019）。刘艳等（2017）基于最新发布的国际投入产出表，采用全球价值链地位指数进行测算发现 1995 ~ 2011 年中国服务业的国际分工地位逐步上升，但与其他国家相比，仍处于较低水平；葛海燕等（2021）融合经济地位和技术地位综合测度，同样基于 2000 ~ 2014 年世界投入产出数据库研究发现中国的全球价值链分工水平取得较大提升，但国际排名仍然靠后，其中制造业中的技术密集型行业的落后程度最大。苏庆义（2016）对中国出口增加值进行分解，研究发现各省出口价值来源中，本地增加值份额最高，回流增加值份额最低，国内垂直专业化份额和国际垂直专业化份额居中。马风涛等（2019）利用 2000 ~ 2014 年世界投入产出表对中国制造业产品的国内增加值进行分解，发现为满足国内最终需求的国内增加值最高，其次是传统出口贸易中的国内增加值，而与全球价值链分工相关的国内增加值最低。在 KPWW 方法的基础上，现有文献已将国内附加值的测算扩展到企业层面（张杰等，2013；Kee & Tang，2016；马述忠等，2016；马述忠等，2017），通过计算企业出口中国内附加值率，衡量企业层面的全球价值链分工地位。

产业上游度。法利（Fally，2012）首先提出产业上游度指标，采用上游度（到最终需求的距离）和下游度（体现在产品和服务中的生产阶段数）测算全球价值链的长度。在此基础上，安特拉斯（Antràs et al.，2012）使用美国投入产出表构建行业上游度指标来衡量行业距离最终需求的距离，并对行业上游度指标进行加权平均来反映国家出口的平均上游度水平；安特拉斯和佐（Antràs & Chor，2013）提出了行业在全球价值链中平均位置的测度指标，包括下游度和上游度两种测度指标。其中，下游度指标用行业中间投入的直接投入占总投入的比率衡量。上游度则用下游度指标的倒数衡量。如果一国处于全球价值链的上游环节，则会通过向其他国家提供中间投入品参与全球价值链；相反，如果一国处于全球价值链的下游环节，则会进口来自其他国家的中间投入品生产最终产品。部分学者采用该方法，发现中国出口的产品在质量上属于低价值产品，这一现象在价值链的下游体现得尤为明显（鞠建东和余心玎，2014），上游度的高低与各国在价值链中的地位没有必然的联系。2000 年后全球价值链长度和复杂度均显著增加，中国始终处于全球价值链的上游阶段，且有上游化的趋势，中国的产业结构依然处于全球价值链的低端（何祚宇和代谦，2016）。刘洪铎和陈和（2016）发现广东省由全球生产链的相对下游环节向相对上游环节转移，生产链长度逐渐延长，更趋近于全球专业化生产分工网络的中间投入端。低、中、高技术制造业行业上游度指数变化趋势与全球金融危机关系密切（苏杭等，2016）。刘辉煌等（2018）通过改进安特拉斯的行业上游度构建国内价值链分工质量衡量指标，测算出中国制造业的中间投入贡献上游度及国内价值链质量较为低下，亟待转型升级；中国行业上游度较高的行业为采矿业、电力、热力和燃气供应业、成品油和炼焦业（邓光耀等，2018），提高出口上游度显著促进中国制造业企业出口产品的质量升级（唐青青和王珏，2021）。

2.2　碳生产率相关研究

2.2.1　碳生产率现状研究

现有文献对中国碳生产率现状的研究，主要体现在区域和行业两个层面。其中，区域层面主要包括区域碳生产率的发展趋势和区域碳生产率的收敛性两个方面；行业层面主要包括行业碳生产率的发展趋势和行业碳生产率的收敛性两个方面。

从区域碳生产率发展趋势来看，1997～2013 年中国整体及三大区域碳生产率均呈上升趋势，其中全国整体的年均增长率为 4.05%，东部地区为 4.29%，中部地区为 4.77%，西部地区为 2.79%（邵天翔，2016）。中国各省碳生产率总体呈上升趋势，在东、中、西部地区依次递减，从增长速度来看，中部增长最快，西部增长最慢（潘家华和张丽峰，2011；彭文强和赵凯，2012；蒋雨桥和周大川，2016；汪中华等，2017）。从三大经济圈碳生产率的变动趋势来看，1997～2012 年三大地区碳生产率总体均呈上升趋势，其中，珠三角地区碳生产率水平最高，京津冀地区的碳生产率最低，且远低于长三角地区和珠三角地区（龙如银和邵天翔，2015）。2000～2013 年，京津冀地区中，北京的碳生产率增长最快，河北最慢（武义青和韩定海，2016）。各省碳生产率之间存在显著差异，2000 年，碳生产率最高的地区为福建（6617 元/吨），最低的地区为宁夏（928 元/吨）；2011 年，碳生产率最高的地区为北京（10070 元/吨），最低的地区为宁夏（723 元/吨）（吴晓华，2015）。2010～2015 年，各省份碳生产率总体呈上升趋势，2010 年呈现从南到北递减、从沿海到内陆递减的空间特征（唐志鹏等，2018）。2005～2015 年，各省份碳生产率差距越来越大（张忠杰，2018）。

中国的碳生产率整体呈现增长趋势，部分年份有所回落，其中 1980～2002 年，碳生产率逐年增长，年均增长率为 5.56%。2002～2013 年呈现波动式上升，2002～2004 年和 2012～2013 年有所下降，2004～2006 年呈现平稳趋势，2006～2012 年呈现上升趋势（武义青和陈俊先，2018）。1996～2015 年，京津冀碳地区生产率大体呈先升后降的变化趋势，其中北京市年均碳生产率的增长率为 −0.39%，天津市年均增长率为 4.68%，河北省年均增长率为 6.03%（武义青等，2019）。2004～2016 年，三大区域的服务业碳生产率均呈上升趋势，其中东部地区的年均增长率最高，为 4.90%；中部地区次之，为 1.36%；中部地区的年均增长率最低，为 1.24%（王许亮等，2020）。1998～2018 年，在较高经济区和较低经济区之间，中国种植业的碳生产率存在明显差异，且部分经济区之间的区域性差异呈现扩大的趋势。东部沿海和西南经济区之间、东部沿海和东北地区之间、东北和西南经济区之间的区域性差异增长最快，年均增长率分别为 4.50%、5.25% 和 7.15%（黄杰和孙自敏，2021）。

从区域碳生产率的收敛性来看，1995～2010 年全国和三大区域均存在条件 β 收敛，东部收敛速度最快，其次是中部和西部（彭文强和赵凯，2012）。1995～2009 年中国碳生产率整体呈"U"型收敛，但东部、中部、西部内部的差距形态各异；由于技术进步率、国际竞争程度、产业结构偏好和能源结构等因素上的差异，碳生产率不存在绝对 β 收敛趋势（张成等，2013）。2005～2015 年资源型区域与非资源型区域短期内存在 σ 收敛，1995～2015 年长期内存在 β 收敛（孙慧和邓小乐，2018）。同时，各省份碳生产率会随着人均 GDP 差距的降低呈现收敛状态，内陆省份和沿海省份技术进步和人力资本投资等方面差距的降低加速了碳生产率的收敛（李亚冬和宋丽颖，2017）。2005～2016 年中国建筑业在全国和东部、中部、西部地区均不存在 σ 收敛和 β 收敛，而是呈现 σ 发散和 β 发散趋势（张普伟等，2019）。2004～2016 年中国服务业碳生产率在全国和西部地区均不存在 σ 收敛，在东部和中部地区，整体上呈 σ 收敛趋势。在全国和东部、中部、西部地区均存在绝对的 β 收敛和条件 β 收敛，空间效应加速了全国和东部地区碳生产率的收敛（王许亮等，2020）。2005～2019 年中国工业碳生产率不存在 σ 收敛，中、东部地区和东北地区均存在 σ 收敛，西部地区工业碳生产率存在 σ 发散，全国以及东部、中部、西部、东北地区均存在显著的绝对 β 收敛和条件 β 收敛（兰梓睿，2021）。

从行业碳生产率发展趋势来看，1991～2009 年中国工业碳生产率总体呈倒"V"型变化趋势，其中，1991～2002 年工业碳生产率呈增长趋势，之后出现波动变化（高文静，2012）。2000～2012 年中国农业碳生产率增长速度较慢，并呈现"西高东低"的现状（蒋年位，2014）。1978～2011 年中国沿海 11 个省份渔业碳生产率逐年提高，但省份间的碳生产率相差较大，江苏、天津和山东的渔业碳生产率相对较高（许冬兰和王樱洁，2015）。1998～2011 年中国制造业碳生产率总体呈上升趋势，其中制造业中的清洁行业和高技术行业碳生产率相对较高，污染和中低技术行业碳生产率相对较低（杨翔等，2015；王树柏和李小平，2015）。2004～2013 年中国服务业碳生产率年均增长 3.2%，服务业各细分行业的碳生产率同样呈增长趋势（滕泽伟等，2017）。

　　1995～2014 年，中国旅游业碳生产率总体呈增长趋势，但增长幅度不大，由 1995 年的 1.1201 万元/吨增长至 2014 年的 1.6530 万元/吨（王凯等，2017）。2005～2015 年，中国服务业碳生产率呈持续波动上升的趋势，年均增长率达 4%（李薇和彭丽，2018）。2005～2016 年，中国建筑业碳生产率呈持续增长趋势，年均增长率为 3.91%（张普伟等，2019）。2004～2016 年，中国服务业的碳生产率呈持续增长趋势，由 2004 年的 1.280 万元/吨上升到 2016 年的 1.744 万元/吨，年均增长率为 2.61%（王许亮等，2020）。2001～2017 年，中国种植业平均碳生产率整体呈上升趋势，由 2001 年的 2.58 万元/吨增长至 2017 年的 6.98 万元/吨，涨幅约为 170.54%（伍国勇等，2020）。1998～2018 年，中国种植业的碳生产率总体上呈倒"N"型变化趋势，整体上呈上升趋势，年均增长率为 5.89%（黄杰和孙自敏，2021）。1995～2016 年，中国农业碳生产率水平总体呈上升趋势，年均增长率为 3.57%（李海鹏和王子瑜，2020）。2000～2017 年，中国旅游业碳生产率总体上呈现增长趋势，年均增长率为 6.2%（王凯等，2020）。2012～2018 年，中国旅游业碳生产率总体上呈稳定增长趋势（李智慧等，2021）。2001～2016 年，中国入境旅游业碳生产率年增长 8.63%，从 2001 年的 0.54 万元/吨增长到 2016 年的 1.87 万元/吨（马继等，2021）。

　　从行业碳生产率的收敛性来看，1998～2011 年中国制造业碳生产率存在 σ 收敛和 β 收敛，且存在行业差异性（杨翔等，2015）。1997～2012 年中国农业碳生产率不存在 σ 收敛，存在绝对 β 收敛，东西部农业碳生产率存在显著的 σ 收敛（程琳琳等，2016）。2001～2019 年浙江省制造业的碳生产率不存在显著的 σ 收敛，但存在绝对的 β 收敛和条件 β 收敛（徐如浓等，2019）。2004～2013 年间中国服务业碳生产率不存在 σ 收敛，生产性和生活性服务业存在绝对 β 收敛，服务业各行业间的碳生产率存在条件 β 收敛，2010～2019 年中国服务业存在绝对 β 收敛和条件 β 收敛（滕泽伟等，2017；肖挺，2021）。

2.2.2　碳生产率的测算方法

碳生产率的测算方法分为单要素碳生产率和全要素碳生产率两大类。单要素碳生产率测算方法相对简单且统一，即采用地区或行业的产出与碳排放的比值来表示（Sun，2005；Binhocker et al.，2008；谌伟等，2010；林善浪等，2013；吴晓华和李磊，2014）。全要素碳生产率测算方法相对较多，目前尚未统一。国外学者主要采用 DEA 模型对国家碳排放效率进行测算和分析，扎伊姆和塔斯金（Zaim & Taskin，2000）与科特莱宁（Kortelainen，2008）较早采用 DEA 模型测算了 OECD 国家碳排放效率。国内学者将二氧化碳作为坏产出测算了全要素碳生产率，赵国浩和高文静（2013）发现基于方向性距离函数测算的 2004～2009 年中国工业行业碳生产率整体呈下降趋势，且技术效率和规模效率低下是其下降的主要原因。张宁和崔龙录（Zhang & Choi，2013）采用混合前沿非径向模型测算了 2005～2010 年中国火电厂的碳排放效率，发现电厂整体碳排放效率提升了 0.38%。张宁等（Zhang et al.，2015）采用自抽样非经向曼圭斯特（bootstrapped non-radial Malmquist，BNRM）模型对中国交通运输产业碳排放绩效进行测算，发现 2002～2010 年技术水平下降导致运输产业碳排放绩效下降了 32.8%。

也有部分学者为了避免线性规划无解等问题，运用 SBM 和 GML 指数相结合的方法进行测算，研究发现中国制造业碳生产率整体呈上升趋势，技术创新是其变动的主要影响因素，同时，制造业碳生产率存在显著为正的规模、技术和环境效应，中国服务业碳生产率整体呈上升趋势，技术进步对服务业碳生产率提升最为明显（杨翔等，2015；滕泽伟等，2017）。技术进步是中国服务业及细分行业碳生产率上升的主要影响因素（李薇和彭丽，2018），是 2007～2016 年中国火电行业和东部沿海地区全要素碳生产率提高的重要因素（薛玉莲等，2018；苏方林和陆洪波，2019）。运用增长分步动态法和莫兹利（Maudos）面板模型展开研究发现，要素投入结构是促进中国城市碳生产率增长趋同的主要影响因素（陈英姿等，2018），技术退步是全要素生产率下降的主要原因（李健等，2019）。岳立等（2021）运用了 DEA – SBM 模型构建 GML 指数的方法进行测算，研究发现技术进步对碳生产率具有显著的正向影响。

2.2.3　碳生产率的影响因素

关于碳生产率影响因素的研究主要分为两类：基于计量模型的分析和基于因素分解方法的分析。

基于计量模型的分析。碳生产率的主要影响因素包括要素禀赋结构、产业结构、能源消费结构和工业结构（查建平等，2012；唐志鹏等，2017）。此外，环境规制、制度环境、技术进步也是我国碳生产率的重要影响因素（Meng & Niu，2012；林善浪等，2013；张成等，2014；刘传江等，2015；李小平等，2016；肖权等，2017）。部分学者发现国际贸易和外商直接投资对碳生产率具有明显的促进作用（赵皋，2015；赵秀娟和张捷，2016；李小平和王洋，2017；周颖，2017）。此外，刘习平等（2017）从集聚角度发现多样化的集聚模式更有利于提高碳生产率，专业化的集聚模式对碳生产率影响不显著。工业化和城镇化对中国工业碳生产率具有明显的门槛效应，在工业化和城镇化较高阶段对工业碳生产率具有抑制作用，在工业化和城镇化较低阶段对工业碳生产率的提高具有促进作用（高文静等，2017；左芊，2020）。出口商品结构对碳生产率产生抑制作用，当经济发展和技术处于高水平时，出口商品结构对碳生产率抑制作用均增强（邵桂兰等，2019）。

基于因素分解方法的分析。因素分解法是通过将研究对象在数值上的变化分解成若干因素变化的组合，通过比较各因素对研究对象变化的贡献率，分析影响因素对研究对象的影响方向和大小。张永军（2011）采用拉氏分解法对碳生产率进行分解，发现技术进步、产业结构变动和能源消费结构是影响碳生产率的主要因素。孟明和牛东晓（Meng & Niu，2012）基于对数平均迪氏指数法（logarithmic mean Divisia index，LMDI）分解法构建了碳生产率三维分解模型，对中国碳生产率进行了实证分析，结果表明工业部门的发展、出口结构的优化和省级政府对碳排放控制的影响是提高中国碳生产率的关键因素。路正南（Lu，2014）等运用拉斯贝尔（Laspey-res）分解法对中国碳生产率的变动情况进行解析，结果表明低碳技术进步是驱动碳生产率增长的主要原因，不合理的碳排放结构是导致碳生产率增长缓慢的根本原因。胡贤存（Hu，2015）将碳生产率的研究拓展到建筑业层面，用 LMDI 分解法对澳大利亚建筑业碳生产率的影响因素进行了分析。赵亚南（2015）采用 LMDI 分解模型，发现能源效率和结构、产业和空间结构是京津冀地区碳生产率变动的主要影响因素，能源效率对地区碳生产率的提升最为突出。李珊珊和罗良文（2020）采用了对数平均迪氏指数—生产理论分解法（logarithmic mean divisia index-production theoretical decomposition analysis，LMDI-PDA）分解法，发现能源技术进步、能源强度对中国碳生产率增长有促进作用，但能源技术效率则起到抑制作用。张普伟等（2019）采用 A-LMDI-I 和 DEA 分解法，发现技术创新正向驱动单要素碳生产率（single factor carbon productivity，SFCP），地区调整负向驱动 SFCP。技术进步正向驱动全局全要素碳生产率（global total factor carbon productivity，GTFCP），管理效率和规模效率负向驱动 GTFCP。郭卫香和孙慧（2020）采用松弛模型的方向距离函数（slack-based model-directional distance func-tion，SBM－DDF）模型，环境规制会加速全要素碳生产率的提高，技术创新在环境规制对全要素碳生产率的影响中存在部分中介效应。钟茂初和赵天爽（2021）采用 Kaya 恒等式 LMDI 分解法和变异系数法（coefficient of variation method，CV），发现区域产业同构会弱化产业结构升级对碳排放增长的负向驱动作用。

2.3　全球价值链嵌入对碳排放影响的相关研究

全球价值链嵌入对碳排放影响的相关研究主要分为两类：一是利用投入产出表，从贸易隐含碳视角直接分析全球价值链嵌入对碳排放的影响；二是通过计量回归分析方法，采用外商直接投资（FDI）、对外直接投资（OFDI）、进出口和垂直专业化指标分析全球价值链嵌入对碳排放的影响。

2.3.1 贸易隐含碳研究

1. 贸易隐含碳测算方法研究

贸易隐含碳的测算方法分为两种：产品生命周期评价法（life cycle assessment，LCA）和投入产出法。产品生命周期评价法主要是在产品生产过程中对碳排放进行量化评估，适合特定商品的量化分析，涉及的模型较复杂，对数据完整性要求较高。随着全球和区域投入产出表的不断完善，建立在投入产出表基础上的投入产出法被广泛使用。基于地区和行业部门间的前向联系和后向联系，投入产出法主要用于计算地区和行业生产和消费过程中的碳排放量。

投入产出模型主要分为单区域投入产出（single-regional input-output model，SRIO）、双边贸易投入产出模型（bilateral trade input-output，BTIO）和多区域投入产出模型（multi-regional input-output，MRIO）三种（Sato，2014）。具体而言，SRIO 模型假设国内外生产技术相同，即本国的完全碳排放系数与国外相同，用于考察一个国家或地区与所有贸易伙伴整体的出口隐含碳；BTIO 模型放弃了国内外技术相同的假设，未考虑进口产品中的中间投入部分，用于考察双边贸易中的出口隐含碳；MRIO 模型则进一步放松上述假设，将进口产品分为中间投入品和最终需求品两部分。

基于单区域投入产出模型计算贸易隐含碳。谢弗和德萨（Schaeffer & DeSa，1996）与马查多（Machado，2001）较早使用单区域投入产出模型，发现巴西和印度等发展中国家均是隐含碳净进口国（Schaeffer & DeSa，1996；Machado，2001）。中国隐含碳净出口占当年碳排放总量的比例为 0.5%~2.7%，2004 年之后迅速增加，2006 年这一比例约为 10%（齐晔等，2008）。2000~2009 年中国为隐含碳净出口国，2005~2008 年隐含碳净出口约占碳排放总量的 1/4，贸易规模扩大是隐含碳净出口增长的首要因素（马述忠和陈颖，2010）。2000~2007 年北京碳排放总体呈上升趋势，消费侧核算方式的隐含碳大于生产侧核算方式和边界核算方式计算的碳排放（Dong et al.，2014）。1995~2009 年，印度各部门在生产过程中的碳转移，基于总产品角度，电力、热力的生产和供应业的直接碳排放量占第二产业碳排放量的比重保持在60%左右，但基于最终需求角度，这一比例仅维持在10%~16%（Sun et al.，2017）。2002~2011年，我国农产品出口、进口隐含碳排放量总体均在增长，且进口增长速度大于出口，但农产品进出口隐含碳排放量逐年降低（丁玉梅等，2017）。

基于双边贸易投入产出模型计算中国与其他国家之间的贸易隐含碳。1995~2006年，中国对欧盟的出口隐含碳由1995年的5.04百万吨上升到2006年的532.35百万吨（闫云凤等，2012）。2002~2010年，中国对澳大利亚隐含碳净出口显著下降，由于中国从澳大利亚大量进口原材料，中澳贸易显著降低全球碳排放量（Tan et al.，2013；Jayanthakumaran & Liu，2016）。1995~2009年，中国对日本的隐含碳出口增长了一倍，隐含碳进口大约增长了5倍。但对日本来说，中国始终是隐含碳净出口国（Dong et al.，2010；Wu et al.，2016；Zhao et al.，2016）。1997~2003年，中国进口美国的隐含碳约占碳排放总量的3%~6%，出口美国的隐含碳约占碳排放总量的7%~14%，中美贸易导致全球碳排放增加了7.2亿吨（Shui & Harriss，2006；Zhao et al.，2016）。基于新附加值贸易视角对2000~2014年中日两国27个行业部门的贸易隐含碳排放量进行再测算，发现中国对日本是贸易逆差国，但却是隐含碳排放顺差国；就行业整体而言，在样本期间中国对日本出口、进口贸易隐含碳均被高估（张兵兵和李祎雯，2018）。2000~2009年，中国生产了中日贸易隐含碳总量的75.14%，日本消费了中日贸易隐含碳总量的69.39%（田建国等，2019）。基于增加值视角，对2001~2011年中韩双边贸易及贸易隐含碳进行测算，发现中国对韩国的贸易隐含碳呈现顺差（马晶梅和赵志国，2018）。中欧制造业贸易隐含碳主要源于中国出口隐含碳，且主要集中在中低技术制造业（兰天和夏晓艳，2020）。美国对华出口高附加值产品、进口高耗能产品等，造成了中美贸易的环境成本逆差，增加了中国额外减排成本（刘竹等，2020）。中匈各行业隐含碳排放量的变化幅度大于两国贸易量的变动幅度，中匈双边贸易面临碳壁垒的挑战（杜丽娟等，2021）。

基于多区域投入产出模型计算贸易隐含碳。彼得斯等（Peters et al.，2008）较早使用多区域投入产出模型测算贸易隐含碳，发现苏格兰大约45%的碳排放是由其他地区消费引起的。中国是对外贸易隐含碳净出口国

（Pan et al.，2008；Lin & Sun，2010；闫云凤等，2013），1995~2009 年中国对外贸易隐含碳净出口占碳排放总量的 11.77%~19.93%，中国的生产碳排放从 1995 年的 29.2 亿吨增加到 2009 年的 70.8 亿吨，而消费碳排放在 1995 年和 2009 年分别只有 24.7 亿吨和 61.8 亿吨。1995 年中国与美国、日本之间的贸易隐含碳流量最大，而 2009 年中国与美国、印度之间的隐含碳流量最大（Deng & Xu，2017）。2002 年和 2007 年，中国八大区域内部的隐含碳贸易量大于区域间贸易以及出口贸易的隐含碳贸易（张忠杰，2017）。全球 39 个国家贸易中，区域净流出的贸易隐含碳排放越小，基于消费责任制核算的区域碳排放量就越大（钟章奇等，2018）。吕延方等（2019）研究发现进出口贸易隐含碳排放整体上均呈上升趋势，贸易隐含碳平衡指标始终表现为赤字，且赤字在不断扩大，证明"污染天堂假说"成立。中国在与"一带一路"沿线国家进行贸易时，国内生产碳排放大于国内消费碳排放，属于"国外消费、国内承担"的隐含碳模式（孟凡鑫等，2019）。1995~2009 年，电力、燃气及水的供应业等能源行业是中国出口隐含能源和隐含碳排放的主要行业来源（韩中和王刚，2019）。贸易隐含碳净流出是中国、印度等发展中国家碳排放快速增长的关键原因之一，隐含碳净进口则对美国、日本等发达国家碳排放下降作出了巨大贡献（李晖等，2020）。省域间国内净碳转移应由碳转入地和碳转出地共同承担（王育宝和何宇鹏，2021）。

2. 贸易隐含碳影响因素研究

贸易隐含碳影响因素的研究方法主要分为两种：一是指数分解法（index decomposition analysis，IDA）；二是结构分解方法（structural decomposition analysis，SDA）。

指数分解方法相对简单，使用较为广泛。指数分解法早期用于能源消费的影响因素分解（Huang，1993），之后大量学者开始采用 LMDI 方法对中国碳排放进行分解（Wang et al.，2005；Liu et al.，2007；Tan et al.，2013；Liu et al.，2012；Xu et al.，2014；Liu et al.，2017；Lin & Kui，2017）。中国生产侧碳排放远远大于消费侧碳排放，出口规模是中国出口隐含碳增长的首要因素，碳排放强度是抑制隐含碳增长的首要因素（王媛等，2011；杜运苏和张为付，2012；刘俊伶等，2014；Liu et al.，2017）。2005 年中国隐含碳净出口为 395.66 百万吨，其中强度效应贡献率为 60%，规模效应贡献率为 55%，结构效应贡献率为 - 14%，高碳排放强度是中国隐含碳净出口的主要影响因素（王媛等，2011）。2002 ~ 2011 年，中国出口隐含碳占中国碳排放总量的 30% 左右，技术效应显著降低中国出口隐含碳，规模效应增加了中国出口隐含碳（Liu et al.，2017）。2004 ~ 2007 年，技术效应是中国对日本出口隐含碳大幅度下降的主要原因，规模效应是日本对华出口隐含碳小幅增长的主要因素（庞军等，2017）。2005 ~ 2014 年，规模效应在中国水产品进出口贸易隐含碳排放中起拉动作用，而结构效应和强度效应则对水产品贸易隐含碳进出口具有阻碍作用（李晨等，2018）。1991 ~ 2013 年中国工业二氧化碳排放量从 738.5 百万吨增长到 7271.8 百万吨，而 2016 年则下降到 6844.0 百万吨，收入效应和劳动效应成为导致二氧化碳变动最为重要的因素，分别导致二氧化碳排放量增加 351.8 百万吨和 57.8 百万吨。此外，能源结构效应也起到了增加二氧化碳排放的作用，能源强度和碳排放效应是减少二氧化碳排放最重要的因素（Fatima et al.，2019）。1972 ~ 2016 年，巴基斯坦的碳排放中，经济发展因素是人均碳排放增加的主要动力，能源结构和能源效率是人均碳排放的抑制因素（Yasmeen et al.，2020）。2007 ~ 2015 年，长江经济带 11 省（市）的调出隐含碳排放研究中，规模效应是调出隐含碳排放量增加的主要因素，结构效应经历了由正效应向负效应再向正效应的转变，强度效应则经历了由负效应向正效应再向负效应的转变（黄和平等，2021）。

结构分解法能够充分刻画部门、技术和需求之间的关联效应，深入刻画经济体内部部门之间的联系及其环境影响（Casler & Rose，1998）。随着投入产出表的不断完善，基于投入产出和 SDA 的投入产出 - 结构分解法（input output - structural decomposition analysis，IO-SDA）方法使用越来越多。康芒和萨尔曼（Common & Salma，1992）最早使用 SDA 对澳大利亚碳排放贸易隐含碳影响因素进行分解。部分学者采用 SDA 对中国出口隐含碳排放进行分解，发现碳排放强度是隐含碳下降的重要因素（Xu et al.，2011；Su & Thomson，2016），出口结构是中国出口隐含碳增长的首要因素（Xu et al.，2011；潘安和吴肖丽，2017），规模效应是中国出口隐含碳的主要因素（Yan & Yang，2010；李艳梅和付加锋，2010；赵玉焕和王淞，2014；Deng & Xu，2017；Cheng et al.，2018）。吴常艳等（Wu et al.，2015）与陈浩等（Cheng et al.，2018）分别以江苏和东北工业区为例，同样发现结构和规模效应是造成该地区隐含碳增长的主要因素。张忠杰（2017）以中国八大区域 2002 年和 2007 年的隐含碳贸易为例，研究发现一般情况下技术变化会引起隐含碳贸易量的减少，产业关联和贸易量的变化则会引起隐含碳贸易量的增加。2000 ~ 2014 年，中国与金砖国家贸易隐含碳中出口总量为主要的正效应影响因素，直接碳排放系数为主要的负效应影响因素（郑珍远等，2018）。1995 ~ 2011 年，技术效应总体上降低了中国进出口隐含碳排放量，并且主要集中在知识密集型制造产业上（吴肖丽和潘安，2018）。直接碳排放系数效应、中间投入技术结构效应、出口贸易综合效应三者共同导致中国出口贸易隐含碳排放强度的降低，其中直接碳排放系数变动是最大驱动因素（尹伟华，2019）。规模效应、结构效应、出口效应是促进中国和“一带一路”沿线国家生产侧和消费侧碳排放增长的主要因素，而直接碳排放强度效应则是抑制其增长的因素（杨远航，2020）。能源消费强度效应不利于碳排放强度的下降，提高能源利用效率是降低碳排放的主要途径（邓光耀和陈刚刚，2021）。

2.3.2　全球价值链嵌入对碳排放的影响研究

1. FDI 对碳排放影响的研究

FDI 对碳排放影响的研究成果丰富，格罗斯曼和克鲁格（Grossman & Krueger，1991）首创结构效应、规模效应和技术效应的分析框架，其中，结构效应是指环境诉求提高导致的经济和产业结构的优化，规模效应是指经济规模变化导致碳排放的变化量，技术效应是指对外开放带来先进清洁技术使用，安特韦勒等（Antweiler et al.，2001）及科普兰和泰勒（Copeland & Taylor，2004）采用该分析框架进行了实证研究。在此基础上，学者实证检验了 FDI 对碳排放的影响，但并未得出一致的结论，主要形成三种不同的观点，即“污染天堂”假说、“污染光环”假说以及二者无显著关系。

（1）"污染天堂"假说。"污染天堂"假说由沃尔特和厄格洛（Walter & Ugelow，1979）提出，他们认为发达国家（地区）因面临严格的环境规制，企业的环境规制成本增加，污染密集型产业通过跨国投资转移到环境政策相对宽松的发展中国家（地区），减少移出地的二氧化碳，导致产业承接地的二氧化碳增加。1980～1999 年，欠发达国家（地区）FDI 提高了农业二氧化碳排放（Jorgenson，2007）。包萧天和蔡崇明（Pao & Tsai，2011）采用发展中国家的数据发现 FDI 提升了碳排放。暗利等（Omri et al.，2014）采用 1990～2011 年 54 个国家的面板数据，研究发现 FDI 和二氧化碳之间存在双向因果关系。FDI 的碳排放效应分解为规模效应、技术效应、结构效应和管制效应，FDI 提高了中国工业碳排放（代迪尔和李子豪，2011；郭沛和张曙霄，2012；曾德蒋和樊胜岳，2017）。同时，牛海霞和胡佳雨（2011）、林基和杨来科（2014）和李子豪（2015）基于省级层面数据，发现 FDI 显著增加了中国省级碳排放。2000～2015 年，大量的 FDI 流入加剧中国碳排放（王培，2016），2004～2015 年，FDI 会通过规模效应显著促进地区碳排放的增加（刘海云和龚梦琪，2018）。此外，邓荣荣和张翱祥（2020）、吴文洁和刘佩（2021）也发现 FDI 能够增加碳排放。

（2）"污染光环"假说。"污染光环"假说认为 FDI 的流入有利于东道国碳排放的减少。主要原因在于，东道国通过引进发达国家（地区）先进的清洁生产技术，产生技术外溢，提升东道国的管理水平和清洁低碳技术水平，从而减少东道国二氧化碳排放。FDI 通过提升能源效应减少碳排放（List & Co，2000；Tamazian et al.，2009），李俊万（Lee，2013）使用 G20 国家数据发现 FDI 降低了碳排放。朱惠明等（Zhu et al.，2016）采用东南亚 5 国的面板数据，研究发现除第五分位数外，FDI 均显著降低了地区碳排放。FDI 对中国东部三大区域碳排放影响不同，其中环渤海地区 FDI 进入显著降低了该地区碳排放（肖明月和方言龙，2013）。1995～2009 年和 1997～2011 年，FDI 均显著降低了中国省级碳排放（Zhou et al.，2013；郭炳南等，2013）。2003～2014 年，"污染光环"假说在中国基本成立，FDI 流入在一定程度上改善了中国环境质量（郑强等，2017）。1990～2016 年，FDI 的增加有利于降低中国省级碳排放（党玉婷，2018）；1995～

2016 年，增加 FDI 降低了广西碳排放（于世海和许慧欣，2019）。当城镇化率高于 41.8% 时，FDI 会抑制碳排放（王晓林和张华明，2020），FDI 对中国碳排放具有明显的地区差异影响，除东部地区外，其他地区的实际情况均支持"污染光环"假说（张文爱和罗润万，2021）。除此之外，王亚飞等（2021）研究发现公共双向 FDI 协调发展对碳排放具有抑制作用。

（3）FDI 与二氧化碳之间不存在显著关系。刘华军和闫庆悦（2011）采用 1983~2007 年中国的时间序列数据和 1995~2007 年省级数据均发现 FDI 对碳排放影响存在不显著的负效应。尼奎耶和奥拉迪（Neequaye & Oladi，2015）采用部分发展中国家数据进行研究，发现 FDI 与碳排放之间并不存在显著关系。外贸依存度过高和过低时，FDI 对能源效率的技术溢出不存在或不明显（江洪和韩晓晨，2018），1996~2016 年，日本、韩国和新加坡地区的 FDI 对中国 17 个省份的碳排放没有明显的影响（刘梦珂和傅素英，2018）。1986~2016 年，中国中西部地区 FDI 对碳排放影响并不显著（彭红枫和华雨，2018）；1996~2017 年，FDI 对中国省级碳排放无显著影响（冯瑶，2020）。

2. OFDI 对碳排放的影响研究

现有文献关于 OFDI 对碳排放影响的研究结论还未统一。部分学者发现 OFDI 显著降低了中国碳排放（谢文武等，2011；王正明和温桂梅，2013；费能云，2014），且在不同地区和行业之间存在显著差异（谢文武等，2011）。城镇化影响 OFDI 对中国碳排放的作用效果，城镇化率相对较高的地区，OFDI 对碳排放的抑制作用更为明显（聂飞和刘海，2016）。OFDI 显著降低了"一带一路"沿线省份的碳排放，但逆向技术溢出效应不显著（岳武和杜莉，2017）。部分学者发现 OFDI 增加了中国碳排放。许可和王瑛（2015）采用 2003~2011 年中国省级面板数据，研究发现 OFDI 对中国碳排放存在显著正向的规模效应、产业结构效应以及显著负向的技术效应，总体来讲 OFDI 显著增加了中国的碳排放量。2004~2013 年，中国 30 个省份对外直接投资显著增加中国碳排放量，但该效应存在显著的地区差异，中部地区 OFDI 对碳排放增加量的作用最为显著（刘海云和李敏，2016）。OFDI 逆向技术溢出对碳生产率具有正向促进作用，OFDI 逆向技术溢出值每增加 10% 会导致碳生产率提高 0.37%（龙如银和周颖，2017），OFDI 对广东省的碳排放有显著的负效应（李志川和蒋彦庆，2018）。龚梦琪等（2019）研究发现 OFDI 会显著抑制工业行业的全要素减排效率，中国对外直接投资并未向外转移污染，反而增加了母国碳排放（易艳春等，2020），OFDI 对母国碳排放的影响表现出多维性关系，既存在加剧碳排放的直接影响，也有通过中介变量抑制碳排放的间接效应（屈小娥和骆海燕，2021）。

3. 进出口对碳排放的影响研究

现有文献关于进出口对碳排放影响的研究结论尚未统一。部分学者认为贸易增加了中国碳排放。关大博等（Guan et al.，2008）通过对中国 1980～2030 年碳排放预测与分析，发现出口是中国碳排放增长的重要驱动因素。贸易虽然降低了中国碳排放强度，但是出口规模显著增加了中国碳排放（王海鹏，2010）。贸易开放增加了中国碳排放，从发达国家进口高技术中间品和服务能够显著降低中国的碳排放（王美昌和徐康宁，2015）。部分学者发现贸易降低了中国碳排放。李秀香和张婷（2004）发现出口显著降低了中国碳排放。李小平和卢现祥（2010）基于中国工业行业数据，发现发达国家在转移污染产业时也转移了部分相对清洁的产业，降低了中国碳排放，国际贸易对碳排放的影响取决于出口规模、出口结构和进出口技术溢出效应，三者的共同效应决定了国际贸易对中国碳排放的总体效应。

现有关于全球价值链嵌入对碳排放影响的研究侧重于基于投入产出法分析，从垂直专业化视角看，1995 年、2000 年和 2005 年中间品投入隐含的碳排放分别占碳排放总量的 17%、19% 和 28%（李小平，2010）。2002 年，中国的出口隐含碳在没有区分加工贸易与一般贸易时被高估了 60%，且单位增加值的工序贸易要比每单位增加值的一般贸易少产生 34% 的碳排放（Dietzenbacher et al.，2012）。当考虑中国中间品进口再出口隐含碳时发现，1995～2009 年垂直专业化显著增加了中国碳排放（Zhao et al.，2014）。1997～2012 年，东亚垂直分工显著提升中国隐含碳排放水平（钱志权和杨来科，2016）。1995～2009 年，中间品贸易降低了全球碳排放水平，而最终品贸易显著增加了全球碳排放（Zhang et al.，2017）。参与全球价值链分工导致中国对美国出口隐含碳增长，与 GVC 视角下的计算结果相比，基于 MRIO 模型的计算结果高估了中国出口隐含碳（潘安，2018）。

此外，部分学者基于计量方法考察全球价值链嵌入对碳排放的影响。李斌和彭星（2011）借鉴科普兰和泰勒（2003）的环境污染供求模型，构建全球价值链嵌入影响中国碳排放的理论分析框架，采用加工贸易出口额占一般贸易出口的比重来衡量全球价值链，通过实证研究发现全球价值链嵌入提高了中国碳排放，与技术效应、规模效应和结构效应相比，全球价值链效应影响作用相对较大。学者对全球价值链嵌入采用不同衡量指标，得出的结果也存在显著差异。丘兆逸（2012）采用加工贸易总额占全国贸易总额的比重来衡量全球价值链嵌入程度，发现垂直专业化增加了中国二氧化碳的排放。提升垂直专业化率并未显著增加中国碳排放（杨芮芮，2015）。采用国内技术含量来衡量全球价值链分工地位、提升全球价值链分工地位能够显著降低中国制造业出口隐含碳排放强度（黄凌云等，2017）。全球价值链嵌入程度对碳排放强度具有显著的抑制作用，而全球价值链嵌入地位与碳排放强度存在倒“U”型关系（李保民等，2020）。全球价值链嵌入程度和地位对中国产业碳生产率具有不同的差异性影响（孙华平和杜秀梅，2020）。全球价值链位置指数的提高有利于减少出口贸易隐含碳（赵玉焕等，2021），GVC 嵌入可以提升“一带一路”沿线国家制造业的碳排放效率（李焱等，2021）。

2.4　全球价值链嵌入对碳生产率影响的相关研究

碳生产率有机结合了经济增长和碳减排的双重目标，因此，研究全球价值链嵌入对碳生产率的影响具有重要的现实意义。然而，现有文献直接分析全球价值链嵌入对中国碳生产率影响的较少，大量学者分析了 FDI、OFDI 和国际贸易对碳生产率的影响。

FDI 对碳生产率的影响。现有文献发现 FDI 对碳生产率的影响具有差异性。郭炳南等（2014）采用 2000～2011 年中国工业行业面板数据，研究发现 FDI 对行业碳生产率存在显著的行业差异性，FDI 提升了资本密集型和劳动密集型行业的碳生产率，而降低了资源型行业的碳生产率。中国各省碳生产率之间存在显著的空间自相关，FDI 显著提升了地区内碳生产率，而降低了邻近地区碳生产率，从区域差异来看，FDI 提升西部地区碳生产率，降低了中东部地区碳生产率（刘传江和胡威，2016）。此外，赵皋（2015）和高大伟（2016）实证研究均发现 FDI 提升了中国碳生产率。FDI 不仅促进了本地区碳生产率的提高，对其他地区的碳生产率也间接地起到提升作用（高大伟和聂海松，2019），FDI 能够通过城市化水平带动碳生产率的发展（吴涵，2021）。

OFDI 对碳生产率的影响。现有学者认为 OFDI 能够显著提升碳生产率。费能云（2014）通过构建固定效应模型发现 OFDI 显著提升了中国碳生产率。2005~2012 年，OFDI 逆向技术效应显著提升了中国地区碳生产率，且存在地区差异性，东部地区影响效应相对较大（龙如银和周颖，2017）。2002~2016 年，FDI 对碳生产率的直接影响为 0.142，东部、中部、西部三大区域影响效应存在空间异质性，其中东部地区影响效应最大，西部地区影响效应最小（张文彬和邓玲，2019）。

国际贸易对碳生产率的影响。现有研究发现国际贸易均显著提升碳生产率。从行业层面来看，李小平等（2016）采用 SBM 方向性距离函数和 GML 指数相结合的方法测算了中国制造业碳生产率，分析国际贸易对碳生产率的影响，发现国际贸易显著提升了中国制造业碳生产率，且进口的促进作用显著大于出口。国际贸易对中国制造业的技术进步和碳生产率的提升均具有显著的促进作用，进口的促进作用强于出口（李小平等，2016）。进出口依存度、出口依存度、进口依存度的增加均显著提升碳生产率，且高收入国家和进口贸易对碳生产率的提升更为明显（赵秀娟和张捷，2016）。中国省级工业碳生产率存在显著的空间正相关，提高对外开放程度能够显著提升地区工业碳生产率（Long et al.，2016）。

直接分析全球价值链嵌入对中国碳生产率影响的文献相对较少，部分文献分析全球价值链嵌入对碳排放强度和污染强度的影响。王玉燕等（2015）从行业层面分析了全球价值链嵌入程度对中国碳排放强度的影响，发现全球价值链嵌入能够降低碳排放强度，但由于俘获效应的存在，导致全球价值链嵌入与碳排放强度之间呈"U"型关系。全球价值链嵌入对污染排放的影响存在门槛效应，全球价值链嵌入小于门槛值时，技术进步会增加污染排放，全球价值链嵌入超过门槛值时，技术进步才会降低污染排放（杨飞等，2017）。全球价值链嵌入增加了中国企业单位产值的污染排放，全球价值链嵌入对污染排放存在正的结构效应和负的生产率效应（余娟娟，2017）。GVC 嵌入程度对中国制造业碳生产率具有正向影响（谢会强等，2018），全球价值链嵌入程度和地位对中国产业碳生产率具有不同的差异性影响（孙华平等，2020）。

2.5　文献述评

总体来看，已有研究对全球价值链嵌入、碳排放与碳生产率分别进行了大量研究，部分学者从隐含碳视角以及 FDI、OFDI 和国际贸易等方面分析了全球价值链嵌入对中国碳排放与碳生产率的影响，具有重要的研究价值，但仍存在可以改进之处。

（1）现有文献侧重于从 FDI、OFDI、国际贸易和垂直专业化等方面实证分析全球价值链嵌入对中国碳排放及其生产率的影响，对相应影响机制缺乏系统的理论分析。

（2）现有文献关于全球价值链嵌入对各国贸易隐含碳排放的流向及流量，特别是中国在全球生产网络中贸易隐含碳的流向及流量的分析较少；大部分文献仅从国内增加值或出口隐含碳单方面来分析中国在全球价值链嵌入的经济收益和环境成本，较少文献将二者结合起来进行分析；现有文献大多对中国碳排放影响因素进行分解，但是较少有文献对中国出口隐含碳排放影响因素进行分解，但这一问题对于中国制造业如何有效减少出口隐含碳、制造业如何进行低碳转型升级至关重要。

（3）以往研究忽略了区域间要素流动可能产生的空间相关性，导致采用传统计量模型分析全球价值链嵌入对地区碳生产率的影响时可能存在模型设定偏误；同时，仅以垂直专业化指数衡量全球价值链嵌入程度，对增加值重复计算以及不能区分增加值来源和跨国界次数，难以深入分析全球价值链嵌入对碳生产率的影响。

全球价值链嵌入对中国
碳排放及其生产率的
影响机制分析

　　随着经济全球化的不断深入，生产要素在全球范围进行跨境优化配置，中间品跨国贸易迅速发展。发达国家通过跨国直接投资和外包等方式将技术含量较低的零配件生产加工等高碳环节转移到发展中国家，而将技术研发和营销售后等环节留在国内，这样既牢牢控制全球价值链的高端环节，又减少了国内碳排放。中国等发展中国家利用自身要素禀赋优势，将具有比较优势的某一生产环节或工序嵌入到全球生产网络中，在获得技术进步和经济增长的同时，也显著增加了碳排放。那么，全球价值链嵌入对中国碳排放及其生产率的具体影响机制是什么？

　　为此，本章从直接效应和间接效应两个层面厘清全球价值链嵌入对中国碳排放与碳生产率的影响机制；考虑到发达国家高碳技术转移程度和中国低碳技术吸收能力，中国并不能完全吸收发达国家的低碳技术，本书在贝纳罗克和韦德（2006）和斯沃特（2013）的模型中增加了中国低碳技术吸收程度参数和发达国家高碳技术转移程度参数，构建全球价值链嵌入对中国碳排放及其生产率的理论模型。

3.1　全球价值链嵌入对中国碳排放及其生产率的影响机制分析

全球价值链嵌入对中国碳排放及其生产率的影响分为直接和间接影响。直接影响是指中国通过嵌入全球价值链的分工环节影响经济产出和碳排放水平，直接影响该地区和行业的碳生产率。间接影响是指中国通过低端锁定和环境规制间接影响经济增长和碳排放水平，进而影响各地区或行业的碳生产率。

3.1.1　直接影响机制

1. 规模效应

中国以加工、组装等传统加工环节嵌入全球价值链分工体系，扩大了经济增长和碳排放规模，提升了能源尤其是煤炭需求，从而导致碳排放量迅速增加，降低了中国碳生产率。一方面，中国企业充分利用财政和税收等政策优势以及劳动力和土地成本低等要素禀赋优势，吸引发达国家跨国企业通过直接投资的方式在中国沿海地区建立工厂或与中国当地企业进行合资。中国企业从发达国家进口先进中间品，从事来料加工和生产组装等全球价值链低端环节的生产，加工贸易规模扩展迅速，极大地扩大中国出口规模，带动中国出口和经济增长的快速提升。另一方面，中国采用来料加工和加工组装等方式嵌入全球价值链低端，承接来自发达国家高能耗、高碳排放和低附加值环节的转移。这些生产加工环节需要消耗大量的煤炭等能源，导致碳排放量迅速增加。此外，中国嵌入全球价值链的生产制造环节，处于国际产业链中的劳动密集型环节，大多属于高污染高能耗行业（张京红和王生辉，2016），碳排放的增长速度超过了经济增长的速度，降低了中国碳生产率。

2. 结构效应

中国嵌入全球价值链分工体系中，改变了中国的产业结构和要素投入结构，进而影响中国碳生产率。从产业结构层面看，在全球价值链嵌入初期，发达国家参与全球价值链分工，会优先转移处于相对劣势的产业。这些产业在发达国家利润低、生产成本高、碳排放水平较高，转移到中国等发展中国家，提高中国高碳产业比例，增加中国碳排放，从而降低中国碳生产率。从要素投入结构层面看，要素投入结构是影响碳排放的关键（彭星，2012），人力资本水平决定科学技术水平的高低，人力资本越发达，科技化智能化水平越高，能源利用效率越高，碳排放水平越低。在全球价值链嵌入初期，中国全球价值链嵌入地位相对较低，人力资本水平不高，要素投入结构不完善，生产的技术水平相对较低，资源能源利用效率较低，碳排放水平较高，从而降低中国碳生产率。

3. 技术进步效应

中国等发展中国家参与由发达国家跨国企业主导的全球生产网络，通过产业关联技术溢出、中间品技术溢出、FDI技术溢出和OFDI逆向技术溢出获得技术进步。当技术进步为高碳技术时，技术进步越快，碳排放量将会越高（申萌等，2012）；当技术进步为清洁技术或低碳技术时，技术进步将有利于中国制造业节约能源和减少碳排放（Acemoglu et al.，2016；Ghisetti & Quatraro，2017）。

（1）产业关联技术溢出。在全球价值链分工体系下，一方面，下游发达国家跨国企业为了获得高质量的产品，会积极向中国等发展中国家的上游企业转移相对先进的生产技术和管理经验，使发展中国家生产符合环境标准的高品质中间品和最终品（邱斌等，2012），从而提升中国等发展中国家的生产技术和管理技术水平。另一方面，下游发达国家跨国企业为了树立良好的品牌形象，会引进母国先进的技术，生产出较高质量的产品，从而使发展中国家有机会学习模仿这些高质量的产品，间接提高低碳技术水平。此外，下游企业对产品质量和生产效率的高要求会导致外资企业对中国企业原材料和辅助服务的供应提出高标准，从而间接促进中国企业低碳技术水平的提升。

（2）中间品进口技术溢出。在全球生产网络体系下，中间品进口国可以通过投入产出效应从进口的高质量中间产品中提高生产率，同时通过模仿进口中间品技术逐步提升本国的研发与生产能力（Grossman & Helpman，1991a）。中国通过进口隐含先进清洁技术的中间品，提高中国中间品的种类和质量来获得技术溢出（Amiti & Konings，2007），在使用这些中间品的过程中，通过模仿、学习和二次创新等方式，获取技术水平提升（Gereffi & Lee，2012）。具体而言，中国不仅可以从国外进口先进的机器设备和生产技术，提高投入产出效率和劳动生产率，而且可以通过对发达国家高质量中间品的技术进行消化吸收、模仿和技术改造，在短期内以较低的学习成本实现技术的快速提升，从而通过逆向工程提升企业生产效率。此外，中国企业还可以通过与发达国家建立合作关系或通过兼并购买等方式直接引进发达国家先进的生产技术和专利，实现技术水平的快速提升，降低能源消耗强度，达到节能减排的目的。

（3）FDI 低碳技术溢出。FDI 低碳技术溢出效应主要包括低碳技术示范模仿效应、低碳技术市场竞争效应和低碳技术人员流动效应（房建鑫，2012）。低碳技术示范模仿效应是指中国企业在引进国外先进低碳技术和低碳技术设备的基础上，通过学习和模仿，进一步研发出更高水平的减排设备和节能减排技术，从而减少企业的二氧化碳排放量，提高中国碳生产率水平。低碳技术市场竞争效应是指 FDI 进入中国后，外资企业会给中国本土企业带来低碳技术压力，使本土企业不得不通过购买国外先进的低碳技术或者加大低碳技术的研发能力研发出更好的清洁生产技术来提升低碳技术，从而获取竞争优势，确保市场份额不会减少，甚至抢占更多的市场份额。低碳技术人员流动效应是指外资进入中国后，一方面，中国本土企业通过有效竞争将这些人员应聘到自己的公司，从而获得外资企业先进的低碳技术；另一方面，当外资企业撤离中国，外资企业培养的掌握低碳技术的中国本土就业人员会留在中国，从而提升中国低碳技术。

（4）OFDI 逆向技术溢出。大部分发展中国家尤其是中国通过研发反馈机制、技术扩散机制和人员流动机制来获得 OFDI 逆向技术溢出，主动获取发达国家跨国公司的先进技术，实现技术赶超，提升国内企业的技术创新水平，从而提升碳生产率。研发反馈机制是指中国通过在相对发达的国家建立研发机构，吸收东道国人才、技术等优势资源，在企业内部将最新的创新成果反馈到国内母公司，实现技术创新能力的快速提升，提高中国的技术水平。技术扩散机制是指中国在技术相对先进的发达国家进行绿地投资、企业并购，收购发达国家技术创新公司或研究机构，可以直接获取被收购公司的专利技术，从而扩散到中国，提升中国的技术创新水平。人员流动机制是指中国可以通过雇用发达国家技术创新能力较强的高素质科研和技术人才，与发达国家高校、企业和科研机构展开深入合作，实现中国与发达国家间人才的双向互动，提升中国就业人员的技术创新水平和综合素质，进而提高中国的技术创新水平。

3.1.2　间接影响机制

全球价值链嵌入对中国碳排放及其生产率的影响主要包括低端锁定效应和环境规制效应。

1. 低端锁定效应

价值链高碳环节锁定。由于嵌入性依赖、知识壁垒和资产专用性等原因，中国被锁定在全球价值链高碳生产环节。首先，嵌入性依赖和知识壁垒是中国在全球价值链中低端锁定的根本原因。嵌入性依赖是指中国等发展中国家的企业在外部学习途径方面依赖于发达国家的领导企业，从而使自主创新的内生性知识积累途径逐渐弱化；知识壁垒降低了中国获取发达国家领导企业核心技术的能力。在嵌入型依赖和知识壁垒的双重影响下，中国企业难以摆脱对现有技术的依赖，容易陷入低端锁定（兰宏，2013）。其次，资产专用性固化全球价值链嵌入方式（智祺，2009），使中国在低端高碳生产环节反复进行生产，将中国锁定在全球价值链低端。在产品生产过程中，资产专用性导致生产要素不能自由流动，降低产业结构与能源结构调整的弹性，固化已有分工模式和产业发展模式。同时，对于中小企业而言，资产专用性导致专注于科技研发的企业产生大量的沉没成本，影响资金使用效率和流动性，从而使这些企业专注于低端制造环节，导致中国锁定在全球价值链低端。

此外，中国在嵌入全球价值链的过程中立足于具有比较优势的劳动力和自然资源等，参与全球价值链低附加值、高能耗的加工组装环节，而在高技术零部件方面却依赖于发达国家，被迫锁定在全球价值链低端（Humphrey & Schmitz, 2002）。在全球价值链分工体系中，高端技术主要被大部分发达国家垄断，而低成本的技术成熟型和劳动密集型产品却集中在中国等发展中国家。因此，中国跨国企业容易被发达国家跨国企业俘获，尤其是当中国制造业向全球价值链中高端攀升时，发达国家的跨国公司会采取相应措施进行阻挠，而中国却无法在短期内应对发达国家跨国公司采取的措施，进而被迫锁定在低附加值、高碳排放的全球价值链低端生产制造环节（Humphrey & Schmitz, 2002）。

低碳创新能力锁定。跨国企业作为全球价值链的主导者，通过设计各种参数（包括技术标准、专利授权和质量等）来控制中国以代工身份从事制造工序的利润空间。在参与全球价值链分工过程中，中国通过垂直 FDI 形式参与全球价值链分工，挤占了中国低碳排放的生产性服务工序的资源，并且制造工序对研发设计和营销等低碳排放的生产性资源需求较少（丘兆逸，2013）。同时，产品在每个生产阶段都可能发生错误，造成前期投入损失（Costinot et al., 2013），而且中国制造业由于人力资本投入不足等原因，面临较高的犯错率，极易锁定在价值链的低附加值环节。全球价值链下中国制造业低碳生产制造环节风险较小，低碳创意研发和营销服务风险较高，从而使中国制造业锁定在全球价值链的生产制造等相对高碳环节（刘晓东等，2016）。

2. 环境规制效应

环境技术标准效应。考虑到跨国企业在全球范围内执行统一的环境标准（Letchumanan & Kodama, 2000），中国在承接国外产业转移过程中需要接受发达国家的环境标准，从而降低二氧化碳排放（Zhang & Zhou, 2016）。此外，由于生产产品的上下游企业执行相同的环境标准，上游企业为了生产出合格的产品，会不断提高自身的环境技术标准，降低碳排放，最终提高碳生产率。

环境规制政策效应。环境规制效应是指中国在引进 FDI、中间品进口以及对外直接投资等方面受到中国环境规制的影响，进而影响碳生产率。在对外开放初期，中国资金和技术相对缺乏，环境规制水平较为宽松，发展中国家会大量引进发达国家资金和先进的生产技术。而发达国家由于环境规制水平相对较高，转移的大多是高碳排放、高能耗的污染产业，从而降低了中国的碳生产率。随着中国经济水平的不断提高，对环保的诉求不断提高，中国会不断地提高外资的进入门槛，禁止高污染的外资企业进入，对已进入中国的高污染外资企业征收高税费，鼓励低碳环保、新兴企业进入，引导外资流入第三产业。在这一背景下，外资企业为了达到中国的环境标准，会不断提升节能减排技术，换取更高效率的生产设备，将投资向低污染的第三产业转移，间接提高中国清洁低碳技术水平，从而减少中国碳排放。此外，中国为了满足发达国家跨国企业对产品质量、环保、安全、款式等方面的要求，会积极引进先进清洁生产技术，加大对先进低碳技术的研发投入，学习发达国家的管理、有效渠道和模式，促使企业向资源节约和低碳绿色转变。同时，中国环境规制标准的提高，促使中国对外直接投资，减少国内的碳排放压力，并且通过对外直接投资的逆向技术溢出，获取国外先进的低碳生产技术，进一步提升中国的碳生产率。

综上所述，全球价值链嵌入对中国碳排放和碳生产率的影响机制如图 3-1 所示。

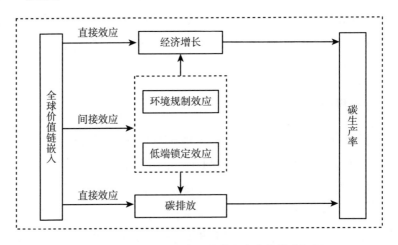

图 3-1   全球价值链嵌入对碳生产率的影响机制

3.2　全球价值链嵌入对中国碳排放与碳生产率影响的理论模型

内生经济增长模型中技术创新主要包括中间品种类增加的水平创新（Grossman & Helpman，1991b）和产品质量提高的垂直创新（Aghion & Howitt，1992）两种形式。为了简化模型，本书以中间品种类作为技术创新的主要形式，假定每种中间品包含一定的技术含量，以中间品种类作为知识存量的主要载体，构建全球价值链嵌入影响中国碳排放和碳生产率的理论模型。

假定最终产品是由一系列中间产品加工而成，中间品可分为含碳型和无碳型两种，对比封闭环境和开放环境下全球价值链嵌入对中国碳排放和碳生产率的影响。假定世界上所有国家分为发展中国家和发达国家[①]，分别生产同质产品 Y 和 Y^*。整个生产过程分为两个阶段，第一阶段，在垄断竞争的市场中生产无碳中间品和含碳中间品两类中间品，中间品在不同国家间自由贸易；第二阶段，由两类中间品生产最终产品，最终品在不同国家间不能贸易。

3.2.1　生产技术

第一阶段为中间品生产，本书将中间品设为两组：中间品 X_1（含碳型）在最终产品生产中将产生碳排放，并对消费者效用产生负向影响；中间品 X_2（无碳型）使用不会产生任何碳排放。借鉴艾赛尔（Ethier，1982）对生产函数形式的设定，中间品生产函数的具体形式如下：

$$X_1 = \left[\sum_1^n x_{1j}^{(\sigma-1)/\sigma} \right]^{\sigma/(\sigma-1)}, X_2 = \left[\sum_1^m x_{2j}^{(\sigma-1)/\sigma} \right]^{\sigma/(\sigma-1)} \quad (\sigma > 1)$$

$$(3.1)$$

---

① 本书在理论模型分析时，中国作为发展中国家代表进行分析。

其中，σ 为中间品需求价格弹性系数，j 表示中间品的种类。

第二阶段为最终品生产，本书假定最终产品的产出与所使用的中间品种类数之间呈报酬递增。具体形式如下：

$$Y = X_1^{\alpha} X_2^{1-\alpha} \qquad (0 < \alpha < 1) \qquad (3.2)$$

其中，Y 是最终品，最终品的产出对每一种中间品的数量 x_{ij} 规模报酬不变，但对于中间品种类数量 n、m 是规模报酬递增的；i 表示第 i 组中间品，α 表示中间品 X_1 在总产量中所占的份额。

第一阶段中间品生产，通过中间品种类来衡量研发部门的研发水平，假设研发部门生产是在垄断竞争情形下进行，且规模报酬递增。假定中间品生产只使用劳动力一种生产要素（Krugman，1980），劳动力在国内可以自由流动，则中间品的成本函数表示为：

$$l_{ij} = a + bx_{ij}, i = 1, 2 \qquad (3.3)$$

其中，l_{ij} 表示 i 组第 j 种中间品生产过程中使用的劳动力数量，a 是固定成本，b 是边际成本。假定每种中间品成本函数相同，利润最大化条件下中间品定价为：

$$p_{ij} = wb[\sigma/(\sigma - 1)] \qquad (3.4)$$

其中，w 是工资率，后文为了简化分析，我们将 p 和 x 的下标省略，即 $p_{ij} = p$，$x_{1j} = x_1$，$x_{2j} = x_2$。

在标准的迪克西特 – 斯蒂格利茨模型（dixit-stiglitz model，D-S 模型）中，自由进入时企业的均衡利润为 0。当市场均衡时，代表性企业利润为零，$\pi_{ij} = wb[\sigma/(\sigma - 1)]x_{ij} - w(a + bx_{ij}) = 0$。其中，$\pi_{ij}$ 为代表性企业利润，w 为工资率，x_{ij} 为中间品数量，求解出中间产品产出数量为：

$$x_{ij} = (\sigma - 1)(a/b) \qquad (3.5)$$

3.2.2 消费者偏好

参考斯托基（Stokey，1998）对消费效用函数的表示，本书将代表性消费者的效用函数设定为：

$$U = \frac{(Y/L)^{1-\delta} - 1}{1 - \delta} - \beta Z \qquad (\delta > 1, \, \beta > 0) \qquad (3.6)$$

其中，β 为碳排放的边际负效用参数，δ 为人均消费的边际效用弹性，斯托基（1998）与科普兰和泰勒（2003）认为 $\delta > 1$，埃文斯（Evans，2005）实证研究发现 $1 < \delta < 1.82$，因此，本书 δ 取值为 $[1, 2]$，Z 为碳排放量。假设消费者收入全部用于最终品消费，预算约束函数为：

$$wL + \tau Z = PY \qquad (3.7)$$

其中，P 是最终品价格，消费者收入主要来自劳动收入和碳排放税，w 为工资率。τ 为碳税率，当企业生产最终品使用中间产品 X_1，将会被政府征收碳税 τZ 返还给消费者。

假设工业生产中碳排放仅来自中间品 X_1 的投入，碳排放表示为：

$$Z = n^{\frac{\sigma}{\sigma-1}} x_1 \qquad (3.8)$$

其中，n 是最终品使用中间品 X_1 的种类数。

3.2.3　全球价值链嵌入前的均衡分析

1. 中间品供给与需求

在封闭的条件下，中间品的需求数量由最终品的利润最大化原则求得，由生产函数式（3.2）和预算约束式（3.7）求得中国中间品的需求数量分别为：

$$X_1^D = \frac{\alpha PY}{p + \tau} = \frac{\alpha(wL + \tau X_1)}{p + \tau} \qquad (3.9)$$

$$X_2^D = \frac{(1 - \alpha)PY}{p} = \frac{(1 - \alpha)(wL + \tau X_1)}{p} \qquad (3.10)$$

其中，X_1^D 表示第一组中间品的需求数量，X_2^D 表示第二组中间品的需求数量。

两组中间品的供给函数由式（3.1）和式（3.5）及中间品的种类数求得，中国中间品供给数量分别为：

$$X_1^S = n^{\frac{\sigma}{\sigma-1}}x_1 = n^{\frac{\sigma}{\sigma-1}}\frac{a}{b}(\sigma-1) \tag{3.11}$$

$$X_2^S = m^{\frac{\sigma}{\sigma-1}}x_2 = m^{\frac{\sigma}{\sigma-1}}\frac{a}{b}(\sigma-1) \tag{3.12}$$

其中，X_1^S 表示第一组中间品的供给数量，X_2^S 表示第二组中间品的供给数量。

当中间品的供求均衡时，$X_1^D = X_1^S$ 和 $X_2^D = X_2^S$，并将式（3.4）带入，得到中国均衡时中间品种类分别为：

$$\bar{n} = \left\{\frac{\alpha Lp}{a\sigma[\tau(1-\alpha)+p]}\right\}^{\frac{\sigma-1}{\sigma}} \tag{3.13}$$

$$\bar{m} = \left\{\frac{(1-\alpha)L(\tau+p)}{a\sigma[\tau(1-\alpha)+p]}\right\}^{\frac{\sigma-1}{\sigma}} \tag{3.14}$$

其中，$\bar{n}$ 表示供求均衡时第一组中间品种类，$\bar{m}$ 表示供求均衡时第二组中间品种类，p 为利润最大化条件下中间品定价。

2. 碳排放供给与需求

在预算约束式（3.7）下，消费者实现效用最大化，求得最优碳税：

$$\tau = \beta PY^{\delta}L^{1-\delta} = \beta PY\left(\frac{Y}{L}\right)^{\delta-1} \tag{3.15}$$

由预算约束得到碳排放供给函数：

$$Z^S = \left(\frac{Y/L}{\beta}\right)^{1-\delta} - \frac{L}{\tau/w} \tag{3.16}$$

碳排放供给是碳排放相对价格 τ/w 的增函数，当相对价格上升，其他情况不变时，消费者能够得到更多的补偿，愿意承受更多的碳排放。碳排放供给随着边际负效用参数 β 上升而下降，碳排放供给与 Y/L 和 L 的关系取决于 δ，当 $\delta \in [1,2]$，碳排放供给随着人均产出的增加而降低，随着劳动力的增长而下降。

碳排放的需求由最终品的生产过程中使用的中间品 X_1 的数量决定，碳排放的需求函数为：

$$Z^D = n^{\frac{\sigma}{\sigma-1}} x_1 = \frac{\alpha L}{(1-\alpha)\tau/w + b\sigma/(\sigma-1)} \tag{3.17}$$

碳排放需求函数与参数 τ/w、b 呈递减关系，当碳排放相对价格 τ/w 增加时，企业在生产最终品时将会使用更多的无碳中间品来代替含碳中间品；当边际成本 b 上升时，将会降低最终产品对中间产品的使用，从而减少碳排放的需求。碳排放需求函数与 α、L 呈递增关系，α 上升导致最终品生产更倾向于碳排放密集型的模式，而扩大劳动力规模 L 将会提高碳排放的需求量。

3.2.4　全球价值链嵌入后的均衡分析

中国参与全球价值链分工，通过技术转让和技术溢出等多种途径获得技术进步。在贸易均衡的情形下，中国和发达国家在世界市场上共同面临 $n+(1+\theta)n^*$ 种含碳型中间品和 $m+(1+\varphi)m^*$ 种无碳型中间品，其中，n^*、m^* 分别是发达国家生产的含碳型和无碳型中间品数量，θn^*、φm^* 分别表示中国从发达国家获取的中间品种类，$\theta \in [0,1]$，$\varphi \in [0,1]$。设定对中间品的数量需求份额与该国中间品种类所占份额相等，中国两种中间品的份额分别为 $\dfrac{n+\theta n^*}{n+(1+\theta)n^*}$、$\dfrac{m+\varphi m^*}{m+(1+\varphi)m^*}$，中间产品的数量总和为：$x_{ij}=(\sigma-1)(a/b)$。

在贸易均衡条件下，中国碳排放量 Z^{DT} 为：

$$\begin{aligned}Z^{DT} &= \left[n+(1+\theta)n^* \right]^{\sigma/(\sigma-1)} \frac{n+\theta n^*}{n+(1+\theta)n^*} x_1 \\ &= \left[n+(1+\theta)n^* \right]^{1/(\sigma-1)} (n+\theta n^*) x_1 \end{aligned} \tag{3.18}$$

中国嵌入全球价值链后，碳排放 Z^{DT} 与封闭条件下中国碳排放 Z^{DA} 之比为：

$$\begin{aligned}\frac{Z^{DT}}{Z^{DA}} &= \frac{\left[n+(1+\theta)n^* \right]^{\sigma/(\sigma-1)} \dfrac{n+\theta n^*}{n+(1+\theta)n^*} x_1}{n^{\sigma/(\sigma-1)} x_1} \\ &= \left[\frac{n+(1+\theta)n^*}{n} \right]^{1/(\sigma-1)} \frac{(n+\theta n^*)}{n} \end{aligned} \tag{3.19}$$

从式（3.19）可以看出，$Z^{DT} > Z^{DA}$，即中国嵌入全球价值链后，碳排放总量明显增加，据此得出结论 1。

结论 1：全球价值链嵌入提高中国碳排放。其中，发达国家对中国的高碳技术转移程度越高，中国碳排放水平将会越高。

中国嵌入全球价值链后，最终品产出 Y^T 与封闭经济条件下最终品产出 Y^A 之比为：

$$\frac{Y^T}{Y^A} = \frac{\left\{\left[n+(1+\theta)n^*\right]^{\sigma/(\sigma-1)}\dfrac{n+\theta n^*}{n+(1+\theta)n^*}x_1\right\}^{\alpha}\left\{\left[m+(1+\varphi)m^*\right]^{\sigma/(\sigma-1)}\dfrac{m+\varphi m^*}{m+(1+\varphi)m^*}x_2\right\}^{1-\alpha}}{\left[n^{\sigma/(\sigma-1)}x_1\right]^{\alpha}\left[m^{\sigma/(\sigma-1)}x_2\right]^{1-\alpha}}$$

$$= \left[\frac{n+(1+\theta)n^*}{n}\right]^{\alpha/(\sigma-1)}\left(\frac{n+\theta n^*}{n}\right)^{\alpha}\left[\frac{m+(1+\varphi)m^*}{m}\right]^{(1-\alpha)/(\sigma-1)}\left(\frac{m+\varphi m^*}{m}\right)^{(1-\alpha)}$$

$$(3.20)$$

中国嵌入全球价值链前后，碳生产率之比：

$$\frac{\dfrac{Y^T}{Z^{DT}}}{\dfrac{Y^A}{Z^{DA}}} = \frac{\dfrac{Y^T}{Y^A}}{\dfrac{Z^{DT}}{Z^{DA}}} = \frac{\left[\dfrac{n+(1+\theta)n^*}{n}\right]^{\alpha/(\sigma-1)}\left(\dfrac{n+\theta n^*}{n}\right)^{\alpha}\left[\dfrac{m+(1+\varphi)m^*}{m}\right]^{(1-\alpha)/(\sigma-1)}\left(\dfrac{m+\varphi m^*}{m}\right)^{(1-\alpha)}}{\left[\dfrac{n+(1+\theta)n^*}{n}\right]^{1/(\sigma-1)}\dfrac{(n+\theta n^*)}{n}}$$

$$= \left[\frac{\dfrac{m+(1+\varphi)m^*}{m}}{\dfrac{n+(1+\theta)n^*}{n}}\right]^{(1-\alpha)/(\sigma-1)}\left[\frac{\dfrac{m+\varphi m^*}{m}}{\dfrac{n+\theta n^*}{n}}\right]^{(1-\alpha)}$$

$$= \left[\frac{1+(1+\varphi)\dfrac{m^*}{m}}{1+(1+\theta)\dfrac{n^*}{n}}\right]^{(1-\alpha)/(\sigma-1)}\left[\frac{1+\dfrac{\varphi m^*}{m}}{1+\dfrac{\theta n^*}{n}}\right]^{(1-\alpha)}$$

$$(3.21)$$

其中，

$$\frac{\dfrac{m^*}{m}}{\dfrac{n^*}{n}} = \left[\frac{p+\tau^*}{p+\tau}\right]^{(\sigma-1)/\sigma} \qquad (3.22)$$

结论 2：全球价值链嵌入对中国碳生产率的影响不仅取决于中国与发达国家相对碳排放税率 τ 的大小，还取决于中国对发达国家高碳技术转移程度 θ 以及中国低碳技术吸收程度 φ。

在其他条件不变的情况下，当中国碳税低于发达国家碳税时，嵌入全球价值链将提高中国碳生产率。因为在封闭的条件下，中国碳税相对较低，将会使用更多的含碳中间品；当参与到全球生产网络后，由于比较优势，中国会从发达国家进口无碳中间品，减少了中间品中含碳中间品的比例，进而减少中间品的碳排放，提高中国碳生产率。

在其他条件不变的情况下，当发达国家向中国转移大量高碳技术时，中国碳生产率将会下降；而当中国从发达国家吸收大量低碳技术时，中国碳生产率将会上升，这在很大程度上取决于中国的低碳技术吸收能力和发达国家的高碳技术转移效应。

3.3　本章小结

本章首先理论分析全球价值链嵌入对中国碳排放及其生产率的影响机制，将影响机制分为直接影响和间接影响，其中，直接影响是指中国各地区和行业通过嵌入全球价值链的生产环节影响地区和行业经济产出和碳排放水平，进而直接影响中国地区和行业的碳生产率水平。间接影响是指中国各地区和行业通过环境规制效应和低端锁定效应来间接影响经济增长和碳排放水平，进而影响中国地区和行业的碳排放及其生产率。在此基础上，借鉴贝纳罗克和韦德（2006）与斯沃特（2013）的研究，基于中间品贸易和两阶段生产构建全球价值链嵌入对中国碳排放及其生产率影响的数理模型。考虑到发达国家高碳技术转移程度和中国低碳技术吸收能力，中国对发达国家的低碳技术很难完全吸收，本章在贝纳罗克和韦德（2006）与斯沃特（2013）模型中加入发达国家高碳技术转移程度和中国低碳技术吸收能力参数。研究发现：全球价值链嵌入提高中国地区和行业碳排放。其中，发达国家对中国高碳技术的转移比例越高，中国碳排放水平将会越高。全球价值链嵌入对中国碳生产率的影响不仅取决于中国与发达国家相对碳税 τ 的大小，还取决于发达国家对中国高碳技术转移程度 θ 和中国对发达国家低碳技术的吸收能力 φ。

第 4 章

全球价值链嵌入下
全球—中国碳排放网络分析

第 3 章从直接效应和间接效应两方面分析了全球价值链嵌入对中国碳排放及其生产率的影响机制，发现全球价值链嵌入提高了中国地区和行业碳排放。在中国与其他国家（地区）进行贸易的过程中，逐渐形成贸易隐含碳关联网络，这种关联网络特征及演化趋势如何？各国（地区）和行业在网络中所处什么位置中扮演什么角色？是否有集聚趋势？哪些行业引起贸易隐含碳的上升？针对上述问题，本章首先利用国家和行业间贸易隐含碳数据构建关联网络，考察密度、中心势、平均路径和中心度等整体网络和个体特征；然后基于隐含碳，找出关联网络的核心和边缘国家或地区、行业；最后利用迭代相关收敛法（convergent correlations，CONCOR）块模型，把国家或地区划分为 4 个板块。基于上述研究，厘清中国与其他国家（地区）贸易隐含碳关联网络结构特征，从整体视角探究中国在网络结构中的位置与角色，为中国参与全球碳减排提供政策参考。

4.1　测算方法与数据说明

4.1.1　相关指标测量方法

1. 隐含碳测量方法

本节基于国家间投入产出表计算全球价值链嵌入的碳排放总体效应，表 4 – 1 是由 G 个国家 N 个产业组成的国家间投入产出表。

表 4 – 1　　　　　　　　　　国家间投入产出表

项目			中间使用				最终使用				总产出
			1 国	2 国	…	G 国	1 国	2 国	…	G 国	
			1, …, N	1, …, N	…	1, …, N					
中间投入	1 国	1, …, N	A_{11}	A_{12}	…	A_{1G}	Y_{11}	Y_{12}	…	Y_{1G}	X_1
	2 国	1, …, N	A_{21}	A_{22}	…	A_{2G}	Y_{21}	Y_{22}	…	Y_{2G}	X_2
	⋮	⋮	⋮	⋮	⋱	⋮	⋮	⋮	⋱	⋮	⋮
	G 国	1, …, N	A_{G1}	A_{G2}	…	A_{GG}	Y_{G1}	Y_{G2}	…	Y_{GG}	X_G
增加值			VAX_1	VAX_2	…	VAX_G					
总投入			X'_1	X'_2	…	X'_G					

注：X_i 表示 i 国总产出矩阵，$i = 1, …, G$；X'_i 表示 i 国总投入矩阵，$i = 1, …, G$；矩阵 A_{ii} 表示 i 国国内各行业直接消耗系数矩阵；矩阵 A_{ij} 表示 j 国对 i 国进口的直接消耗系数矩阵，$j = 1, …, G$；Y_{ij} 表示 j 国对 i 国的最终产品需求，VAX_i 表示 i 国的增加值矩阵 。

$$\begin{pmatrix} X_1 \\ X_2 \\ \vdots \\ X_G \end{pmatrix} = \begin{pmatrix} A_{11} & A_{12} & \cdots & A_{1G} \\ A_{21} & A_{22} & \cdots & A_{2G} \\ \vdots & \vdots & \ddots & \vdots \\ A_{G1} & A_{G2} & \cdots & A_{GG} \end{pmatrix} \begin{pmatrix} X_1 \\ X_2 \\ \vdots \\ X_G \end{pmatrix} + \begin{pmatrix} Y_{11} + \sum_{i \neq 1}^{G} Y_{1i} \\ Y_{22} + \sum_{i \neq 2}^{G} Y_{2i} \\ \vdots \\ Y_{GG} + \sum_{i \neq G}^{G} Y_{Gi} \end{pmatrix} \qquad (4.1)$$

由式（4.1）可以得到：

$$
\begin{pmatrix} X_1 \\ X_2 \\ \vdots \\ X_G \end{pmatrix} = \begin{pmatrix} I - A_{11} & A_{12} & \cdots & A_{1G} \\ A_{21} & I - A_{22} & \cdots & A_{2G} \\ \vdots & \vdots & \ddots & \vdots \\ A_{G1} & A_{G2} & \cdots & I - A_{GG} \end{pmatrix}^{-1} \begin{pmatrix} Y_{11} + \sum_{i \neq 1}^{G} Y_{1i} \\ Y_{22} + \sum_{i \neq 2}^{G} Y_{2i} \\ \vdots \\ Y_{GG} + \sum_{i \neq G}^{G} Y_{Gi} \end{pmatrix}
$$

$$
= \begin{pmatrix} B_{11} & B_{12} & \cdots & B_{1G} \\ B_{21} & B_{22} & \cdots & B_{2G} \\ \vdots & \vdots & \ddots & \vdots \\ B_{G1} & B_{G2} & \cdots & B_{GG} \end{pmatrix} \begin{pmatrix} Y_{11} + \sum_{i \neq 1}^{G} Y_{1i} \\ Y_{22} + \sum_{i \neq 2}^{G} Y_{2i} \\ \vdots \\ Y_{GG} + \sum_{i \neq G}^{G} Y_{Gi} \end{pmatrix} \tag{4.2}
$$

设 $\hat{E}_i$ 为 i 国各行业直接碳排放系数（各行业二氧化碳排放量/该行业总产出）的对角矩阵，则全球碳排放矩阵可以表示为：

$$
\hat{E}BY = \begin{pmatrix} \hat{E}_1 & 0 & \cdots & 0 \\ 0 & \hat{E}_2 & \cdots & 0 \\ \vdots & \vdots & \ddots & \vdots \\ 0 & 0 & \cdots & \hat{E}_G \end{pmatrix} \begin{pmatrix} B_{11} & B_{12} & \cdots & B_{1G} \\ B_{21} & B_{22} & \cdots & B_{2G} \\ \vdots & \vdots & \ddots & \vdots \\ B_{G1} & B_{G2} & \cdots & B_{GG} \end{pmatrix} \begin{pmatrix} Y_{11} & Y_{12} & \cdots & Y_{1G} \\ Y_{21} & Y_{22} & \cdots & Y_{2G} \\ \vdots & \vdots & \ddots & \vdots \\ Y_{G1} & Y_{G2} & \cdots & Y_{GG} \end{pmatrix}
$$

$$
= \begin{pmatrix} \hat{E}_1 \sum_{R=1}^{G} B_{1R} Y_{R1} & \hat{E}_1 \sum_{R=1}^{G} B_{1R} Y_{R2} & \cdots & \hat{E}_1 \sum_{R=1}^{G} B_{1R} Y_{RG} \\ \hat{E}_2 \sum_{R=1}^{G} B_{2R} Y_{R1} & \hat{E}_2 \sum_{R=1}^{G} B_{2R} Y_{R2} & \cdots & \hat{E}_2 \sum_{R=1}^{G} B_{2R} Y_{RG} \\ \vdots & \vdots & \ddots & \vdots \\ \hat{E}_G \sum_{R=1}^{G} B_{GR} Y_{R1} & \hat{E}_G \sum_{R=1}^{G} B_{GR} Y_{R2} & \cdots & \hat{E}_G \sum_{R=1}^{G} B_{GR} Y_{RG} \end{pmatrix} \tag{4.3}
$$

式（4.3）中任意一行相加表示 i 国 h 行业生产碳排放，$h = 1$，…，N，矩阵中每个元素表示 i 国 h 行业生产的碳排放被哪些国家哪些行业消费；式（4.3）中任意一列相加表示 i 国 h 行业消费碳排放，矩阵中每个元素表示 i 国 h 行业消费碳排放来自哪个国家哪个行业；矩阵对角线元素表示本国本部门生产并消费的碳排放，即国内碳排放；横向非对角线元素之和表示国外消费引起的本国碳排放，称为出口隐含碳；纵向非对角线元素之和表示本国消费引起的国外直接和间接碳排放，称为进口隐含碳。

2. 社会网络分析指标衡量方法

社会网络分析是一种通过系统中个体之间的关系来思考社会系统的思维方式，从网络关联的角度来考察经济社会现象或组织结构，主要是利用图论工具、代数模型等方法对网络关系进行直观描述。根据网络组织内部的关联层级，社会网络分析法可从整体网络特征、个体特征、核心—边缘和块模型等方面进行分析。

整体网络特征：网络密度衡量网络中各个节点关联关系的疏密程度，网络密度越大，代表网络中各个节点之间的空间关联关系越紧密。假设 D_n 表示密度，M 表示网络中存在的实际关系数目，N 表示网络中存在的国家或地区数量，网络中存在的最大可能关系数为 $N(N-1)$，则网络密度 $D_n = M/[N(N-1)]$。中心势，指网络节点向某个中心靠拢的程度，在贸易隐含碳关联网络中，表示国家（地区）隐含碳向某些国家或地区集中的趋势。假设 C_i 表示国家（地区）在贸易隐含碳关联网络的中心度，C_{max} 表示贸易隐含碳关联网络中国家（地区）的最大中心度的值，中心势 C 的计算公式如下：

$$C = \frac{\sum_{i=1}^{N}(C_{max} - C_i)}{\max\left[\sum_{i=1}^{N}(C_{max} - C_i)\right]}。$$

个体特征：在贸易隐含碳关联网络，个体特征反映了国家（地区）在网络中所处位置，表明该国家（地区）在碳排放网络中的相对重要程度，其衡量指标主要有绝对中心度、接近中心度、中介中心度和特征向量中心度。绝对中心度表示某一国家（地区）和其他国家（地区）的直接关联情况，一般用每个国家（地区）的出度和入度来表示。接近中心度强调的是一个国家（地区）与网络中所有其他国家（地区）的捷径距离之和，假设国家（地区）i 和国家（地区）j 之间的捷径距离用 d_{ij} 表示，则接近中心度 C_{AP} 的计算公式为 $C_{AP} = \sum_{j=1}^{N} d_{ij}$。中介中心度，表示网络中某一国家（地区）出现在其他国家（地区）间最短关联路径上的次数，中介中心度越大，表明国家（地区）在贸易隐含碳关联网络越处于网络的中心，"桥梁"和"中介"的作用越明显。特征向量中心度，指某一国家（地区）直接关联的国家（地区）在网络中的重要程度。

核心—边缘结构：核心—边缘理论考察了国家（地区）贸易隐含碳在地理空间上的相互作用和扩散，可用来分析中国在贸易隐含碳关联网络中的具体位置。在核心—边缘模型中，核心国家（地区）在网络中居于支配地位，而边缘国家（地区）主要受到核心国家（地区）的影响，具有一定的依赖性。

块模型：块模型（blockmodels）由怀特等（White et al.，1976）提出，用于研究网络位置并对社会角色关系进行描述性代数分析。本章运用迭代相关收敛法对贸易隐含碳关联网络进行块模型分析，具体的参数选择和划分标准参考李敬等（2017）的做法，将贸易隐含碳关联网络块模型划分为四种位置关系：一是内部型，即板块内部关系数多，外部关系数少或无；二是外部型，板块内部关系数少或无，外部关系数多；三是兼顾型，板块内外部关系数均多；四是孤立型，板块内外部关系数很少或无。

4.1.2　数据来源与说明

计算全球价值链嵌入背景下我国碳排放在行业和国家间的流向及流量需要借助国家间投入产出表，世界投入产出数据库（WIOD）为本书提供了较为完善的投入产出表。本书使用 WIOD 数据库中 1995～2011 年包含 40 个国家（地区）35 个行业的投入产出表以及 1995～2009 年各国各行业的碳排放数据。

4.2　中国与 12 个国家（地区）间隐含碳排放流向网络图

通过式（4.3），本书计算出中国与 12 个国家（地区）之间的隐含碳流量,[①] 采用 Gephi 软件画出地区之间的隐含碳流向及流量图（见图 4 - 1）。

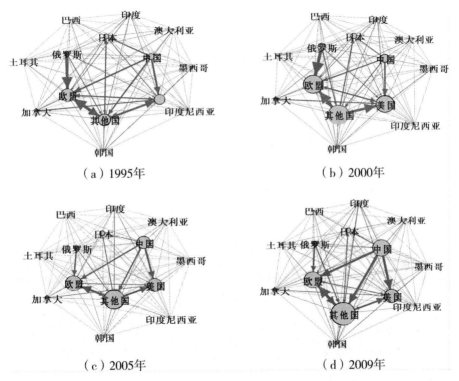

（a）1995年　　　　　　　　　　（b）2000年

（c）2005年　　　　　　　　　　（d）2009年

图 4 - 1　部分年份中国与 12 个国家（地区）的隐含碳流向

注：节点大小表示进出口隐含碳数量的多少，箭头表示隐含碳的流向，连线的粗细度表示流量的大小。

从图 4 - 1 中可以看出，隐含碳排放主要在几个大的经济体之间流动，这些经济体包括中国、俄罗斯、日本、欧盟、美国以及由大多数发展中国

---

① 为了更加清晰地呈现分析结论，本书在图 4 - 1 中将欧盟作为一个整体进行分析。

家组成的其他国。1995 年、2000 年、2005 年、2009 年，中国、俄罗斯始终是隐含碳净出口国，而日本、欧盟和美国始终是隐含碳进口国。对中国而言，隐含碳净出口较大的国家依次为美国、欧盟以及日本，隐含碳流量随着时间逐渐增加。1995~2000 年，中国隐含碳净出口出现略微下降的趋势，但 2000~2005 年，中国隐含碳净出口呈现显著增长，这可能与中国 2001 年加入世界贸易组织，出口规模迅速增长有关。2005~2009 年，中国隐含碳净出口同样呈上升趋势，其中，对欧盟和其他国的隐含碳净出口增长幅度相对较大。

4.3　中国与 39 个国家（地区）间贸易隐含碳网络分析

4.3.1　中国与 39 个国家（地区）间贸易隐含碳关联网络分析

1. 网络整体特征分析

为了描述中国与 39 个国家（地区）间贸易隐含碳关联网络，本章节使用 Ucinet 6.50 软件分析该整体网络特征。如表 4-2 所示，样本期间整体网络密度虽在个别年份有所下降，但在总体上密度有所增加，2009 年受到金融危机的影响，密度为 0.0537，表明全球已形成比较紧密牢固的贸易隐含碳关联网络，能抵抗全球范围内经济波动，中国与 39 个国家（地区）通过进出口贸易等方式消费他国生产的产品，隐含碳在世界各国（地区）密集扩散成为商品交易活动的常态。2009 年，每个国家（地区）平均连着 2.1463 个国家（地区）的隐含碳网络连带，1995 年，每个国家（地区）平均只连着 1.9756 个隐含碳网络连带，表明全球化使得国家（地区）间合作交流更加密切，一个国家（地区）生产的产品被另一些国家（地区）消费，同时商品交易伴随的隐含碳流动增强。中心势在样本期间浮动增加，表明贸易隐含碳逐渐向某些国家（地区）群体集聚，这些国家（地区）承担着较大的碳减排压力。平均路径从 1995 年的 1.9505 变为 2009 年的 1.8223，表明贸易隐含碳关联网络可达性较强，影响程度较深。

表 4 - 2　　　　1995 ~ 2009 年中国与 39 个国家（地区）间贸易
隐含碳整体网络特征

年份	平均连带	出度中心势	入度中心势	密度	平均路径
1995	1.9756	0.3594	0.3594	0.0494	1.9505
1996	1.9268	0.3606	0.3606	0.0482	1.8528
1997	1.8293	0.3119	0.3119	0.0457	1.8694
1998	2.0000	0.3331	0.3587	0.0500	1.8032
1999	2.0488	0.3319	0.3831	0.0512	1.8135
2000	2.2439	0.4294	0.3525	0.0561	1.8479
2001	2.1463	0.4575	0.3806	0.0537	1.8979
2002	2.2195	0.4812	0.4044	0.0555	1.9071
2003	2.1951	0.4819	0.3537	0.0549	1.9320
2004	2.2195	0.4556	0.4044	0.0555	1.8982
2005	2.2195	0.4556	0.4044	0.0555	1.8959
2006	2.2683	0.4544	0.4288	0.0567	1.8587
2007	2.2439	0.4667	0.4294	0.0561	1.8104
2008	2.2195	0.4556	0.4556	0.0555	1.8575
2009	2.1463	0.4575	0.4319	0.0537	1.8223

2. 中心度分析

中心度衡量一个国家（地区）在贸易隐含碳关联网络中所处的位置，反映了一个国家（地区）对贸易隐含碳关联网络的重要性和贡献，表 4 - 3 是基于不同测量方法计算的中心度。从 1995 年、2000 年、2005 年和 2009 年的中心度可以看出世界各国（地区）的贸易联系在加强，特别是发达国家对整个贸易隐含碳关联网络影响较大。具体来看，中国和俄罗斯承担贸易隐含碳的影响较多，除其他国之外，美国始终是贸易隐含碳的间接受益者。从特征向量中心度和中介中心度来看，对外开放政策使中国与许多国家（地区）建立了合作关系，中国对世界经济的影响在加大。从接近中心度来看，较小的经济体依旧处于贸易关联网络的边缘位置，与其他国家的联系相对较少。

表4－3　　　　　　中国与39个国家（地区）贸易隐含碳网络的中心度分析

年份	序号	点出度	点入度	接近中心度	特征向量中心度	中介中心度
1995	1	16（其他国）	16（其他国）	200（西班牙）	1（其他国）	223（其他国）
	2	11（中国）	11（美国）	200（巴西）	0.7870（中国）	54.5（美国）
	3	10（俄罗斯）	10（德国）	200（土耳其）	0.7187（俄罗斯）	28.83（德国）
	4	8（美国）	10（日本）	200（塞浦路斯）	0.5662（美国）	19（日本）
2000	1	19（其他国）	16（其他国）	160（土耳其）	1（其他国）	225.7333（其他国）
	2	15（俄罗斯）	15（美国）	160（奥地利）	0.7870（中国）	62.7667（美国）
	3	10（中国）	8（德国）	160（比利时）	0.7710（俄罗斯）	23.3667（德国）
	4	9（美国）	8（日本）	160（巴西）	0.7013（美国）	11.40（中国）
2005	1	20（其他国）	18（其他国）	200（土耳其）	1（其他国）	278.6667（其他国）
	2	16（中国）	13（美国）	200（比利时）	0.9329（中国）	45.5（美国）
	3	11（俄罗斯）	7（日本）	200（奥地利）	0.6730（俄罗斯）	29.33（中国）
	4	8（美国）	6（中国）	200（塞浦路斯）	0.5610（美国）	22.67（德国）
2009	1	20（其他国）	19（其他国）	160（巴西）	1（中国）	256（其他国）
	2	19（中国）	11（美国）	160（比利时）	1（其他国）	53.5（中国）
	3	8（俄罗斯）	8（中国）	160（奥地利）	0.62（俄罗斯）	33.17（美国）
	4	7（美国）	6（德国）	160（保加利亚）	0.54（美国）	4.33（德国）

3. 核心—边缘分析

图4－2分别展示了1995年、2000年、2005年和2009年中国与39个国家（地区）间贸易隐含碳流向，从中可以看出整体网络密度在逐渐增加，其中其他国、美国、中国和俄罗斯占据着核心位置，与其他国家（地区）有着较强的联系，较大地影响着这个网络。采用Ucinet 6.50计算核心—边缘相关性，1995年，中国与39个国家（地区）间贸易隐含碳关联网络的核心—边缘相关性为0.792，已形成较强的核心—边缘趋势，其中核心国家为美国、中国和俄罗斯，剩余国家（地区）形成了稀

疏的节点；2000 年网络的核心—边缘相关性为 0.791，核心国家还是美国、中国和俄罗斯，与 1995 年相比没有太大的变化；2005 年网络的核心—边缘相关性为 0.819，比前几年核心—边缘趋势更强，中国的核心位置变得更加稳固，表明中国在加入世界贸易组织之后，极大地改变了世界贸易格局。2009 年网络的核心—边缘相关性为 0.863，核心国家是中国、美国和俄罗斯。

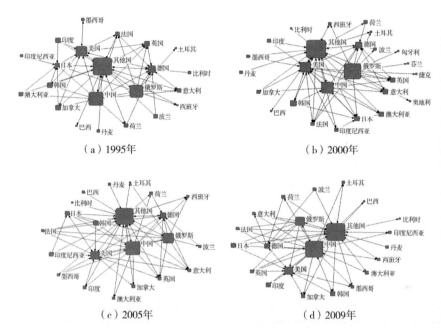

（a）1995年　　　　　　　　　　（b）2000年

（c）2005年　　　　　　　　　　（d）2009年

图 4 - 2　部分年份中国与 39 个国家（地区）贸易隐含碳流向
注：节点大小表示隐含碳网络的出度中心度，节点箭头表示隐含碳流向。

4. 板块分析

为了观察贸易隐含碳关联网络集聚情况，使用 CONCOR 块模型方法划分板块。对原始数据进行了中位数的二值化处理（避免个别极值的影响，防止板块划分出现偏差），设置最大分割深度为 2，收敛标准设为 0.2，将 40 个国家（地区）划分为 4 个板块。在 4 个板块中，第一板块是兼顾型，板块的内部和外部联系一样多；第二、三板块是外部型，板块外部联系较多，内部联系较少或无；第四板块是孤立型，板块内部或外部联系较少或无，在表 4 - 4 中作了详细划分。

表 4 - 4   2009 年贸易隐含碳关联网络的板块划分

板块	国家（地区）
第一板块（兼顾型）	澳大利亚、瑞典、日本、韩国、巴西、加拿大、印度尼西亚、墨西哥、丹麦、印度、土耳其、芬兰共 12 个国家
第二板块（外部型）	西班牙、意大利、法国、英国、比利时、中国、德国、其他国、俄罗斯、荷兰、波兰、美国共 12 个国家（地区）
第三板块（外部型）	罗马尼亚、希腊、奥地利、捷克、匈牙利、爱尔兰、葡萄牙、斯洛伐克、保加利亚共 9 个国家
第四板块（孤立型）	爱沙尼亚、卢森堡、拉脱维亚、塞浦路斯、马耳他、立陶宛、斯洛文尼亚共 7 个国家

进一步分析板块间的空间关联，利用块模型分析方法得到贸易隐含碳关联网络的密度矩阵，如表 4 - 5 所示，同时二值化处理后的整体网络密度是 0.487，将板块之间密度大于 0.487 的设为 1，表示板块间联系密切，隐含碳在该板块有集中的趋势；反之则设为 0，表示板块间联系较为疏远，由此得到板块间的像矩阵。具体地，第一板块和第二板块、第二板块和第三板块都有贸易隐含碳的流入和流出是互惠的，第三板块和第一板块联系比较少，但是第四板块的国家（地区）没有和任何国家（地区）产生较大的联系，属于孤立型板块。由此看出，第四板块的国家是较小的经济体，与其他国家的贸易联系较少，而第二板块的国家大多是较大的经济体，与其他板块的国家（地区）贸易强度很大，主导了整个贸易隐含碳关联网络。

表 4 - 5   2009 年贸易隐含碳关联网络板块的密度矩阵和像矩阵

板块	密度矩阵				像矩阵			
	第一板块	第二板块	第三板块	第四板块	第一板块	第二板块	第三板块	第四板块
第一板块	0.673	0.955	0.231	0	1	1	0	0
第二板块	0.904	1	0.852	0.262	1	1	1	0
第三板块	0.068	0.824	0.278	0	0	1	0	0
第四板块	0.011	0.131	0.016	0.024	0	0	0	0

4.3.2　中国与 39 个国家（地区）间行业贸易隐含碳关联网络分析

1. 网络整体特征分析

如表 4 - 6 所示，1995 ~ 2008 年，中国与 39 个国家（地区）35 个行业贸易隐含碳关联网络的整体密度缓慢增加，但受到金融危机的影响，2009 年的网络密度稍有下降，但从 2010 年开始密度有回升的趋势。1995 年每个国家（地区）行业连接着 37. 617 个其他国家（地区）的行业，说明各国行业间交流非常密切，该行业生产的商品助力他国生产消费，贸易隐含碳在行业贸易联系中无形地为他国"买单"；从 1995 ~ 2008 年，每个国家（地区）连接着其他国家（地区）行业的连带在浮动增加，但从 2009 年开始，网络连带的数量稍有下降。从 1995 ~ 2011 年，中心势没有太大的变化，表明全球行业间没有形成新的集聚点。平均路径从 1995 年的 3. 108 下降到 2011 年的 2. 923，表明行业间贸易隐含碳关联网络可达性增强，影响程度加深。

表 4 - 6　　　　　　　1995 ~ 2011 年中国与 39 个国家（地区）间
35 个行业贸易隐含碳整体网络分析

年份	平均连带	出度中心势	入度中心势	密度	平均路径
1995	37. 617	0. 686	0. 314	0. 026	3. 108
1996	37. 807	0. 672	0. 330	0. 026	3. 112
1997	38. 049	0. 675	0. 315	0. 027	3. 133
1998	38. 159	0. 695	0. 315	0. 027	3. 114
1999	38. 562	0. 739	0. 328	0. 027	3. 143
2000	40. 193	0. 756	0. 314	0. 028	3. 102
2001	39. 787	0. 726	0. 327	0. 028	3. 029
2002	39. 327	0. 721	0. 330	0. 027	3. 038
2003	39. 494	0. 718	0. 332	0. 028	2. 969
2004	39. 771	0. 695	0. 325	0. 028	2. 944
2005	39. 619	0. 693	0. 331	0. 028	2. 946
2006	39. 864	0. 692	0. 344	0. 028	2. 932
2007	39. 801	0. 699	0. 353	0. 028	2. 888

续表

年份	平均连带	出度中心势	入度中心势	密度	平均路径
2008	39.583	0.690	0.362	0.028	2.896
2009	36.176	0.657	0.370	0.025	2.931
2010	37.386	0.670	0.362	0.026	2.937
2011	37.447	0.675	0.358	0.026	2.923

2. 中心度分析

为进一步了解行业的全球碳排放流动关系，表4-7展示了用不同的计算方法测算的中心度。从1995年、2000年、2005年和2011年的点出度来看，其他制造业、采矿业和木材业是最多直接联系其他国产生贸易隐含碳的行业，主要是俄罗斯、中国为全球商品交易买单，特别是2011年中国其他制造业成为对外联系最多的地区行业。从1995年、2000年、2005年和2011年的点入度来看，建筑业、石油业、公共管理业是间接引起全球碳排放最多的行业，美国公共管理行业一直是贸易隐含碳的受益者。从接近中心度来看，医疗业和餐饮业处于贸易隐含碳关联网络的边缘，与全球碳排放的关联度不强。从特征向量中心度和中介中心度看出，其他制造业、采矿业和造纸业在贸易隐含碳关联网络占据着重要位置，很大程度上影响着全球碳排放。总的来说，中国和俄罗斯两个国家为全球商品贸易买单，碳排放严重影响着当地的环境，而美国因避免本土碳排放成为最大受益者。

表4-7　　　　中国与39个国家（地区）间35个行业贸易隐含碳
网络的中心度分析

年份	序号	点出度	点入度	接近中心度（出度）	特征向量中心度	中介中心度
1995	1	1020（俄罗斯其他制造业）	488（其他国建筑业）	15774（比利时电气业）	1（其他国其他制造业）	160425.5（其他国其他制造业）
	2	933（其他国其他制造业）	403（其他国石油业）	15774（法国医疗业）	0.93（俄罗斯其他制造业）	127100.96（其他国造纸业）
	3	704（俄罗斯采矿业）	382（美国公共管理业）	15774（意大利公共管理业）	0.85（其他国采矿业）	119839.23（俄罗斯其他制造业）

续表

年份	序号	点出度	点入度	接近中心度（出度）	特征向量中心度	中介中心度
1995	4	683（中国其他制造业）	359（美国建筑业）	15774（意大利医疗业）	0.83（中国其他制造业）	70901.45（其他国采矿业）
2000	1	1124（俄罗斯其他制造业）	490（其他国建筑业）	14340（印度尼西亚采矿业）	1（其他国其他制造业）	195191.13（其他国其他制造业）
	2	988（其他国其他制造业）	426（美国公共管理业）	14340（希腊采矿业）	0.97（俄罗斯其他制造业）	109723.20（俄罗斯其他制造业）
	3	799（俄罗斯采矿业）	419（其他国石油业）	14340（瑞典空运业）	0.86（其他国采矿业）	86362.55（其他国采矿业）
	4	747（中国其他制造业）	413（美国建筑业）	14340（瑞典橡胶业）	0.86（中国其他制造业）	74621.38（其他国造纸业）
2005	1	1033（其他国其他制造业）	514（其他国建筑业）	12906（德国医疗业）	1（其他国其他制造业）	208605.75（其他国其他制造业）
	2	1017（俄罗斯其他制造业）	417（美国公共管理业）	12906（西班牙餐饮业）	0.99（中国其他制造业）	87246.48（其他国造纸业）
	3	967（中国其他制造业）	413（其他国石油业）	12906（法国医疗业）	0.96（俄罗斯其他制造业）	61435.48（其他国木材业）
	4	762（其他国木材业）	402（美国建筑业）	12906（意大利医疗业）	0.92（其他国采矿业）	60095.88（其他国采矿业）
2011	1	1005（中国其他制造业）	551（其他国建筑业）	15774（英国医疗业）	1（中国其他制造业）	215913.84（其他国其他制造业）
	2	967（俄罗斯其他制造业）	435（中国建筑业）	15774（德国医疗业）	0.99（其他国其他制造业）	88408.16（其他国建筑业）
	3	964（其他国其他制造业）	389（其他国石油业）	15774（意大利医疗业）	0.98（俄罗斯其他制造业）	79608.89（其他国造纸业）
	4	741（其他国造纸业）	379（美国公共管理业）	15774（西班牙餐饮业）	0.87（其他国木材业）	68457.34（中国其他制造业）

3. 核心—边缘分析

采用 1995 年、2000 年、2005 年和 2009 年中国与 39 个国家（地区）35 个行业之间的贸易隐含碳数据，运用 Ucinet 6.50 软件计算核心—边缘相关性发现 1995 年中国与 39 个国家（地区）35 个行业贸易隐含碳关联网络的核心—边缘相关性为 0.48，已形成较强的核心—边缘趋势，贸易隐含碳关联网络的核心部分有 222 个行业；2000 年网络的核心—边缘相关性为 0.496，核心国家（地区）的行业有 223 个，与 1995 年没有太大的变化；2005 年网络的核心—边缘相关性为 0.506，核心行业有 200 个，比前几年核心—边缘趋势更强，但是核心行业数量比以前减少了。2011 年网络的核心—边缘相关性为 0.51，核心行业有 202 个。采矿业、非金属业、其他制造业和建筑行业一直是核心行业，较大地影响着全球的碳排放。

4.4　中国与"一带一路"沿线国家间贸易隐含碳网络分析

4.4.1　中国与"一带一路"沿线国家间贸易隐含碳关联网络分析

1. 网络整体特征分析

为了探究"一带一路"沿线国家产生的关联贸易隐含碳，本节用社会网络方法分析贸易隐含碳整体网络特征，如表 4 – 8 所示。网络密度 1995～2009 年呈现波动上升的趋势，平均连带从 0.227 增加到 0.364，表明"一带一路"沿线国家贸易隐含碳联系比以前更加紧密。从中心势来看，1995～2009 年变化不大，没有形成明显的集聚趋势。平均路径从 1995 年的 1.167 增加到 2009 年的 1.467，"一带一路"沿线国家彼此建立了更广阔的合作联系，带来的贸易隐含碳需要共同履行职责，为完成全球碳减排目标作出自己的贡献。

表 4 - 8　　　　　　"一带一路"沿线国家贸易隐含碳整体网络特征

年份	平均连带	出度中心势	入度中心势	网络密度	平均路径
1995	0.227	0.138	0.088	0.011	1.167
1996	0.273	0.186	0.086	0.013	1.143
1997	0.318	0.184	0.084	0.015	1.222
1998	0.318	0.184	0.084	0.015	1.222
1999	0.455	0.327	0.077	0.022	1.167
2000	0.545	0.422	0.073	0.026	1.077
2001	0.455	0.327	0.077	0.022	1.167
2002	0.409	0.279	0.079	0.019	1.100
2003	0.364	0.231	0.082	0.017	1.200
2004	0.364	0.181	0.082	0.017	1.600
2005	0.409	0.179	0.079	0.019	1.611
2006	0.455	0.227	0.077	0.022	1.500
2007	0.455	0.227	0.077	0.022	1.500
2008	0.455	0.277	0.077	0.022	1.444
2009	0.364	0.231	0.082	0.017	1.467

2. 中心度分析

为进一步观察国家在贸易隐含碳关联网络中的作用，采用中心度来衡量"一带一路"沿线国家所处位置，测度结果如表 4 - 9 所示。从 1995 年、2000 年、2005 年和 2009 年的中心度可以看出俄罗斯和中国始终是对外建立贸易联系最多的国家，从 2000 年开始韩国也承担着"一带一路"沿线国家较大的隐含碳影响。从点入度和中介中心度来看，中国占据着整个贸易隐含碳网络的重要位置。

表 4 - 9　　　　"一带一路"沿线国家贸易隐含碳网络的中心度分析

年份	序号	点出度	点入度	中介中心度
1995	1	3（俄罗斯）	2（意大利）	1（中国）
	2	2（中国）	1（中国）	0（意大利）
	3	0（奥地利）	1（韩国）	0（韩国）

续表

年份	序号	点出度	点入度	中介中心度
2000	1	9（俄罗斯）	2（中国）	1（中国）
	2	2（中国）	2（韩国）	0（意大利）
	3	1（韩国）	2（意大利）	0（奥地利）
2005	1	4（中国）	2（中国）	7（中国）
	2	4（俄罗斯）	2（意大利）	4（俄罗斯）
	3	1（韩国）	1（俄罗斯）	0（奥地利）
2009	1	5（中国）	2（中国）	7（中国）
	2	2（俄罗斯）	2（意大利）	0（奥地利）
	3	1（韩国）	1（俄罗斯）	0（意大利）

3. 核心—边缘分析

图4-3分别展示了1995年、2000年、2005年和2009年"一带一路"

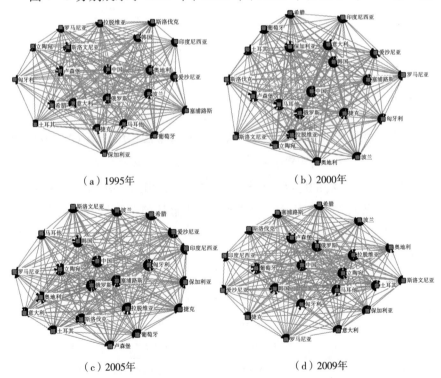

（a）1995年　　　　　　　　　（b）2000年

（c）2005年　　　　　　　　　（d）2009年

图4-3　部分年份"一带一路"沿线国家贸易隐含碳流向

沿线国家贸易隐含碳流向，从中可以看出，中国和俄罗斯占据着核心位置，与其他国家有着较强的隐含碳联系，很大程度上影响着网络中其他节点。从核心—边缘相关性来看，1995 年"一带一路"贸易隐含碳关联网络的核心—边缘相关性为 0.706，形成很强的核心—边缘趋势，其中贸易隐含碳关联网络的核心部分由中国和俄罗斯组成，剩余国家形成了稀疏的节点；2000 年网络的核心—边缘相关性为 0.814，核心国家是中国、韩国和俄罗斯，韩国也成为"一带一路"贸易隐含碳网络的重要节点；2005 年和 2009 年网络的核心—边缘相关性为 1，较前几年核心—边缘趋势更强，形成了稳定的核心—边缘网络形势，核心国家主要还是中国和俄罗斯。总的来说，中国和俄罗斯对外联系频繁，贸易联系强度巨大，主导了"一带一路"贸易隐含碳整体网络。

4. 板块分析

为了观察"一带一路"沿线国家贸易隐含碳整体网络集聚情况，使用 CONCOR 块模型方法划分板块。对原始数据进行了中位数的二值化处理（避免个别极值的影响，防止板块划分出现偏差），设置最大分割深度为 2，收敛标准设为 0.2，将 22 个国家划分为 4 个板块。在 4 个板块中，第一板块是兼顾型，板块的内部和外部联系一样多；第二板块是外部型，板块外部联系较多，内部联系较少或无；第三、四板块是内部型，板块内部联系较多，外部联系较少或无，表 4 - 10 作了详细划分。

表 4 - 10　　2009 年"一带一路"沿线国家贸易隐含碳关联网络的板块划分

板块	国家
第一板块 （兼顾型）	奥地利、保加利亚、匈牙利、印度尼西亚、捷克、葡萄牙、希腊、罗马尼亚、韩国、斯洛伐克和斯洛文尼亚共 11 个国家
第二板块 （外部型）	土耳其、俄罗斯、波兰、中国和意大利共 5 个国家
第三板块 （内部型）	塞浦路斯和马耳他共 2 个国家
第四板块 （内部型）	立陶宛、卢森堡、拉脱维亚和爱沙尼亚共 4 个国家

　　进一步分析板块间的空间关联，利用块模型分析方法得到贸易隐含碳关联网络的密度矩阵，如表 4 - 11 所示，同时二值化处理后的整体网络密度是 0.476，将板块之间密度大于 0.476 的设为 1，表示板块间联系密切，隐含碳在该板块有集中的趋势；反之则设为 0，表示板块间联系较为疏远，由此得到板块间的像矩阵。具体地，第一板块和第二板块贸易隐含碳的流入和流出是互惠的，第二板块的贸易隐含碳流入了第三板块和第四板块，第三、四板块没有贸易隐含碳的流出，属于内部型板块。由此看出，第二板块的国家与其他三个板块的国家都有较多的贸易联系，主导了整个贸易隐含碳关联网络。

表 4 - 11　　　　　　　2009 年"一带一路"沿线国家贸易隐含碳关联网络
板块的密度矩阵和像矩阵

板块	密度矩阵				像矩阵			
	第一板块	第二板块	第三板块	第四板块	第一板块	第二板块	第三板块	第四板块
第一板块	0.545	0.964	0.091	0.000	1	1	0	0
第二板块	1.000	1.000	0.600	0.600	1	1	1	1
第三板块	0.045	0.000	0.000	0.000	0	0	0	0
第四板块	0.000	0.300	0.000	0.417	0	0	0	0

4.4.2　中国与"一带一路"沿线国家行业贸易隐含碳关联网络分析

1. 网络整体特征分析

　　如表 4 - 12 所示，1995 ~ 2006 年，"一带一路"沿线国家行业间贸易隐含碳关联网络的整体密度没有太大的变化，但受到金融危机的影响，从 2007 年开始网络密度呈现下降趋势。1995 年每个国家行业平均连接着其他国家的 12.748 个行业，到 2011 年，每国行业平均连接着其他国 10.988 个行业，行业间联系紧密度有所下降，行业生产的商品助力他国生产消费，贸易隐含碳在行业贸易联系中无形地为他国"买单"。1995 ~ 2011 年，出度中心势稍有下降，而入度中心势轻微上升，表明"一带一路"贸易隐含碳网络呈现稳定的向内集聚趋势。平均路径基本呈现先增加后下降的趋势，表明行业间贸易隐含碳关联网络可达性先变强后变弱，地区间影响程度变高。总的来说，"一带一路"沿线国家受到金融危机冲击影响比较大，经济发展低迷致使区域行业联系减弱。

表 4 – 12　1995 ~ 2011 年"一带一路"沿线国家行业间贸易隐含碳整体网络特征

年份	平均连接	出度中心势	入度中心势	密度	平均路径
1995	12. 748	0. 667	0. 123	0. 017	3. 745
1996	12. 705	0. 649	0. 108	0. 017	3. 772
1997	13. 044	0. 663	0. 115	0. 017	3. 659
1998	12. 753	0. 673	0. 121	0. 017	3. 664
1999	13. 032	0. 717	0. 117	0. 017	3. 937
2000	13. 579	0. 735	0. 123	0. 018	3. 917
2001	13. 421	0. 704	0. 130	0. 017	3. 899
2002	13. 481	0. 689	0. 131	0. 018	3. 858
2003	13. 482	0. 675	0. 139	0. 018	3. 808
2004	13. 097	0. 627	0. 139	0. 017	3. 734
2005	12. 745	0. 611	0. 137	0. 017	3. 814
2006	12. 706	0. 603	0. 144	0. 017	3. 651
2007	12. 562	0. 576	0. 140	0. 016	3. 664
2008	12. 190	0. 570	0. 144	0. 016	3. 628
2009	10. 962	0. 512	0. 155	0. 014	3. 797
2010	11. 126	0. 509	0. 157	0. 014	3. 675
2011	10. 988	0. 497	0. 168	0. 014	3. 557

2. 中心度分析

为观察"一带一路"沿线国家的行业在贸易隐含碳网络所处位置，表 4 – 13 展示了不同计算方法测算的中心度。从 1995 年、2000 年、2005 年和 2011 年的点出度来看，其他制造业、采矿业和内陆运输是最多直接联系他国产生贸易隐含碳的行业，主要是俄罗斯和中国为满足"一带一路"沿线国家行业生产需要产生的碳排放。从 1995 年、2000 年、2005 年和 2011 年的点入度来看，建筑业、机械业、金属业、电气业是间接引起"一带一路"沿线国家碳排放最多的行业，意大利、中国和韩国是进口隐含碳最多的国家。从接近中心度来看，医疗业和公共管理业处于贸易隐含碳关联网络的边缘，与"一带一路"沿线国家碳排放的关联度不强。从中介中心度看出，其他制造业、造纸业、公共管理业、内陆运输业、机械业、金属业、非金属业在贸易隐含碳关联网络占据着重要位置，很大程度上地影响着全球碳排放，中国从 2005 年开始主导整个贸易隐含碳网络。总的来说，中国与"一带一路"沿线国家是互益型关系，俄罗斯为"一带一路"沿线国家商品贸易承担碳排放成本，而意大利和韩国成为贸易隐含碳的最大受益者。

表4－13　　　　"一带一路"沿线国家行业间贸易隐含碳网络的中心度分析

年份	序号	点出度	点入度	接近中心度（出度）	中介中心度
1995	1	525（俄罗斯其他制造业）	107（意大利建筑业）	7690（意大利公共管理业）	56655.304（俄罗斯其他制造业）
	2	364（俄罗斯采矿业）	89（韩国建筑业）	7690（意大利医疗业）	36933.187（俄罗斯内陆运输业）
	3	313（俄罗斯内陆运输业）	83（意大利金属业）	7690（中国公共管理业）	33318.867（俄罗斯建筑业）
	4	295（俄罗斯非金属业）	81（中国建筑业）	7690（俄罗斯医疗业）	28695.066（俄罗斯农林业）
	5	207（中国其他制造业）	74（意大利电力业）	7690（匈牙利建筑业）	25058.883（中国其他制造业）
2000	1	578（俄罗斯其他制造业）	108（中国建筑业）	7690（意大利医疗业）	43632.465（俄罗斯其他制造业）
	2	447（俄罗斯采矿业）	102（意大利建筑业）	7690（中国公共管理业）	40678.086（中国其他制造业）
	3	383（俄罗斯内陆运输业）	83（意大利金属业）	7690（韩国医疗业）	36887.511（俄罗斯公共管理业）
	4	347（俄罗斯非金属业）	78（韩国建筑业）	7690（希腊建筑业）	30668.693（俄罗斯内陆运输业）
	5	248（中国其他制造业）	77（中国机械业）	7690（意大利公共管理业）	22581.732（意大利其他制造业）

续表

年份	序号	点出度	点入度	接近中心度（出度）	中介中心度
2005	1	482（俄罗斯其他制造业）	118（中国建筑业）	8459（意大利医疗业）	74406.546（中国其他制造业）
	2	394（中国其他制造业）	103（中国机械业）	8459（意大利公共管理业）	31170.219（中国机械业）
	3	348（俄罗斯采矿业）	102（意大利建筑业）	8459（匈牙利建筑业）	30372.791（俄罗斯其他制造业）
	4	314（俄罗斯内陆运输业）	82（韩国建筑业）	8459（希腊建筑业）	15215.737（意大利造纸业）
	5	286（俄罗斯非金属业）	80（中国金属业）	8459（意大利公共管理业）	14822.452（中国金属业）
2011	1	393（俄罗斯其他制造业）	140（中国建筑业）	8459（意大利医疗业）	47124.839（中国其他制造业）
	2	390（中国其他制造业）	102（中国机械业）	8459（意大利公共管理业）	33081.383（俄罗斯其他制造业）
	3	279（俄罗斯采矿业）	82（中国金属业）	8459（印度尼西亚公共管理业）	19295.335（中国机械业）
	4	247（俄罗斯非金属业）	80（意大利建筑业）	8459（韩国公共管理业）	16745.298（中国金属业）
	5	214（俄罗斯内陆运输业）	77（中国电气业）	8459（土耳其公共管理业）	14739.343（中国非金属业）

3. 核心—边缘分析

采用 1995 年、2000 年、2005 年和 2009 年中国与"一带一路"沿线国家 35 个行业之间的贸易隐含碳数据，运用 Ucinet 6.50 软件计算核心—边缘相关性发现，1995 年，"一带一路"沿线国家行业间贸易隐含碳关联网络的核心—边缘相关性为 0.369，核心—边缘趋势相对较弱，贸易隐含碳关联网络的核心部分有 91 个行业；2000 年，"一带一路"沿线国家行业间贸易隐含碳关联网络的核心—边缘相关性为 0.386，核心国家有 99 个行业；2005 年，"一带一路"沿线国家行业间贸易隐含碳关联网络的核心—

边缘相关性为 0.396，核心行业有 93 个，比前几年核心—边缘趋势有所增强，但是核心行业数量比 2000 年有所减少。2011 年，"一带一路"沿线国家行业间贸易隐含碳关联网络的核心—边缘相关性为 0.420，核心行业有 94 个。在"一带一路"沿线国家贸易隐含碳网络中，中国和俄罗斯产业起着主导作用。

4.5　本章小结

本章分别构建了中国与 12 个国家（地区）、中国与 39 个国家（地区）、中国与"一带一路"沿线国家的贸易隐含碳关联网络，分析其整体网络特征及其演化趋势、核心边缘和块模型。研究结论如下。

1995～2009 年，从中国与 39 个国家（地区）贸易隐含碳关联网络来看，总体上密度和中心势呈现上升趋势，而平均路径逐渐缩小，表明整体网络连接越来越紧密。基于中心度分析，发现其他国、中国和俄罗斯是贸易隐含碳关联网络中点出度最大的国家，而其他国和美国是点入度最大的国家。1995 年、2000 年、2005 年和 2009 年的核心国家是美国、中国和俄罗斯，在中国加入世界贸易组织之后，中国的核心位置变得更加稳固，与其他国家（地区）有着更强的联系，较大地影响着这个网络。将 40 个国家（地区）划分为 4 个板块，澳大利亚等 12 个国家（地区）为第一板块（兼顾型）；西班牙等 12 个国家（地区）为第二板块（外部型），与其他板块的国家（地区）贸易强度很大，主导了整个贸易隐含碳关联网络，罗马尼亚等 9 个国家（地区）为第三板块（外部型）；爱沙尼亚等 7 个国家（地区）为第四板块（孤立型），没有和任何国家或地区产生较大的联系。

从 1995～2011 年中国与 39 个国家（地区）的行业间贸易隐含碳关联网络来看，密度和平均连带虽有上升趋势，但是由于金融危机的影响，总体上没有太大的变化，而平均路径逐渐缩小，表明行业间贸易隐含碳关联网络可达性增强。基于行业中心度分析，其他制造业、采矿业和木材业是最多直接联系其他国家（地区）产生贸易隐含碳的行业，主要是俄罗斯、中国承担全球商品交易的碳排放影响，特别是 2011 年中国其他制造业成为对外联系最多的地区行业。而建筑业、石油业、公共管理业是间接引起全球碳排放最多的行业，从接近中心度来看，医疗业和餐饮业处于贸易隐含碳关联网络的边缘，与全球碳排放的关联度不强。从特征向量中心度和中介中心度看出，其他制造业、采矿业和造纸业在贸易隐含碳关联网络占据着重要位置，很大程度上地影响着全球碳排放。从核心—边缘分析来看，40 个国家（地区）的行业间贸易隐含碳关联网络核心—边缘趋势逐渐增加，已形成较强的核心—边缘趋势。

1995～2009 年，从"一带一路"沿线国家贸易隐含碳关联网络来看，密度和平均连带呈现波动上升的趋势，而平均路径也在增加，表明"一带一路"沿线国家贸易联系比以前更加密切，但是贸易隐含碳关联网络可达性逐渐减少。基于中心度分析，发现中国和俄罗斯占据着整个贸易隐含碳网络的重要位置。从核心—边缘分析，中国和俄罗斯主导了"一带一路"贸易隐含碳整体网络。将"一带一路"沿线国家划分为 4 个板块，奥地利等 11 个国家为第一板块（兼顾型），土耳其等 5 个国家为第二板块（外部型），塞浦路斯等 2 个国家为第三板块（内部型），立陶宛等 4 个国家为第四板块（内部型）。

1995～2011 年，从"一带一路"沿线国家行业间贸易隐含碳关联网络来看，密度和平均连带都减少了，受到金融危机冲击影响比较大。基于中心度分析，发现其他制造业、采矿业和内陆运输业是最多直接联系其他国家产生贸易隐含碳的行业，主要是俄罗斯和中国为满足"一带一路"沿线国家行业生产需要产生的碳排放。建筑业、机械业、金属业和电气业是间接引起"一带一路"沿线地区碳排放最多的行业，意大利、中国和韩国是进口隐含碳最多的国家。从核心—边缘分析来看，在"一带一路"沿线国家贸易隐含碳网络中，中国和俄罗斯的产业主导着整个贸易隐含碳网络。

第 5 章

全球价值链嵌入对中国碳排放影响的实证分析

本书第 4 章分析了全球价值链嵌入视角下全球—中国的碳排放网络特征，并分析了中国在全球隐含碳网络中的地位。那么，在以生产者原则为基准的国际碳排放核算体系下，以加工贸易为主的出口导向模式会对中国碳排放产生何种影响，中国出口隐含碳的流向及流量如何？同时，基于公平性和减排效果角度，蒙克斯加德和佩德森（Munksgaard & Pedersen，2001）以及樊纲等（2010）建议以消费者原则来核算一国的碳排放。基于消费者原则，全球价值链嵌入对中国碳排放的影响如何？由于传统贸易不能有效衡量全球价值链嵌入的经济收益，那么如果以中国单位国内增加值出口隐含碳排放来衡量全球价值链嵌入的收益与成本，中国与哪些国家、哪些行业开展贸易获得收益相对较多？与哪些国家、哪些行业贸易的碳排放成本相对较高？此外，在中国出口隐含碳远远大于进口隐含碳的情况下，中国出口隐含碳的驱动因素有哪些？

针对上述问题，本章首先基于生产者原则和消费者原则，分别测算中国进出口隐含碳总量、流向及分布；其次，采用单位国内增加值出口隐含碳排放指标，从国家间、贸易国及行业三个维度分析中国嵌入全球价值链后出口的碳排放成本；最后，从结构分解的视角对中国出口隐含碳的影响因素进行深入分析。这不仅有助于我们从全球价值链的视角理解中国加入

WTO 后碳排放迅速增加的原因，以及应对发达国家不合理的碳减排指责；还有助于中国协调对外贸易收益与碳减排成本，为中国经济实现低碳绿色转型提供经验依据和决策参考。

5.1　全球价值链嵌入对中国碳排放的影响
——地区和行业视角

5.1.1　中国生产侧和消费侧碳排放总量及变化趋势

根据式（4.3），本章首先从生产侧计算中国二氧化碳排放总量及其流向。计算结果如表 5－1 所示。

表 5－1　　　　1995～2009 年中国生产侧二氧化碳排放量分解及隐含碳流向

年份	生产侧排放		出口隐含碳流向						
	排放总量（百万吨）	出口隐含碳	美国	欧盟	日本	韩国	加拿大	澳大利亚	其他区域
1995	2723.07	593.23	159.09	138.22	103.03	19.45	17.02	14.57	141.86
		21.79	26.82	23.30	17.37	3.28	2.87	2.46	23.91
1996	2796.50	546.23	147.33	122.87	92.73	21.77	15.77	13.64	132.13
		19.53	26.97	22.49	16.98	3.99	2.89	2.50	24.19
1997	2762.23	577.15	163.18	124.33	92.11	26.63	16.67	14.66	139.56
		20.89	28.27	21.54	15.96	4.61	2.89	2.54	24.18
1998	2927.96	583.60	182.64	139.61	82.62	15.67	17.23	14.66	131.17
		19.93	31.29	23.92	14.16	2.68	2.95	2.51	22.48
1999	2816.98	538.64	167.75	132.13	82.21	19.54	16.56	14.34	106.11
		19.12	31.14	24.53	15.26	3.63	3.08	2.66	19.70
2000	2804.87	594.85	185.09	133.41	85.40	23.23	16.38	13.00	138.35
		21.21	31.12	22.43	14.36	3.90	2.75	2.19	23.26
2001	2850.62	592.18	178.29	130.97	85.08	23.67	16.61	12.18	145.37
		20.77	30.11	22.12	14.37	4.00	2.80	2.06	24.55
2002	3071.56	694.01	208.16	145.85	88.34	31.38	18.82	15.39	186.08
		22.59	29.99	21.01	12.73	4.52	2.71	2.22	26.81
2003	3564.09	909.84	260.56	201.23	113.33	40.67	26.06	21.73	246.26
		25.53	28.64	22.12	12.46	4.47	2.86	2.39	27.07

续表

年份	生产侧排放		出口隐含碳流向						
	排放总量（百万吨）	出口隐含碳	美国	欧盟	日本	韩国	加拿大	澳大利亚	其他区域
2004	4255.39	1183.09	340.39	261.88	138.82	49.88	34.44	31.43	326.25
		27.80	28.77	22.14	11.73	4.22	2.91	2.66	27.58
2005	4685.97	1402.57	402.51	302.40	154.73	55.08	41.92	36.19	409.75
		29.93	28.70	21.56	11.03	3.93	2.99	2.58	29.21
2006	5107.72	1609.69	441.47	354.23	155.94	60.90	49.43	37.24	510.48
		31.51	27.43	22.01	9.69	3.78	3.07	2.31	31.71
2007	5521.96	1757.97	438.50	405.38	145.29	64.76	51.15	43.88	609.00
		31.84	24.94	23.06	8.26	3.68	2.91	2.50	34.64
2008	5923.26	1767.74	407.33	403.50	137.70	61.25	53.56	44.11	660.28
		29.84	23.04	22.83	7.79	3.47	3.03	2.50	37.35
2009	6213.38	1477.70	352.04	327.02	130.35	47.32	47.36	49.25	524.35
		23.78	23.82	22.13	8.82	3.20	3.21	3.33	35.48
1999～2009	58025.56	14828.49	4034.33	3323.03	1687.68	561.2	438.98	376.27	4407
		25.56	27.21	22.41	11.38	3.78	2.96	2.54	29.72

注：各年对应的第一行是隐含碳排放量，单位为百万吨；第二行是所占百分比，单位为%。

从表 5 - 1 可以看出，1995～2009 年中国生产侧二氧化碳排放总体呈快速增长趋势，由 1995 年的 2723.07 百万吨上升到 2009 年的 6213.38 百万吨，年均增长 6.1%。其中，出口隐含碳所占比例总体呈增长趋势，由 1995 年的 21.79% 上升到 2009 年的 23.78%，在 2007 年达到最高（31.84%）。1995～2009 年，中国出口隐含碳占中国生产侧碳排放的 25.56%，即约 1/4 的中国国内生产的碳排放是为了满足国外的中间品和最终消费需求。1995～2009 年，从中国出口隐含碳流向区域来看，主要流向美国、欧盟和日本，三者之和大约占到总体出口隐含碳的 63.28%，韩国、加拿大和澳大利亚之和占到 9.25% 左右。从中国出口隐含碳排放流向国的增长趋势来看，1998～2008 年，中国流向美国和日本的隐含碳排放占比呈现下降趋势，而流向发展中国家的隐含碳排放呈现明显增加趋势。

从图 5 - 1 可以看出，中国国内碳排放与生产侧碳排放总量总体呈上升趋势。中国在 2001 年加入 WTO 后，生产侧碳排放迅速增长，在此期间，中国国内碳排放需求迅速增加，出口规模快速增长导致出口隐含碳迅速增加。出口隐含碳在 2001 年后呈现快速增长趋势，但在 2008 年金融危机后呈现明显的下降趋势，而进口隐含碳排放在 1995～2009 年始终保持相对平缓的增长趋势。

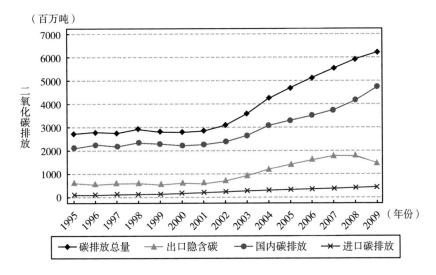

图 5 - 1　1995～2009 年中国二氧化碳排放及其构成趋势

根据式（4.3），本章计算了中国消费侧二氧化碳排放量分解及其来源，计算结果如表 5 - 2 所示。

表 5 - 2　　　　　　　　　1995～2009 年中国消费侧二氧化碳排放量分解及其来源

年份	消费碳排放		隐含碳进口来源					
	排放总量（百万吨）	隐含碳进口	欧盟	俄罗斯	美国	韩国	日本	其他地区
1995	2225. 31	95. 47	13. 59	12. 74	10. 61	8. 21	7. 42	42. 89
		4. 29	14. 23	13. 35	11. 12	8. 60	7. 77	44. 94
1996	2353. 98	103. 71	13. 07	14. 86	10. 41	9. 87	8. 02	47. 47
		4. 41	12. 61	14. 33	10. 04	9. 52	7. 74	45. 77
1997	2294. 36	109. 28	14	12. 59	11. 42	12. 92	9. 65	48. 7
		4. 76	12. 81	11. 52	10. 45	11. 82	8. 83	44. 57
1998	2468. 45	124. 09	13. 66	14. 99	10. 53	15. 98	10. 96	57. 97
		5. 03	11. 01	12. 08	8. 49	12. 88	8. 83	46. 71

续表

| 年份 | 消费碳排放 | | 隐含碳进口来源 | | | | | |
	排放总量（百万吨）	隐含碳进口	欧盟	俄罗斯	美国	韩国	日本	其他地区
1999	2425.83	147.49	16.44	23.65	11.35	14.46	11.64	69.95
		6.08	11.15	16.04	7.70	9.80	7.89	47.43
2000	2395.19	185.17	19.65	25.07	13.72	17.49	13.56	95.67
		7.73	10.61	13.54	7.41	9.45	7.32	51.67
2001	2467.31	208.87	23.98	25.88	15.31	19.46	15.64	108.59
		8.47	11.48	12.39	7.33	9.32	7.49	51.98
2002	2621.14	243.59	27.85	31.18	15.31	19.68	20.38	129.19
		9.29	11.43	12.80	6.28	8.08	8.37	53.03
2003	2939.34	285.09	32.09	33.57	17.53	24.34	23.63	153.93
		9.70	11.26	11.77	6.15	8.54	8.29	53.99
2004	3390	317.7	36.08	34.79	19.8	27.58	25.71	173.74
		9.37	11.36	10.95	6.23	8.68	8.09	54.68
2005	3608.22	324.81	33.21	34.85	20.93	25.14	25.3	185.39
		9.00	10.22	10.73	6.44	7.74	7.79	57.08
2006	3834.22	336.18	36.54	31.73	23.44	26.09	28.66	189.73
		8.77	10.87	9.44	6.97	7.76	8.52	56.43
2007	4132.15	368.16	38.69	29.25	30.18	28.12	32.08	209.83
		8.91	10.51	7.94	8.20	7.64	8.71	56.99
2008	4557.16	401.64	43.24	31.68	35.15	32.51	32.66	226.39
		8.81	10.77	7.89	8.75	8.10	8.13	56.37
2009	5168.94	433.25	45.16	39.85	34.35	41.07	32.28	240.54
		8.38	10.42	9.20	7.93	9.48	7.45	55.52
1995~2009	46881.6	3684.5	407.25	396.68	280.04	322.92	297.59	1979.98
		7.86	11.05	10.77	7.60	8.76	8.08	53.74

注：各年对应的第一行是隐含碳排放量，单位为百万吨；第二行是所占百分比，单位为%。

从表 5-2 可以看出，中国消费侧二氧化碳排放从 1995 年的 2225.31 百万吨上升到 2009 年的 5168.94 百万吨，年均增长 6.20%。中国消费侧碳排放主要来源于国内生产。1995~2009 年，中国隐含碳进口占消费侧碳排放总量比例为 7.86%，占比相对较小，比例浮动范围为 4.29%~9.70%，但总体呈上升趋势，中国隐含碳进口主要来源于欧盟、俄罗斯、美国、韩国、日本，约占隐含碳进口总体的 42.92% ~ 55.44%。

从主要经济体隐含碳排放净出口的角度来看，中国、俄罗斯和印度三个发展中国家为隐含碳净出口国，而欧盟、美国和日本三个发达国家（地区）为隐含碳净进口方。中国隐含碳净出口一直呈现上升趋势，特别是加入 WTO 后增长更为迅速，但在 2009 年出现明显下降；而欧盟和美国隐含碳净进口一直呈上升趋势，在 2007 年后同时出现下降趋势（见图 5 - 2）。

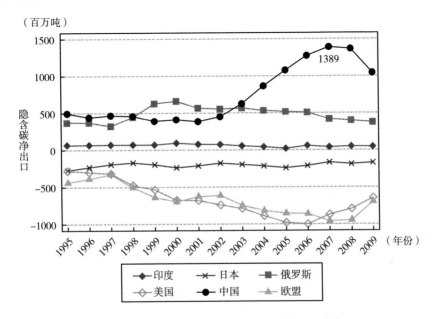

（百万吨）

隐含碳净出口

图 5 - 2　全球各大经济体隐含碳排放净出口趋势

由图 5 - 2 可以看出，1995 ~ 2009 年，中国生产侧碳排放始终大于消费侧碳排放，在 2007 年达到最大（1389 百万吨）。随着中国工业化和城市化水平的不断发展，中国未来的生产侧和消费侧的碳排放量还可能会进一步上升，因此，中国仍然面临巨大的碳减排压力。

5.1.2　从行业结构角度看中国出口隐含碳结构变化

从表 5 - 1 和表 5 - 2 可以看出，1995 ~ 2009 年中国出口隐含碳远远大于进口隐含碳，本节从行业结构角度对中国出口隐含碳进行进一步分析。

从图 5 - 3 可以看出，中国能源工业出口隐含碳占中国隐含碳行业总出口的比例最高且一直呈现上升趋势，由 1995 年的 43.23% 上升到 2009 年的 59.14%，上升了 15.91%。重制造业出口隐含碳占中国出口隐含碳比例稍低于能源工业，但其总体呈现下降趋势，由 1995 年的 37.82% 下降到 2009 年的 27.03%，下降了 10.79%。轻制造业出口隐含碳占比总体呈现下降趋势，由 1995 年的 9.51% 下降到 2009 年的 3.66%；建筑业、服务业和其他工业所占比例相对平稳。

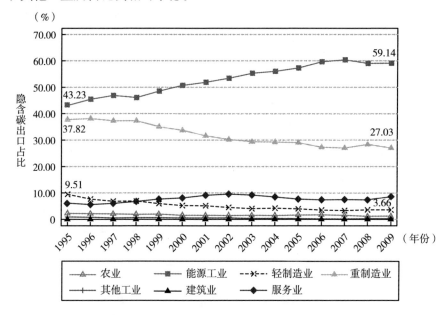

图 5 - 3　1995 ~ 2009 年中国出口隐含碳行业结构

注：参考赵玉焕和王淞（2014）的方法将行业分为七大类：农业（C1）、能源工业（C2、C8、C17）、轻制造业（C3 ~ C7）、重制造业（C9 ~ C15）、其他工业（C16）、建筑业（C18）和服务业（C19 ~ C35），其中工业包括轻制造业、重制造业、能源工业和其他工业。

如表 5 - 3 所示，从具体部门看，能源工业部门和重制造业部门的出口隐含碳排放所占比例最大。能源工业部门中的电力、燃气和水供应业的出口隐含碳所占比例最大，1995 年为 220.32 百万吨，占出口隐含碳总量的 37.14%，2009 年为 795.35 百万吨，占出口隐含碳总量的 53.82%。重制造业中化学工业、非金属矿物制品业、金属冶炼及压延加工业三个行业出口隐含碳比例较高，1995 年分别为 9.92%、8.67%、14.49%，随后逐渐下降，到 2009 年分别为 6.03%、5.90%、12.68%。

表 5－3   **1995 年和 2009 年中国 35 个行业出口隐含碳及其比例**

行业分类	代码	行业名称	1995 年		2009 年	
			出口隐含碳总量（百万吨）	比例（%）	出口隐含碳总量（百万吨）	比例（%）
农业	C1	农林牧渔业	13.72	2.31	18.53	1.25
	C2	采矿业	24.81	4.18	50.62	3.43
能源工业	C8	石油加工、炼焦及核燃料加工业	11.30	1.90	27.89	1.89
	C17	电力、燃气和水供应业	220.32	37.14	795.35	53.82
轻制造业	C3	食品制造及烟草加工业	11.01	1.86	10.13	0.69
	C4	纺织业	31.43	5.30	26.14	1.77
	C5	皮革、制鞋业	2.14	0.36	1.64	0.11
	C6	木材加工及家具制造业	2.71	0.46	2.84	0.19
	C7	造纸印刷及文教用品	9.15	1.54	13.30	0.90
重制造业	C9	化学工业	58.87	9.92	89.05	6.03
	C10	橡胶塑料制造业	10.44	1.76	9.53	0.64
	C11	非金属矿物制品业	51.45	8.67	87.22	5.90
	C12	金属冶炼及压延加工业	85.98	14.49	187.36	12.68
	C13	机械设备制造业	7.56	1.27	10.64	0.72
	C14	电气和光学设备制造业	7.57	1.28	10.10	0.68
	C15	运输设备制造业	2.49	0.42	5.50	0.37
其他制造业	C16	其他制造业	5.68	0.96	3.75	0.25
建筑业	C18	建筑业	0.17	0.03	0.44	0.03
服务业	C19	机动车和摩托车销售维修	0.00	0.00	0.00	0.00
	C20	批发业	2.72	0.46	1.80	0.12
	C21	零售业	0.86	0.15	1.63	0.11
	C22	餐饮业	1.31	0.22	3.21	0.22
	C23	内陆运输业	8.75	1.47	20.70	1.40
	C24	水运	7.08	1.19	41.57	2.81
	C25	空运	7.26	1.22	39.47	2.67
	C26	其他辅助运输活动、旅行社活动	1.38	0.23	3.85	0.26
	C27	邮政通信业	0.24	0.04	0.83	0.06
	C28	金融保险业	0.70	0.12	0.62	0.04
	C29	房产业	0.68	0.11	0.25	0.02
	C30	租赁与商业服务业	1.08	0.18	7.12	0.48

行业分类	代码	行业名称	1995 年		2009 年	
			出口隐含碳总量（百万吨）	比例（%）	出口隐含碳总量（百万吨）	比例（%）
服务业	C31	公共管理和社会组织	0.05	0.01	0.12	0.01
	C32	教育	0.32	0.05	0.37	0.03
	C33	医疗卫生与社会福利业	0.06	0.01	0.81	0.05
	C34	其他团体、个人和社会服务	3.97	0.67	5.31	0.36
	C35	家政服务业	0	0	0	0

5.2　全球价值链嵌入对中国碳排放的影响
——收益与成本分析视角

5.2.1　全球价值链嵌入下中国出口国内增加值的测算

随着新型国际分工的快速发展，传统的以贸易总额为基础的官方统计数据无法区分贸易增加值，存在大量的重复统计，难以反映当前国际贸易的格局，因此，基于增加值核算框架的全球价值链测算成为目前的主流研究方法。关于全球价值链测算方法主要包括两类：一是基于企业数据测算的微观分析（Kraemer & Linden，2011；张杰等，2013）；二是基于投入产出表开展的宏观分析。关于全球价值链嵌入程度的衡量方法，最早是由胡默尔等[①]（2001）提出垂直专业化指数（VSS），衡量一国参与全球价值链分工的程度。HIY 方法假定一国出口产品完全被进口国用于最终需求，与中间品贸易占国际贸易近 2/3、存在增加值回流的现实不符，鉴于此，约翰逊和诺格拉[②]（2012）提出并运用国内增加值与总出口比值(the ratio of value – added to gross exports，VAX) 这一指标衡量一国在全球价值链中的嵌入程度。由于 JN 方法没有考虑中间品出口国外增加值和重复计算的增

---

① 简称 HIY。
② 简称 JN。

加值，库普曼等① (2014) 将垂直专业化和增加值贸易整合到统一框架中，将一国出口分解为被国外吸收的增加值、返回国内的增加值、国外增加值和重复计算部分。由于 KWW 方法只能分解一国总出口，王直等② (2015) 在 KWW 方法的基础上，将总贸易分解扩展到行业层面。因此，本章采用王直等 (2015) 提出的增加值核算框架测算中国出口收益。

由 $V_s = VAX_s/X_s$ 表示 s 国的增加值系数矩阵，该矩阵为 $1 \times N$ 矩阵，s 国出口表示为：$Ex_s = \sum\limits_{r \neq s}^{G} A_{sr}X_r + \sum\limits_{r \neq s}^{G} Y_{sr}$，根据国家间投入产出表，可以测算各国各部门从出口贸易中获得的国内增加值：

$$V = \hat{V}(I-A)^{-1}\hat{E}$$

$$= \begin{pmatrix} \hat{V}_1 & 0 & \cdots & 0 \\ 0 & \hat{V}_2 & \cdots & 0 \\ \vdots & \vdots & \ddots & \vdots \\ 0 & 0 & \cdots & \hat{V}_G \end{pmatrix} \begin{pmatrix} B_{11} & B_{12} & \cdots & B_{1G} \\ B_{21} & B_{22} & \cdots & B_{2G} \\ \vdots & \vdots & \ddots & \vdots \\ A_{G1} & B_{G2} & \cdots & B_{GG} \end{pmatrix} \begin{pmatrix} \hat{E}x_1 & 0 & \cdots & 0 \\ 0 & \hat{E}x_2 & \cdots & 0 \\ \vdots & \vdots & \ddots & \vdots \\ 0 & 0 & \cdots & \hat{E}x_G \end{pmatrix} \quad (5.1)$$

其中，$\hat{V}_s$ 是 V_s 的对角化矩阵，除主对角线外其余元素为 0，$S = 1, \cdots, G$；$\hat{E}x_s$ 是 Ex_s 的对角化矩阵，除主对角线外其余元素为 0，$S = 1, \cdots, G$。式 (5.1) 描述了各国各部门出口中隐含的增加值的来源与分布（戴翔，2015），矩阵 V 对角线元素表示各国各部门出口贸易中的国内增加值。为了测算隐含在出口贸易中的其他部分增加值及其结构，王直等 (2013) 根据出口产品的最终吸收渠道和吸收地不同，将一国出口贸易分解为国内增加值、返回增加值、国外增加值和纯重复计算四个部分，并细分为 16 项，实现对出口贸易总额的完全分解。分解公式如下：

$$Ex = \left[V_s B_{ss} \# \sum_{r \neq s}^{G} Y_{sr} + V_s L_{ss} \# \sum_{r \neq s}^{G} A_{sr} B_{rr} Y_{rr} + \left(V_s L_{ss} \# \sum_{r \neq s}^{G} A_{sr} \sum_{t \neq s,r}^{G} B_{rt} Y_{tt} \right. \right.$$
$$\left. + V_s L_{ss} \# \sum_{r \neq s}^{G} A_{sr} B_{rr} \sum_{t \neq s,r}^{G} Y_{rt} + V_s L_{ss} \# \sum_{r \neq s}^{G} A_{sr} \sum_{t \neq s,r}^{G} \sum_{u \neq s,t}^{G} B_{rt} Y_{tu} \right) \right]$$
$$+ \left[V_s L_{ss} \# \sum_{r \neq s}^{G} A_{sr} B_{rr} Y_{rs} + V_s L_{ss} \# \sum_{r \neq s}^{G} A_{sr} \sum_{t \neq s,r}^{G} B_{rt} Y_{ts} + V_s L_{ss} \# \sum_{r \neq s}^{G} A_{sr} B_{rs} Y_{ss} \right]$$

---

① 简称 KWW。

② 简称 WWZ。

$$+ \left[\left(\sum_{r\neq s}^{G} V_r B_{rs} \# Y_{sr} + \sum_{r\neq s}^{G} \sum_{t\neq s,r}^{G} V_t B_{ts} \# Y_{sr} \right) + \left(\sum_{r\neq s}^{G} V_r B_{rs} \# A_{sr} L_{sr} Y_{rr} \right. \right.$$

$$\left. + \sum_{r\neq s}^{G} \sum_{t\neq s,r}^{G} V_t B_{ts} \# A_{sr} L_{rr} Y_{rr} \right) \right] + \left\{ \left[V_s L_{ss} \# \sum_{r\neq s}^{G} A_{sr} \sum_{t\neq s}^{G} B_{rs} Y_{st} \right. \right.$$

$$\left. + \left(V_s B_{ss} - V_s L_{ss} \right) \# \sum_{r\neq s}^{G} A_{sr} X_r \right] + \left(\sum_{r\neq s}^{G} V_r B_{rs} \# A_{sr} L_{rr} E_r \right.$$

$$\left. + \sum_{r\neq s}^{G} \sum_{t\neq s,r}^{G} V_t B_{ts} \# A_{sr} L_{rr} E_r \right) \right\}$$

$$= \left[DVA\_FIN + DVA\_INT + DVA\_REX \right] + \left[RDV \right]$$

$$+ \left[FVA\_FIN + FVA\_INT \right] + \left[DDC + FDC \right]$$

$$= \left[DVA \right] + \left[RDV \right] + \left[FDV \right] + \left[PDC \right] \tag{5.2}$$

式（5.2）中#表示矩阵点乘，$V_s = VAX_s / X_s$，可以得到：

$$B = (I - A)^{-1} = \begin{bmatrix} I - A_{11} & A_{12} & \cdots & A_{1G} \\ A_{21} & I - A_{22} & \cdots & A_{2G} \\ \vdots & \vdots & \ddots & \vdots \\ A_{G1} & A_{G2} & \cdots & I - A_{GG} \end{bmatrix}^{-1} = \begin{bmatrix} B_{11} & B_{12} & \cdots & B_{1G} \\ B_{21} & B_{22} & \cdots & B_{2G} \\ \vdots & \vdots & \ddots & \vdots \\ A_{G1} & B_{G2} & \cdots & B_{GG} \end{bmatrix}$$

$$L = (I - A^d)^{-1} = \begin{pmatrix} I - A_{11} & 0 & \cdots & 0 \\ 0 & I - A_{22} & \cdots & 0 \\ \vdots & \vdots & \ddots & \vdots \\ 0 & 0 & \cdots & I - A_{GG} \end{pmatrix}^{-1} = \begin{pmatrix} L_{11} & 0 & \cdots & 0 \\ 0 & L_{22} & \cdots & 0 \\ \vdots & \vdots & \ddots & \vdots \\ 0 & 0 & \cdots & L_{GG} \end{pmatrix}$$

$$\tag{5.3}$$

为了便于后文分解分析，本章将出口贸易总额分解结果进行归并整理（见表5 -4）。

表5 -4　　　　　　　　　　　出口贸易总额分解

分类	变量	变量描述
(1)	DVA	最终被国外吸收的国内增加值
	DVA_FIN	以最终品出口的国内增加值
	DVA_INT	直接被进口国吸收的中间品出口的国内增加值
	DVA_INTrex	被进口国生产向第三国出口所吸收的中间品出口的国内增加值
(2)	RDV	返回并最终被本国吸收的国内增加值。这部分国内增加值先是被出口至国外，又隐含在本国从其他国家的进口中返回国内，最终在国内被吸收

续表

分类	变量	变量描述
（3）	FVA	生产本国出口的国外增加值
	FVA_FIN	以最终品出口的国外增加值
	FVA_INT	以中间品出口的国外增加值
（4）	PDC	纯重复计算部分。这是由于中间产品贸易多次跨越国界引起的
	DDC	来自于国内账户的纯重复计算部分
	FDC	来自于国外账户的纯重复计算部分

本章使用总的国内增加值表示中国出口的贸易收益，$TDVA_s = DVA_s + RDV_s$，计算结果如表 5 - 5 所示。

表 5 - 5　　　　1995 ~ 2009 年按出口目的地划分的中国出口国内增加值 单位：亿美元

年份	美国	欧盟	日本	韩国	加拿大	澳大利亚	其他国	合计
1995	343.07	319.69	259.23	64.44	44.09	36.77	343.91	1411.20
1996	358.24	317.10	269.59	76.54	47.93	40.68	357.93	1468.01
1997	442.12	363.34	299.08	115.52	55.78	47.13	454.77	1777.75
1998	499.16	409.70	266.05	80.89	55.01	45.93	447.71	1804.44
1999	502.20	458.30	307.50	102.66	59.98	51.10	381.67	1863.42
2000	604.14	491.64	327.20	129.41	64.47	49.99	638.39	2305.24
2001	631.84	526.12	357.08	133.19	69.78	49.65	724.07	2491.74
2002	768.54	588.87	372.22	169.34	81.05	61.22	948.20	2989.44
2003	921.71	784.09	462.77	214.00	106.73	81.68	1227.19	3798.17
2004	1189.75	1012.95	563.49	265.26	137.26	118.41	1567.97	4855.12
2005	1514.47	1228.32	668.29	319.87	176.52	147.92	2095.38	6150.77
2006	1844.83	1629.66	762.35	390.18	230.78	163.64	2808.43	7829.87
2007	2204.59	2187.09	840.74	493.87	278.58	225.05	3755.64	9985.56
2008	2487.54	2616.78	964.41	582.12	347.13	284.01	4802.14	12084.14
2009	2302.77	2365.64	975.24	511.46	322.85	311.82	3884.38	10674.16

如表 5 - 5 所示，中国 1995 ~ 2008 年出口的国内增加值始终保持增长趋势，由 1995 年的 1411.20 亿美元增加到 2008 年的 12084.14 亿美元。从出口目的地来看，1995 ~ 2007 年，中国出口贸易获得国内增加值较大的国家（地区）依次为：美国、欧盟、日本、韩国、加拿大、澳大利亚。其中，对美国出口获得的国内增加值在 1995 年仅为 343.07 亿美元，在 2007

年达到 2204.59 亿美元，增长了近 5.43 倍。1995～2007 年，中国对欧盟出口获得的国内增加值略低于美国，但在 2008 年和 2009 年欧盟超过美国，成为中国出口获得国内增加值最大的地区。1995～2007 年，中国出口日本、韩国、加拿大、澳大利亚获得的国内增加值总体上呈增长趋势，但与美国和欧盟相比，所占份额相对较少。

从图 5-4 可以看出，1995～2009 年，中国出口主要发达国家（地区）所获得的国内增加值所占比例总体呈递减趋势。其中，日本下降最为明显，由 1995 年的 18.37% 下降到 2009 年的 9.14%。中国出口欧盟和美国所获得的国内增加值占总出口国内增加值比例较大，1995～2007 年，美国所占比例最大，1995～1998 年始终保持增长趋势，由 1995 年的 24.31% 增加至 1998 年的 27.66%；其后，出现逐年递减的趋势，2008 年达到 20.58%。1995～2009 年，欧盟所占份额大约在 20%～25% 的范围波动，其中，1999 年达到最高（24.59%）。韩国、加拿大和澳大利亚所占比例变化不大。除 1998 年和 1999 年以外，1995～2008 年中国出口其他国家（地区）所获得的国内增加值总体呈现增加趋势，表明中国向除欧盟、美国、韩国、加拿大和澳大利亚以外的其他国家（地区）出口获得的贸易利益迅速增加。

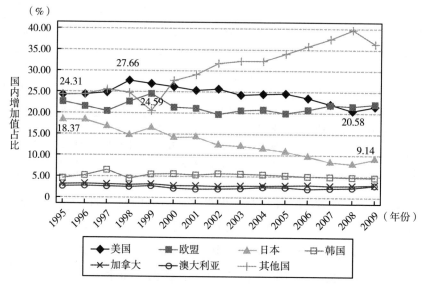

图 5-4 1995～2009 年按出口目的地划分的中国出口国内增加值占比趋势

为了从行业层面考察中国出口的国内增加值现状，本书计算了行业层面出口国内增加值，结果如图 5 – 5 所示。

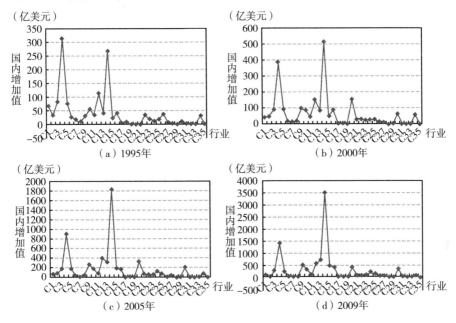

图 5 – 5 部分年份中国出口行业国内增加值

如图 5 – 5 所示，从行业划分来看中国出口国内增加值，1995 年、2000 年、2005 年和 2009 年，中国出口行业增加值比较突出的两个行业分别是 C4（纺织业）和 C14（电气和光学设备制造业）。1995 年，C4（纺织业）出口获得的国内增加值最多，为 312.09 亿美元，其次是 C14（电气和光学设备制造业），为 264.69 亿美元。2000 年中国 C14（电气和光学设备制造业）出口国内增加值超过 C4（纺织业）出口国内增加值，达到 508.97 亿美元；2005 年达到 1818.19 亿美元，远远超过排在第二位的纺织业出口国内增加值（879.08 亿美元）；2009 年中国电气和光学设备制造业出口国内增加值达到 3505.73 亿美元，远远超过排名第二位的纺织品业出口国内增加值。

5.2.2 中国单位国内增加值的出口隐含碳排放水平

中国在参与全球价值链分工过程中，虽然获得技术进步和经济产出增长，但也增加了国内碳排放。为了有效衡量中国参与全球价值链的碳排放成本，本章采用单位国内增加值出口隐含碳排放量来衡量，可以得到：

$$EPV_s = EE_s / TDVA_s \qquad (5.4)$$

其中，EPV_s 表示 s 国单位国内增加值的出口隐含碳排放水平，反映该国在出口中为获得单位国内增加值所付出的碳排放代价，该值越大表明所付出的碳排放代价越大，在参与国际贸易过程中越不利于国内碳减排目标的实现。本章从国家间、贸易国和行业三个维度来考察我国在参与全球价值链分工过程中单位增加值的出口隐含碳水平。

1. 单位国际出口国内增加值所含隐含碳排放水平对比分析

首先，根据式（5.4），本章计算了单位国际出口国内增加值所含隐含碳排放量，结果如图 5 - 6 所示。

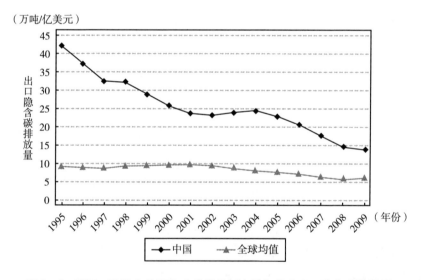

（万吨/亿美元）

图 5 - 6　1995 ~ 2009 年中国和全球单位国内增加值中出口隐含碳排放量

从图 5 - 6 可以看出，1995 ~ 2009 年中国单位国内增加值中出口隐含碳排放量总体呈现下降趋势，但远远高于世界平均水平，由 1995 年的 42.04 万吨/亿美元降低到 2009 年的 13.84 万吨/亿美元，下降了 67.08%。1995 ~ 2009 年，世界平均水平总体呈下降趋势，1997 ~ 2001 年有小幅上涨，其后总体又呈下降趋势，直到 2009 年有所回升，达到 5.97 万吨/亿美元。

如图 5 - 7 所示, 1995 ~ 2009 年中国单位国内增加值中出口隐含碳远远高于发达国家（地区）单位国内增加值中出口隐含碳。1995 年, 发达国家（地区）中单位国内增加值中出口隐含碳排放水平最低的是日本（3.24 万吨/亿美元）, 仅为中国的 7.71%, 意味着日本出口每获得 1 美元国内增加值所隐含的碳排放量仅为中国的 7.71%。发达国家中韩国的出口国内增加值隐含碳排放水平相对较高, 在 6.66 万 ~ 14.90 万吨/亿美元范围内波动。其余发达国家（地区）单位国内增加值出口隐含碳总体排放量呈下降趋势。

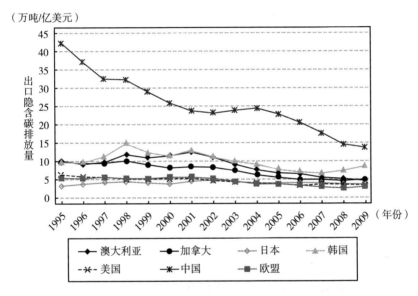

图 5 - 7　1995 ~ 2009 年中国和部分发达国家（地区）单位国内增加值中出口隐含碳排放量

从图 5 - 8 可以看出, 1995 ~ 2009 年单位国内增加值中出口隐含碳最高的国家为俄罗斯, 在 1999 年达到最高点（99.89 万吨/亿美元）, 主要原因在于俄罗斯进行出口的产业主要是其他制造业、非金属采矿业、内陆运输和木材加工业, 这些产业含碳相对较高。此外, 俄罗斯主要从事原材料供应和初级加工, 从出口中获得的国内增加值相对较少, 导致俄罗斯单位国内增加值中出口隐含碳排放量偏高。1999 年以后, 俄罗斯单位国内增加值中出口隐含碳总体呈现下降趋势, 在 2008 年下降到 13.84 万吨/亿美元, 和中国、印度水平相差不大。印度单位国内增加值中出口隐含碳排放水平由 1995 年的 30.03 万吨/亿美元, 下降到 2009 年的 13.90 万吨/亿美元。

四个国家中，巴西单位国内增加值中出口隐含碳排放水平最低，最高时为 7.66 万吨/亿美元，2008 年降到最低，仅为 2.84 万吨/亿美元，甚至低于大多数发达国家的水平。样本期间内，巴西的单位国内增加值中出口隐含碳排放水平始终保持较低水平，变动幅度不大，这可能与巴西出口中农林牧渔业、橡胶塑料制造业出口占比较大有关。

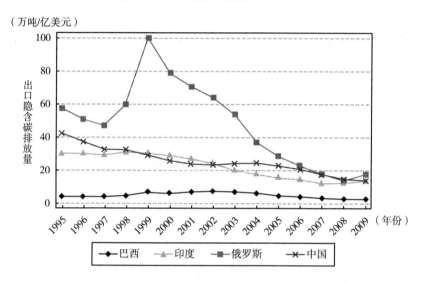

图 5 -8　1995 ~ 2009 年部分金砖国家单位国内增加值中出口隐含碳排放量

2. 中国单位国内增加值出口隐含碳水平

按出口目的地经济发展水平分类，本章分别计算了中国出口到发达国家和发展中国家的单位国内增加值隐含碳排放量，计算结果如图 5 - 9 所示。

1995 ~ 2009 年，中国单位国内增加值中出口隐含碳排放量总体呈现下降趋势。按出口目的国的性质分类来看，1995 ~ 2009 年，中国出口发达国家（地区）的单位国内增加值隐含碳排放量略小于发展中国家，并且随着时间推移，二者之间的差异越来越小。

从表 5 - 6 可以看出，中国出口发达国家的单位国内增加值隐含碳排放量总体呈下降趋势。1995 ~ 2009 年，中国出口发达国家的单位国内增加值隐含碳排放水平的平均值从高到低排序依次为美国、欧盟、澳大利亚、加

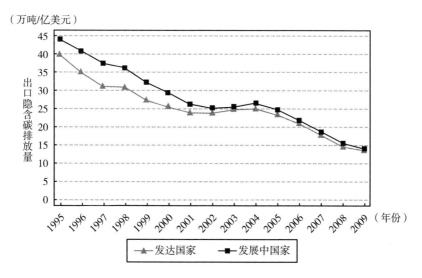

（万吨/亿美元）

图 5-9　1995~2009 年中国单位国内增加值中出口隐含碳排放量

拿大、日本、韩国。其中，中国出口韩国的单位国内增加值隐含碳平均水平最低，出口美国的单位国内增加值隐含碳平均水平最高。中国出口韩国的单位国内增加值隐含碳排放量由 1995 年的 30.18 万吨/亿美元，下降到 2009 年的 9.25 万吨/亿美元；中国出口美国的单位国内增加值隐含碳排放量由 1995 年的 46.37 万吨/亿美元下降到 2009 年的 15.29 万吨/亿美元。

表 5-6　　　　1995~2009 年中国出口发达国家（地区）的
单位国内增加值隐含碳排放量　　单位：万吨/亿美元

年份	澳大利亚	加拿大	日本	韩国	美国	欧盟
1995	39.62	38.59	39.75	30.18	46.37	43.23
1996	33.54	32.90	34.40	28.44	41.13	38.75
1997	31.11	29.88	30.80	23.05	36.91	34.22
1998	31.91	31.31	31.06	19.37	36.59	34.08
1999	28.06	27.62	26.73	19.04	33.40	28.83
2000	26.00	25.40	26.10	17.95	30.64	27.14
2001	24.53	23.80	23.83	17.77	28.22	24.89
2002	25.14	23.22	23.73	18.53	27.08	24.77
2003	26.60	24.42	24.49	19.01	28.27	25.66
2004	26.54	25.09	24.64	18.80	28.61	25.85

年份	澳大利亚	加拿大	日本	韩国	美国	欧盟
2005	24.46	23.75	23.15	17.22	26.58	24.62
2006	22.75	21.42	20.45	15.61	23.93	21.74
2007	19.50	18.36	17.28	13.11	19.89	18.54
2008	15.53	15.43	14.28	10.52	16.37	15.42
2009	15.79	14.67	13.37	9.25	15.29	13.82
1995~2009	26.07	25.06	24.94	18.52	29.29	26.77

从表 5-7 可以看出，1995~2009 年中国出口发展中国家的单位国内增加值隐含碳排放量总体上呈下降趋势，其中，中国出口印度尼西亚的单位国内增加值隐含碳排放平均水平最低，出口巴西的单位国内增加值隐含碳排放平均水平最高。中国出口印度尼西亚的单位国内增加值隐含碳排放量由 1995 年的 35.27 万吨/亿美元下降到 2009 年的 13.97 万吨/亿美元；中国出口巴西的单位国内增加值隐含碳排放量由 1995 年的 56.74 万吨/亿美元下降到 2009 年的 17.04 万吨/亿美元。中国出口发展中国家的碳排放成本由高到低排序依次为巴西、土耳其、印度、墨西哥、俄罗斯、印度尼西亚。

表 5-7　　　　1995~2009 年中国出口发展中国家（地区）的单位国内增加值隐含碳排放量　　单位：万吨/亿美元

年份	巴西	印度尼西亚	印度	墨西哥	俄罗斯	土耳其	其他国
1995	56.74	35.27	43.93	52.18	40.65	36.56	41.79
1996	49.97	33.94	40.21	48.78	35.42	39.19	37.19
1997	45.03	31.98	38.72	44.92	34.72	37.44	29.36
1998	46.75	24.10	39.32	42.28	34.65	38.81	27.64
1999	41.64	23.76	33.64	36.60	26.87	35.21	26.93
2000	39.64	20.06	30.40	31.67	29.60	33.55	20.03
2001	35.53	19.10	28.36	27.04	24.13	30.40	18.78
2002	32.33	21.00	27.77	23.97	22.69	30.22	18.43
2003	31.23	23.50	29.67	21.55	23.51	29.74	18.93
2004	31.01	26.53	30.42	21.52	26.51	30.06	19.50
2005	28.88	24.74	27.14	20.92	25.12	28.33	18.20

续表

年份	巴西	印度尼西亚	印度	墨西哥	俄罗斯	土耳其	其他国
2006	26.13	21.68	22.32	18.38	22.12	25.60	17.24
2007	22.15	18.55	19.41	15.64	18.65	21.60	15.55
2008	18.57	15.16	15.66	13.35	15.76	17.65	13.21
2009	17.04	13.97	13.89	11.34	13.60	15.55	13.60
1995~2009	34.84	23.56	29.39	28.68	26.27	29.99	22.43

3. 中国工业单位国内增加值中出口隐含碳排放水平

接下来，本节将从行业层面来分析中国工业单位国内增加值中出口隐含碳排放水平，结果如图 5-10 所示。

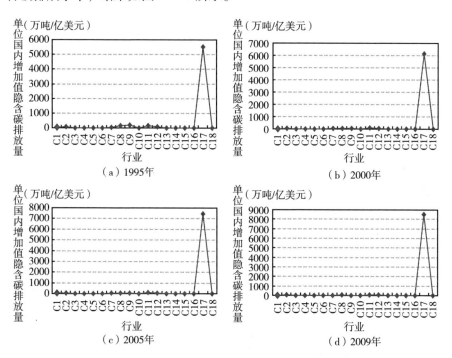

图 5-10   中国工业各行业单位国内增加值中出口隐含碳排放量

注：由于服务业碳排放水平较低，故图 5-10 中未包含服务业。

从图 5-10 可以看出，中国单位国内增加值中出口隐含碳排放水平最高的行业是 C17（电力、燃气和水供应业），远远超过其他行业。其主要原因为：一方面，电力、燃气和水供应业本身碳排放强度就比较高，作为基础行业，对其他行业进行能源供给，导致其在出口中的碳排放水平较高；另一方面，从前文分析中可以发现该行业的出口国内增加值也相对较低，导致中国电力、燃气和水供应业单位国内增加值中出口隐含碳排放水平偏高。

5.3　全球价值链嵌入对中国碳排放的影响
——出口隐含碳结构分解视角

　　为了有效降低中国出口隐含碳排放，本节从出口隐含碳结构分解的视角对中国出口隐含碳的影响因素进行深入分析。这对于从行业层面找出最优减排路径、识别出口隐含碳减排中的关键部门以及出口隐含碳中的促进因素和阻碍因素具有重要意义。目前有关碳排放影响因素分解的方法主要有指数分解法和结构分解法两种。IDA 的优点是对数据的要求不高，因而使用较为广泛，但由于无法深入分解中间投入和最终需求结构，随着投入产出表的不断完善，基于投入产出表和 SDA 而产生的 IO-SDA 方法应用越来越广泛（Fan & Lei，2017）。本节采用 IO-SDA 分解法对我国出口隐含碳排放进行分解。

5.3.1　结构分解方法

　　行业二氧化碳排放量可表示为：

$$C = \hat{C}_I X \tag{5.5}$$

其中，C 表示行业二氧化碳排放量，$\hat{C}_I$ 表示二氧化碳排放强度的对角矩阵，X 表示各行业产出列向量。

　　根据里昂惕夫恒等式 $X = (I - A)^{-1} Y = LY$，由出口引致的隐含碳排放可以表示为：

$$EC = \hat{C}_I (I - A)^{-1} Ex \tag{5.6}$$

由 $C_I = \dfrac{C}{X} = \dfrac{C}{En}\dfrac{En}{X} = C_E E_I$ 可以得到：

$$\hat{C}_I = \hat{C}_E \hat{E}_I \tag{5.7}$$

其中，$\hat{C}_E$ 为单位能源消耗所排放的二氧化碳，即二氧化碳排放系数，$\hat{E}_I$ 表示能源消费强度。为了进一步分解行业间的影响，本书参考（Wood，2009），将里昂惕夫逆矩阵分解为三个部分：前向关联效应、行业结构效应和后向关联效应。则 L 可以表示为：

$$L = \hat{F} S \hat{B} \tag{5.8}$$

其中，$\hat{F} = \displaystyle\sum_{i=1}^{n} l_{ij}$，$S = \dfrac{L}{\displaystyle\sum_{i=1}^{n} l_{ij} \sum_{j=1}^{n} l_{ij}}$，$\hat{B} = \displaystyle\sum_{j=1}^{n} l_{ij}$。$l_{ij}$ 是 L 的矩阵元素，$\hat{F}$ 表示行业前向关联效应，S 表示行业结构效应，$\hat{B}$ 表示行业后向关联效应。

Ex 为行业出口列向量，其矩阵元素 Ex_i 表示行业 i 出口数量，则 Ex 可以表示为：

$$Ex = ExsTEx \tag{5.9}$$

其中，$Exs = \dfrac{Ex_i}{TEx}$，$TEx = \displaystyle\sum_{i=1}^{n} Ex_i$。其中，$Exs$ 表示出口结构列向量，TEx 表示出口规模。式（5.6）可以表示为：

$$EC = \hat{C}_E \hat{E}_I \hat{F} S \hat{B} ExsTEx \tag{5.10}$$

由式（5.10）可以推出行业出口隐含碳变化量表达式：

$$\Delta EC = \hat{C}_{E1} \hat{E}_{I1} \hat{F}_1 S_1 \hat{B}_1 Exs_1 TEx_1 - \hat{C}_{E0} \hat{E}_{I0} \hat{F}_0 S_0 \hat{B}_0 Exs_0 TEx_0 \tag{5.11}$$

其中，下标 1 和 0 分别表示当期和前期，本书采用两极分解法进行因素分解。

$$\Delta EC = \dfrac{\Delta \hat{C}_E (\hat{E}_{I1} \hat{F}_1 S_1 \hat{B}_1 Exs_1 TEx_1 + \hat{E}_{I0} \hat{F}_0 S_0 \hat{B}_0 Exs_0 TEx_0)}{2}（碳排放系数效应）$$

$$+ \dfrac{\Delta \hat{E}_I (\hat{C}_{E1} \hat{F}_0 S_0 \hat{B}_0 Exs_0 TEx_0 + \hat{C}_{E0} \hat{F}_1 S_1 \hat{B}_1 Exs_1 TEx_1)}{2}（能源强度效应）$$

$$+ \dfrac{\Delta \hat{F} (\hat{C}_{E1} \hat{E}_{I1} S_0 \hat{B}_0 Exs_0 TEx_0 + \hat{C}_{E0} \hat{E}_{I0} S_1 \hat{B}_1 Exs_1 TEx_1)}{2}（前向关联效应）$$

$$+\frac{\Delta S(\hat{C}_{E1}\hat{E}_{\Pi}\hat{F}_1\hat{B}_0Exs_0TEx_0+\hat{C}_{E0}\hat{E}_{J0}\hat{F}_0\hat{B}_1Exs_1TEx_1)}{2}\text{（行业结构效应）}$$

$$+\frac{\Delta \hat{B}(\hat{C}_{E1}\hat{E}_{\Pi}\hat{F}_1S_1Exs_0TEx_0+\hat{C}_{E0}\hat{E}_{J0}\hat{F}_0S_0Exs_1TEx_1)}{2}\text{（后向关联效应）}$$

$$+\frac{\Delta Exs(\hat{C}_{E1}\hat{E}_{\Pi}\hat{F}_1S_1\hat{B}_1TEx_0+\hat{C}_{E0}\hat{E}_{J0}\hat{F}_0S_0B_0TEx_1)}{2}\text{（出口结构效应）}$$

$$+\frac{\Delta TEx(\hat{C}_{E1}\hat{E}_{\Pi}\hat{F}_1S_1B_1Exs_1+\hat{C}_{E0}\hat{E}_{J0}\hat{F}_0S_0B_0Exs_0)}{2}\text{（出口规模效应）}$$

$$(5.12)$$

中国行业出口隐含碳变动可以分解为碳排放系数效应、能源强度效应、前向关联效应、行业结构效应、后向关联效应、出口结构效应和出口规模效应，这 7 种效应是中国出口隐含碳排放变动的主要影响因素。

5.3.2　中国出口隐含碳排放整体变动的 SDA 分解结果

基于上述 IO-SDA 分解法，本书选取 WIOD 数据库中 1995 ~ 2009 年中国 33 个行业为研究对象，将中国 1995 ~ 2009 年出口隐含碳排放分解为 7 个变动效应，分解结果如表 5 - 8 所示。

表 5 - 8　　　　　　　1995 ~ 2009 年中国出口隐含碳变动影响因素结构分解

年份	指标	碳排放系数效应	能源强度效应	前向关联效应	行业结构效应	后向关联效应	出口结构效应	出口规模效应	变动总量
1995 ~ 1996	变动量（万吨）	-703	-6458	1132	-3576	2183	1484	1252	-4684
	占比（%）	15	138	-24	76	-47	-32	-27	100
1996 ~ 1997	变动量（万吨）	-617	-9264	-177	2722	-17	-153	10678	3173
	占比（%）	-19	-292	-6	86	-1	-5	337	100

续表

年份	指标	碳排放系数效应	能源强度效应	前向关联效应	行业结构效应	后向关联效应	出口结构效应	出口规模效应	变动总量
1997 ~ 1998	变动量（万吨）	39	−689	927	−698	1875	−835	54	673
	占比（%）	6	−102	138	−104	279	−124	8	100
1998 ~ 1999	变动量（万吨）	−1229	−6428	−991	2380	−778	−383	2945	−4484
	占比（%）	27	143	22	−53	17	9	−66	100
1999 ~ 2000	变动量（万吨）	−1029	−4184	−2038	525	−1588	−31	14153	5807
	占比（%）	−18	−72	−35	9	−27	−1	244	100
2000 ~ 2001	变动量（万吨）	−1146	−3815	283	−14	834	−437	4127	−169
	占比（%）	680	2262	−168	8	−495	259	−2447	100
2001 ~ 2002	变动量（万吨）	−457	−954	−1273	2329	−1724	−395	12968	10495
	占比（%）	−4	−9	−12	22	−16	−4	124	100
2002 ~ 2003	变动量（万吨）	−225	−5707	2555	2448	−165	326	22954	22186
	占比（%）	−1	−26	12	11	−1	1	103	100
2003 ~ 2004	变动量（万吨）	331	−21122	1601	20825	−7762	2175	32034	28082
	占比（%）	1	−75	6	74	−28	8	114	100

续表

年份	指标	碳排放系数效应	能源强度效应	前向关联效应	行业结构效应	后向关联效应	出口结构效应	出口规模效应	变动总量
2004 ~ 2005	变动量（万吨）	- 912	- 18686	6257	2968	2268	- 1787	32098	22206
	占比（%）	- 4	- 84	28	13	10	- 8	145	100
2005 ~ 2006	变动量（万吨）	- 1327	- 3762	5315	- 29891	14182	189	36598	21304
	占比（%）	- 6	- 18	25	- 140	67	1	172	100
2006 ~ 2007	变动量（万吨）	- 1267	- 38737	8442	- 2056	6996	1299	40429	15105
	占比（%）	- 8	- 256	56	- 14	46	9	268	100
2007 ~ 2008	变动量（万吨）	192	- 34414	808	- 4557	6889	2639	29679	1236
	占比（%）	16	- 2785	65	- 369	557	214	2402	100
2008 ~ 2009	变动量（万吨）	- 1327	879	5675	- 10332	8464	- 4429	- 28260	- 29331
	占比（%）	5	- 3	- 19	35	- 29	15	96	100
1995 ~ 2009	变动量（万吨）	- 12035	- 278617	56993	- 17676	67235	2733	272966	91599
	占比（%）	- 13	- 304	62	- 19	73	3	298	100

从表5-8可以看出，总体来讲，1995~2009年，中国出口隐含碳排放量增加了91599万吨，其中，能源强度效应对中国出口隐含碳变动的影响最大，是降低中国出口隐含碳排放量的首要影响因素。出口规模效应对中国出口隐含碳排放的影响仅次于能源强度效应，是中国出口隐含碳排放

增长的首要影响因素。前后向关联效应也是中国出口隐含碳排放增长的重要影响因素，分别占中国出口隐含碳排放增长的 62% 和 73%。出口结构效应和碳排放系数效应对中国出口隐含碳的影响相对较小。这主要是因为样本期间内碳排放系数变化不大，从而导致碳排放系数效应对出口隐含碳的影响相对较小，而中国出口结构在样本期间以加工贸易出口为主，出口结构相对稳定，对出口隐含碳排放影响相对较小。

从时间层面来看，1995～2009 年，除 1995～1996 年、1998～1999 年、2000～2001 年、2008～2009 年中国出口隐含碳排放出现下降趋势外，其余时间段均出现不同程度的增长，其中，2003～2004 年中国出口隐含碳排放增长最多（28082 万吨），2008～2009 年下降幅度最大（29331 万吨）。除 1997～1998 年、2001～2002 年、2005～2006 年和 2008～2009 年外，在 1995～2009 年其余时间段，能源强度效应是中国出口隐含碳排放下降的首要因素。除 1995～1996 年、1997～1998 年和 2008～2009 年，在 1995～2008 年其余时间段，出口规模效应是中国出口隐含碳增加的首要因素。2008～2009 年，受金融危机影响，中国出口规模大幅度下降，最终导致中国出口隐含碳大幅度下降。

5.3.3　中国出口隐含碳排放分行业变动的 SDA 分解结果

为了进一步从行业层面分析中国出口隐含碳变动的影响因素，本节根据 WIOD 的行业分类，将中国产业分为 33 个行业，其中包括 1 个农业行业、17 个工业行业和 15 个服务业行业。

1. 中国工业出口隐含碳变动量分解

根据式（5.12），本节对中国工业出口隐含碳变动量进行分解，结果如图 5-11 所示。

从图 5-11 可以看出，1995～2009 年，电力、天然气和供水业出口隐含碳排放量变动最大；其次为基础金属和合金业，化学原料及其制品业；皮革、皮革制品和鞋类业，木材及其制品业，建筑业出口隐含碳排放变动相对较小。

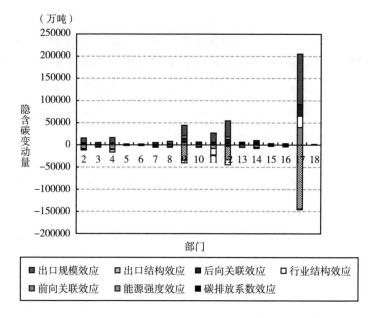

（万吨）

图 5 - 11　1995~2009 年中国工业出口隐含碳变动量结构分解

注：2 表示矿业和采掘业，3 表示食品饮料和烟草业，4 表示纺织原料及其制品业，5 表示皮革、皮革制品和鞋类业，6 表示木材及其制品业，7 表示纸浆、纸制品和印刷出版业，8 表示煤炭、炼油和核燃料业，9 表示化学原料及其制品业，10 表示橡胶和塑料制品业，11 表示其他非金属矿物业，12 表示基础金属和合金业，13 表示机械业，14 表示电子和光学仪器业，15 表示运输设备业，16 表示其他制造业及回收业，17 表示电力、天然气和供水业，18 表示建筑业。

从图 5 - 12 可以看出，1995~2009 年，出口规模效应是中国工业出口隐含碳排放增长的首要影响因素，能源强度效应的下降是中国工业出口隐含碳排放下降的首要影响因素。矿业和采掘业，食品饮料和烟草业，纺织原料及其制品业，皮革、皮革制品和鞋类业，木材及其制品业，纸浆、纸制品和印刷出版业，其他非金属矿物业，建筑业的行业出口结构变动造成该行业出口隐含碳排放的下降；而煤炭、炼油和核燃料业，化学原料及其制品业，基础金属和合金业，机械业，电子和光学仪器业，运输设备业，其他制造业及回收业的出口结构变动则使该行业的出口隐含碳排放上升。

2. 中国服务业出口隐含碳变动分解

根据式（5.12），本节对中国服务业出口隐含碳变动进行分解，结果如图 5 - 13 所示。

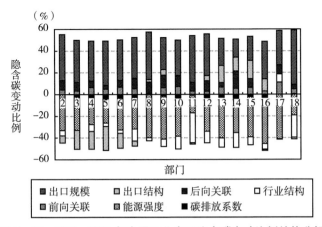

图 5 – 12　1995 ~ 2009 年中国工业出口隐含碳变动比例结构分解

注：2 表示矿业和采掘业，3 表示食品饮料和烟草业，4 表示纺织原料及其制品业，5 表示皮革、皮革制品和鞋类业，6 表示木材及其制品业，7 表示纸浆、纸制品和印刷出版业，8 表示煤炭、炼油和核燃料业，9 表示化学原料及其制品业，10 表示橡胶和塑料制品业，11 表示其他非金属矿物业，12 表示基础金属和合金业，13 表示机械业，14 表示电子和光学仪器业，15 表示运输设备业，16 表示其他制造业及回收业，17 表示电力、天然气和供水业，18 表示建筑业。

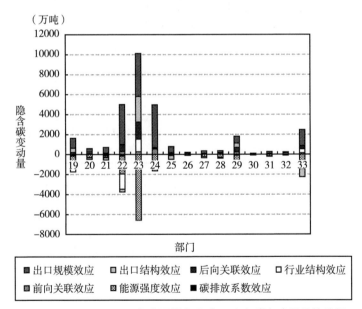

图 5 – 13　1995 ~ 2009 年中国服务业出口隐含碳变动量结构分解

注：19 表示批发交易和佣金业，20 表示零售交易、家居用品维修业，21 表示住宿和餐饮业，22 表示陆地运输业，23 表示水路运输业，24 表示航空运输业，25 表示其他运输辅助服务和旅游代理服务业，26 表示邮政通信业，27 表示金融业，28 表示房地产交易业，29 表示租赁和商务服务业，30 表示公共管理、国防和社会保障业，31 表示教育业，32 表示健康和社会工作业，33 表示其他社区、社会及居民服务业。

从图 5 – 13 可以看出 1995 ~ 2009 年，水路运输业出口隐含碳排放量变动最大，其次为陆地运输业，即服务行业中运输业出口隐含碳排放量变动相对较大。邮政通信业和公共管理、国防和社会保障业等行业的出口隐含碳排放变动相对较小。

从图 5 – 14 可以看出，1995 ~ 2009 年，除健康和社会工作业外，出口规模效应是中国服务业出口隐含碳排放增长的首要影响因素，除其他运输辅助服务和旅游代理服务业外，能源强度效应的下降是中国工业出口隐含碳排放下降的首要影响因素。对于其他运输辅助服务和旅游代理服务业，出口结构效应是导致该行业出口隐含碳排放下降的主要影响因素。

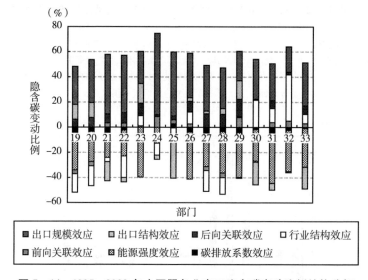

图 5 – 14　1995 ~ 2009 年中国服务业出口隐含碳变动比例结构分解

注：19 表示批发交易和佣金业，20 表示零售交易、家居用品维修业，21 表示住宿和餐饮业，22 表示陆地运输业，23 表示水路运输业，24 表示航空运输业，25 表示其他运输辅助服务和旅游代理服务业，26 表示邮政通信业，27 表示金融业，28 表示房地产交易业，29 表示租赁和商务服务业，30 表示公共管理、国防和社会保障业，31 表示教育业，32 表示健康和社会工作业，33 表示其他社区、社会及居民服务业。

5.4　本章小结

本章首先基于生产者原则和消费者原则，分别测算中国进出口隐含碳总量、流向及分布。其次，采用单位国内增加值中出口隐含碳排放，从国家间、贸易国和行业三个维度分析中国嵌入全球价值链后出口的碳排放成本。最后，从结构分解视角对中国出口隐含碳的影响因素进行深入分析。研究结论如下。

从中国消费侧二氧化碳排放及其构成来看，中国消费侧二氧化碳排放从 1995 年的 2225.31 百万吨上升到 2009 年的 5168.94 百万吨，年均增长 6.20%。中国消费侧碳排放主要来源于国内生产，隐含碳进口占消费侧碳排放总量比例总体呈上升趋势，该比例浮动范围为 4.29%~9.70%，进口国家主要是欧盟、俄罗斯、美国、韩国、日本，约占隐含碳进口总体的 42.92%~55.44%。

从出口隐含碳行业结构来看，能源工业出口隐含碳占中国隐含碳行业总出口的比例最高且一直呈现上升趋势，由 1995 年的 43.23% 上升到 2009 年的 59.14%，上升了 15.91%；重制造业出口隐含碳占中国出口隐含碳比例稍低于能源工业，总体呈现下降趋势，由 1995 年的 37.82% 下降到 2009 年的 27.03%，下降了 10.79%；轻制造业出口隐含碳占比总体呈现下降趋势，由 1995 年的 9.51% 下降到 2009 年的 3.66%；建筑业、服务业及其他工业所占比例较为平稳。从具体部门看，能源工业部门中的电力、燃气和水供应业的出口隐含碳所占比例最大，1995 年为 220.32 百万吨，占出口隐含碳总量的 37.14%，2009 年为 795.35 百万吨，占出口隐含碳总量的 53.82%。重制造业中化学工业、非金属矿物制品业、金属冶炼及压延加工业三个行业出口隐含碳比例较高，1995 年分别为 9.92%、8.67%、14.49%，随后逐渐下降，到 2009 年分别为 6.03%、5.90%、12.68%。

从单位国际出口国内增加值的出口隐含碳排放水平来看，1995~2009 年中国单位国内增加值中出口隐含碳排放量总体呈下降趋势，但远远高于世界平均水平，由 1995 年的 42.04 万吨/亿美元降低到 2009 年的 13.84 万吨/亿美元，下降了 67.08%。1995~2009 年中国单位国内增加值中出口隐含碳排放量远远高于发达国家（地区）单位国内增加值中出口隐含碳排放量。1995~2009 年单位国内增加值中出口隐含碳排放量最高的金砖国家为俄罗斯。按出口目的国的性质分类来看，1995~2009 年，中国出口发达国家（地区）的单位国内增加值中隐含碳排放量略小于发展中国家，且二者之间的差异越来越小。从行业层面来看，中国单位国内增加值中出口隐含碳排放水平最高的行业是 C17（电力、燃气和供水业），远远超过其他行业，即中国出口产业中电力、燃气和水供应业碳排放成本最高。

中国行业出口隐含碳变动可以分解为碳排放系数效应、能源强度效应、前向关联效应、行业结构效应、后向关联效应、出口结构效应和出口规模效应 7 种效应。总体来讲，1995～2009 年间，中国出口隐含碳排放量增加了 91599 万吨，其中，能源强度效应对中国出口隐含碳变动的影响最大，是降低中国出口隐含碳排放量的首要影响因素。出口规模效应对中国出口隐含碳排放的影响仅次于能源强度效应，是中国出口隐含碳排放增长的首要影响因素。前后向关联效应也是中国出口隐含碳排放增长的重要影响因素，分别占中国出口隐含碳排放增长的 62% 和 73%。从时间层面来看，除 1995～1996 年、1998～1999 年、2000～2001 年、2008～2009 年外，1995～2009 年其余时间段中国出口隐含碳排放均出现不同程度的增长，其中，2003～2004 年中国出口隐含碳排放增长最多，为 28082 万吨，2008～2009 年下降幅度最大，为 29331 万吨。

1995～2009 年，中国工业中电力、天然气和供水行业出口隐含碳排放量变动最大；其次为基础金属和合金业，化学原料及其制品业；皮革、皮革制品和鞋类业，木材及其制品业，建筑业出口隐含碳排放变动相对较小。1995～2009 年，出口规模效应是中国工业出口隐含碳排放增长的首要影响因素，能源强度效应的下降是中国工业出口隐含碳排放下降的首要影响因素。矿业和采掘业，食品饮料和烟草业，纺织原料及其制品业，皮革、皮革制品和鞋类业，木材及其制品业，纸浆、纸制品和印刷出版业，其他非金属矿物业，建筑业的行业出口结构变动造成该行业出口隐含碳排放的下降；而煤炭、炼油和核燃料业，化学原料及其制品业，基础金属和合金业，机械业，电子和光学仪器业，运输设备业，其他制造业及回收业的出口结构变动却使该行业的出口隐含碳排放上升。1995～2009 年，中国服务业中水路运输业出口隐含碳排放量变动最大；其次为陆地运输业，即服务行业中运输业出口隐含碳排放量变动相对较大；邮政通信业和公共管理、国防和社会保障业等行业的出口隐含碳排放变动相对较小。1995～2009 年，除健康和社会工作业外，出口规模效应是中国服务业出口隐含碳排放增长的首要影响因素；除其他运输辅助服务和旅游代理服务业外，能源强度效应的下降是中国服务业出口隐含碳排放下降的首要影响因素；对于其他运输辅助服务和旅游代理服务业，出口结构效应是导致该行业出口隐含碳排放下降的主要影响因素。

第 6 章
全球价值链嵌入对中国省级
碳生产率的空间效应研究

　　本书在第 3 章通过理论分析发现全球价值链嵌入一方面通过规模效应、结构效应和低端锁定效应降低了中国碳生产率，另一方面通过技术进步效应和环境规制效应提升了中国碳生产率，那么，从地区层面来看，全球价值链嵌入对中国省级碳生产率影响效果如何？由于中国各省经济发展水平、资源禀赋、产业结构等存在显著差异，导致各省碳生产率也可能存在明显不同，那么中国各省碳生产率是否存在显著差异？空间分布特征如何？随着中国经济不断融入全球生产分工体系中，各省之间人力和物质资本流动性加强，全球价值链嵌入是否影响邻近省份的碳生产率？为了回答上述问题，本章基于地理空间上的相关性和异质性，分析中国碳生产率空间演变趋势及分布特征，从空间视角分析全球价值链嵌入对中国省级碳生产率的影响效果，为我国政策决策者制定政策提供有效的经验依据。

6.1　中国省级全球价值链嵌入程度和碳生产率现状

6.1.1　中国省级全球价值链嵌入程度测算

　　现有研究关于省级层面全球价值链嵌入的测算方法主要分为两种：一是通过海关数据库计算省级全球价值链嵌入程度（黄灿，2014；左宗文，

2015；邵朝对和苏丹妮，2017）；二是通过中国区域间投入产出表来计算省级层面的全球价值链嵌入程度（苏庆义，2016；何惠，2017）。本书分别采用两种方法对中国省级全球价值链嵌入程度进行测算。

1. 基于投入产出表计算的省级全球价值链嵌入程度

借鉴库普曼等（2014）提出的出口增加值分解框架，将中国省级出口增加值分解为本省增加值、国内其他省增加值、本省进口增加值和国内其他省进口增加值。然后，按照倪红福和夏杰长（2016）与苏庆义（2016）的分析思路，将省份 i 出口中含有的进口增加值份额作为该省份参与全球价值链的程度。计算过程中需要使用中国 30 个省份域间投入产出表，考虑到数据可得性，本书使用了 2002 年和 2010 年中国区域间投入产出表，其中，2002 年的投入产出表由中国科学院虚拟经济与数据科学研究中心编制，2010 年的投入产出表由中国科学院区域可持续发展分析与模拟重点实验室编制。

中国省级出口增加值分解框架如表 6-1 所示。

表 6-1　　　　　　　　　中国省级非竞争投入产出表

项目			中间使用				最终使用				出口	总产出
			1 省	2 省	…	G 省	1 省	2 省	…	G 省		
			行业 1，…，N	行业 1，…，N		行业 1，…，N						
中间投入	1 省	行业 1，…，N	X_{11}	X_{12}	…	X_{1G}	Y_{11}	Y_{12}	…	Y_{1G}	EX_1	X_1
	2 省	行业 1，…，N	X_{21}	X_{22}	…	X_{2G}	Y_{21}	Y_{22}	…	Y_{2G}	EX_2	X_2
	⋮	…	⋮	⋮	⋮	⋮	⋮	⋮	⋮	⋮	⋮	⋮
	G 省	行业 1，…，N	X_{G1}	X_{G2}	…	X_{GG}	Y_{G1}	Y_{G2}	…	Y_{GG}	EX_G	X_G
进口			IM_1	IM_2	…	IM_G						
增加值			VA_1	VA_2		VA_G						
总投入			X'_1	X'_2	…	X'_G						

注：其中 X_{ij}、Y_{ij}、EX_i、X_i 分别表示中间品需求、最终需求、出口和产出矩阵，X'_i 表示总投入，同时也是产出矩阵的转置；IM_i、VA_i 分别表示进口和直接增加值矩阵。

由表 6 – 1 横向关系可得到如下矩阵恒等式：

$$\begin{pmatrix} X_1 \\ X_2 \\ \vdots \\ X_G \end{pmatrix} = \begin{pmatrix} A_{11} & A_{12} & \cdots & A_{1G} \\ A_{21} & A_{22} & \cdots & A_{2G} \\ \vdots & \vdots & \ddots & \vdots \\ A_{G1} & A_{G2} & \cdots & A_{GG} \end{pmatrix} \begin{pmatrix} X_1 \\ X_2 \\ \vdots \\ X_G \end{pmatrix} + \begin{pmatrix} Y_{11} + \sum_{i \neq 1}^{G} Y_{1i} + EX_1 \\ Y_{22} + \sum_{i \neq 2}^{G} Y_{2i} + EX_2 \\ \vdots \\ Y_{GG} + \sum_{i \neq G}^{G} Y_{Gi} + EX_G \end{pmatrix} \quad (6.1)$$

$$\begin{pmatrix} X_1 \\ X_2 \\ \vdots \\ X_G \end{pmatrix} = \begin{pmatrix} I - A_{11} & A_{12} & \cdots & A_{1G} \\ A_{21} & I - A_{22} & \cdots & A_{2G} \\ \vdots & \vdots & \ddots & \vdots \\ A_{G1} & A_{G2} & \cdots & I - A_{GG} \end{pmatrix}^{-1} \begin{pmatrix} Y_{11} + \sum_{i \neq 1}^{G} Y_{1i} + EX_1 \\ Y_{22} + \sum_{i \neq 2}^{G} Y_{2i} + EX_2 \\ \vdots \\ Y_{GG} + \sum_{i \neq G}^{G} Y_{Gi} + EX_G \end{pmatrix}$$

$$\qquad\qquad\qquad\qquad\qquad\qquad\qquad\qquad\qquad\qquad (6.2)$$

$$= \begin{pmatrix} B_{11} & B_{12} & \cdots & B_{1G} \\ B_{21} & B_{22} & \cdots & B_{2G} \\ \vdots & \vdots & \ddots & \vdots \\ B_{G1} & B_{G2} & \cdots & B_{GG} \end{pmatrix} \begin{pmatrix} Y_{11} + \sum_{i \neq 1}^{G} Y_{1i} + EX_1 \\ Y_{22} + \sum_{i \neq 2}^{G} Y_{2i} + EX_2 \\ \vdots \\ Y_{GG} + \sum_{i \neq G}^{G} Y_{Gi} + EX_G \end{pmatrix}$$

其中，B_{ij} 为里昂惕夫逆矩阵，即完全消耗系数矩阵。该矩阵衡量每一单位最终产品所需要的中间产品数量。矩阵 A_{ii} 表示 i 省省内各行业直接消耗系数矩阵；矩阵 A_{ij} 表示 i 省流入 j 省的直接消耗系数矩阵，X_i 表示 i 省的总产出，EX_i 表示 i 省的出口，Y_{ij} 表示 j 省对 i 省的最终需求量。

由表 6 – 1 可知，各省总投入包括各省所有产业的中间投入、进口和本地增加值三个部分[①]。由表 6 – 1 纵向关系可得到如下矩阵恒等式：

---

① 苏庆义（2016）将进口分解为纯进口和回流增加值，由于该文中计算的回流增加值占总出口的份额最高为 0.54%，所占比例相对较小，所以本书并未对此进行细分。

$$\sum_{j=1}^{G} X_{ij} + IM_i + VA_i = X_i \qquad (6.3)$$

由式（6.3）可以推出 $\sum_{j=1}^{G} A_{1i} + M_{1i} + V_{1i} = 1$，其中，$A_{1i} = X_{1i}(X_i)^{-1}$、$M_{1i} = IM_{1i}(X_i)^{-1}$、$V_{1i} = VA_{1i}(X_i)^{-1}$，本书定义直接增加值系数矩阵 V 和进口系数矩阵 M 的表达式为：

$$V = \begin{pmatrix} V_1 & 0 & \cdots & 0 \\ 0 & V_2 & \cdots & 0 \\ \vdots & \vdots & \ddots & \vdots \\ 0 & 0 & \cdots & V_G \end{pmatrix}, M = \begin{pmatrix} M_1 & 0 & \cdots & 0 \\ 0 & M_2 & \cdots & 0 \\ \vdots & \vdots & \ddots & \vdots \\ 0 & 0 & \cdots & M_G \end{pmatrix} \qquad (6.4)$$

矩阵 V、M 分别乘以里昂惕夫逆矩阵 B，可以得到国内增加值份额矩阵 VB、国外增加值份额 MB：

$$VB = \begin{pmatrix} V_1 & 0 & \cdots & 0 \\ 0 & V_2 & \cdots & 0 \\ \vdots & \vdots & \ddots & \vdots \\ 0 & 0 & \cdots & V_G \end{pmatrix}\begin{pmatrix} B_{11} & B_{12} & \cdots & B_{1G} \\ B_{21} & B_{22} & \cdots & B_{2G} \\ \vdots & \vdots & \ddots & \vdots \\ B_{G1} & B_{G2} & \cdots & B_{GG} \end{pmatrix}$$

$$= \begin{pmatrix} V_1 B_{11} & V_1 B_{12} & \cdots & V_1 B_{1G} \\ V_2 B_{21} & V_2 B_{22} & \cdots & V_2 B_{2G} \\ \vdots & \vdots & \ddots & \vdots \\ V_G B_{G1} & V_G B_{G2} & \cdots & V_G B_{GG} \end{pmatrix} \qquad (6.5)$$

$$MB = \begin{pmatrix} M_1 & 0 & \cdots & 0 \\ 0 & M_2 & \cdots & 0 \\ \vdots & \vdots & \ddots & \vdots \\ 0 & 0 & \cdots & M_G \end{pmatrix}\begin{pmatrix} B_{11} & B_{12} & \cdots & B_{1G} \\ B_{21} & B_{22} & \cdots & B_{2G} \\ \vdots & \vdots & \ddots & \vdots \\ B_{G1} & B_{G2} & \cdots & B_{GG} \end{pmatrix}$$

$$= \begin{pmatrix} M_1 B_{11} & M_1 B_{12} & \cdots & M_1 B_{1G} \\ M_2 B_{21} & M_2 B_{22} & \cdots & M_2 B_{2G} \\ \vdots & \vdots & \ddots & \vdots \\ M_G B_{G1} & M_G B_{G2} & \cdots & M_G B_{GG} \end{pmatrix} \qquad (6.6)$$

各省的出口值组成的出口矩阵可表示为：

$$E = \begin{pmatrix} EX_1 & 0 & \cdots & 0 \\ 0 & EX_2 & \cdots & 0 \\ \vdots & \vdots & \ddots & \vdots \\ 0 & 0 & \cdots & EX_G \end{pmatrix} \tag{6.7}$$

借鉴库普曼等（2014）的分解方法，对各省份的出口增加值来源进行分解：

$$VBE = \begin{pmatrix} V_1 B_{11} EX_1 & V_1 B_{12} EX_2 & \cdots & V_1 B_{1G} EX_G \\ V_2 B_{21} EX_1 & V_2 B_{22} EX_2 & \cdots & V_2 B_{2G} EX_G \\ \vdots & \vdots & \ddots & \vdots \\ V_G B_{G1} EX_1 & V_G B_{G2} EX_2 & \cdots & V_G B_{GG} EX_G \end{pmatrix} \tag{6.8}$$

$$MBE = \begin{pmatrix} M_1 B_{11} EX_1 & M_1 B_{12} EX_2 & \cdots & M_1 B_{1G} EX_G \\ M_2 B_{21} EX_1 & M_2 B_{22} EX_2 & \cdots & M_2 B_{2G} EX_G \\ \vdots & \vdots & \ddots & \vdots \\ M_G B_{G1} EX_1 & M_G B_{G2} EX_2 & \cdots & M_G B_{GG} EX_G \end{pmatrix} \tag{6.9}$$

式（6.8）对省份 i 出口增加值的国内部分进行分解，其对角线元素为该省的本地增加值，除对角线元素外，各列元素为国内其他省份本地增加值；式（6.9）对省份 i 出口增加值的进口部分进行分解，其对角线元素为该省进口增加值，除对角线元素外，各列元素为国内其他省份进口增加值。参考苏庆义（2016）、倪红福和夏杰长（2016）对省级层面全球价值链的分析，借鉴胡默尔等（2001）对全球价值链参与度的定义，本书将省份 i 出口中含有国内其他省份的增加值份额定义为国内价值链（NVC），而将省份 i 出口中含有的进口增加值份额定义为省份 i 的全球价值链参与程度（GVC），具体表达式为：

$$NVC = \left(\sum_{j \neq i} V_j B_{ji} EX_i \right) / EX_i \tag{6.10}$$

$$GVC = \left(\sum_{j \neq i} M_j B_{ji} EX_i \right) / EX_i \tag{6.11}$$

根据式（6.11）得到省级全球价值链嵌入程度，如图 6-1 所示。

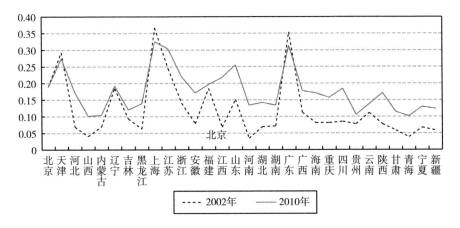

图 6 - 1　2002 年和 2010 年各省全球价值链嵌入程度

从图 6 - 1 可以看出，中国各省全球价值链嵌入程度之间存在显著差异，在 0.03~0.37 范围内波动。其中，嵌入程度最高的省份为上海，其次是广东；嵌入程度较低的省份为山西、河南和青海。从时间趋势来看，2010 年各省全球价值链嵌入程度普遍高于 2002 年。

2. 基于海关数据计算的省级全球价值链嵌入程度

本书借鉴阿普沃尔德等（Upward et al.，2013）的测算方法对我国省级层面的全球价值链嵌入程度进行测量，具体测算公式如下：

$$VSS_{it} = \frac{M_{it}^{p} + \frac{M_{it}^{o}}{Y_{it} - E_{it}^{p}} \times E_{it}^{o}}{E_{it}} \tag{6.12}$$

其中，VSS 表示垂直专业化率，用来衡量本书的重要解释变量全球价值链嵌入程度。上标 p 和 o 分别表示加工贸易和一般贸易，下标 i 和 t 分别表示省份和年份，M 和 E 分别表示进口和出口，Y 表示产出。由于加工贸易进口中间品专用于加工贸易再出口产品的生产，因此将 M_{it}^{p} 直接归为出口产品中的中间品投入。对于一般贸易进口，本书根据联合国《经济大类分类标准》（BEC）对海关数据库中的企业按照 HS 编码逐一进行识别，从而得到一般贸易进口中的中间品（M_{it}^{o}）。本书假定一般贸易进口中间品用于出口和国内销售的比例与一般贸易出口和国内销售的比例相同。对于 BEC 中间品的分类如表 6 - 2 所示。

表 6 - 2 按 BEC 标准分类的中间产品

中间品编码	内容
111	食品和饮料，初级，主要用于工业
121	食品和饮料，加工，主要用于工业
21	未归类的工业用品，初级
22	未归类的工业用品，加工
31	燃料和润滑剂，初级
322	燃料和润滑剂，其他
42	资本货物（运输设备除外）及其零配件，配件
53	运输设备及其零配件，配件

6.1.2 中国省级碳生产率测算

现有关于碳生产率的测算方法主要有两种：单要素碳生产率和全要素碳生产率。其中，单要素碳生产率是指单位二氧化碳排放所创造的价值，一般用总产出与二氧化碳排放量的比值来表示（Kaya & Yokobori，1997）；全要素碳生产率一般用数据包络分析（DEA）测算，将二氧化碳作为坏产出或投入变量进行测算（赵国浩和高文静，2013；杨翔等，2015）。

1. 省级单要素碳生产率测算及分析

单要素碳生产率测算方法：

$$cp_{it} = GDP_{it} / CO_{2it} \qquad (6.13)$$

其中，GDP_{it} 表示各省实际地区生产总值，CO_{2it} 表示 i 行业 t 年二氧化碳排放量。

为了消除不同年份价格因素的影响，本书以 2000 年为基期，对各省地区生产总值进行调整，以增强可比性。由于目前二氧化碳排放量没有官方的统计数据，政府间气候变化专门委员会（IPCC）第四次评估报告显示，化石燃料燃烧是全球二氧化碳浓度上升的主要来源，因此，本书采用《2006IPCC 国家温室气体清单指南》中所提供的方法结合《中国能源统计年鉴》相关参数对二氧化碳进行测算。具体计算公式为：

$$CO_2 = \sum_{i=1}^{7} CO_{2,i} = \sum_{i=1}^{7} E_i \times NCV_i \times CEF_i \times COF_i \times \frac{44}{12} \quad (6.14)$$

其中，E_i 表示化石燃料消耗量，NCV_i、CEF_i、COF_i 分别表示各类化石燃料低位发热量、含碳量和碳氧化因子，本书选取《中国能源统计年鉴》能源消费中原煤、焦炭、汽油、煤油、柴油、燃料油、天然气 7 种能源①，各类化石燃料的碳排放系数如表 6-3 所示。

表 6-3　　　　　　各类化石能源相关参数及二氧化碳排放系数

指标	原煤	焦炭	汽油	柴油	燃料油	天然气	煤油
低位发热量（NVC）	20908	28435	43070	42652	41816	38931	43070
含碳量（CEF）	25.8	29.2	18.9	20.2	21.1	15.3	19.5
碳氧化因子（COF）	1	1	1	1	1	1	1
二氧化碳排放系数	1.978	3.044	2.985	3.159	3.235	21.84	3.080

资料来源：NVC 数据来源于《中国能源统计年鉴 2015》；CEF、COF 数据来源于 IPCC（2006）提供的各类化石能源燃料的含碳量。

表 6-4 显示了中国 2002 年、2007 年、2010 年、2015 年的省级碳生产率，从中可以看出，各省碳生产率总体呈上升趋势，并且区域之间存在明显差异。以 2015 年为例，北京和上海两个地区碳生产率最高，均超过 1 万元/吨，而宁夏、山西、内蒙古则相对较低，其中宁夏仅为 0.071 万元/吨。根据本书的测算，2015 年省级碳生产率最高的北京约为地区碳生产率最低的宁夏的 21 倍。从图 6-2 中的区域碳生产率差异②来看，东部地区碳生产率相对较高，从 2000 年的 0.403 万元/吨上升到 2015 年的 0.765 万元/吨，西部地区碳生产率相对较低。造成东、中、西部地区碳生产率差异的主要原因在于：东部地区经济发展水平相对较高，低碳清洁技术发展

---

①　能源消费中涉及的主要能源种类包括煤炭、焦炭、原油、汽油、煤油、柴油、燃料油、天然气和电力 9 种，其中原油绝大部分用于炼油等加工转换投入，为避免重复计算，本书不予考虑，而电力在消费过程中并不直接产生二氧化碳，亦未列入计算范围。

②　东部地区包括北京、天津、河北、辽宁、上海、江苏、浙江、福建、山东、广东、海南 11 个省（直辖市）；中部地区包括黑龙江、吉林、山西、安徽、江西、河南、湖北、湖南 8 个省；西部地区包括内蒙古、广西、重庆、四川、贵州、云南、陕西、甘肃、青海、宁夏、新疆 11 个省（自治区、直辖市）。

相对成熟，碳生产率相对较高；而中西部地区大多经济发展相对滞后，低碳清洁技术水平相对落后，降低了该地区碳生产率水平。

表6-4　　　　　　　　部分年份中国省级碳生产率　　　　　　单位：万元/吨

省份	2002年	2007年	2010年	2015年	省份	2002年	2007年	2010年	2015年
北京	0.487	0.676	0.878	1.488	河南	0.258	0.213	0.261	0.402
天津	0.283	0.370	0.485	0.795	湖北	0.257	0.268	0.319	0.556
河北	0.177	0.164	0.186	0.259	湖南	0.395	0.292	0.386	0.601
山西	0.051	0.066	0.083	0.101	广东	0.621	0.670	0.782	1.108
内蒙古	0.125	0.110	0.121	0.152	广西	0.432	0.352	0.400	0.594
辽宁	0.229	0.248	0.307	0.425	海南	0.409	0.556	0.546	0.596
吉林	0.221	0.228	0.280	0.436	重庆	0.281	0.351	0.368	0.642
黑龙江	0.272	0.276	0.317	0.439	四川	0.308	0.317	0.364	0.616
上海	0.405	0.565	0.664	1.018	贵州	0.106	0.091	0.124	0.186
江苏	0.457	0.412	0.490	0.627	云南	0.247	0.183	0.216	0.433
浙江	0.503	0.459	0.555	0.790	陕西	0.248	0.209	0.213	0.240
安徽	0.220	0.267	0.289	0.388	甘肃	0.188	0.191	0.220	0.290
福建	0.635	0.512	0.593	0.906	青海	0.200	0.195	0.220	0.274
江西	0.356	0.332	0.390	0.507	宁夏	0.084	0.071	0.069	0.071
山东	0.350	0.259	0.299	0.402	新疆	0.208	0.197	0.170	0.142

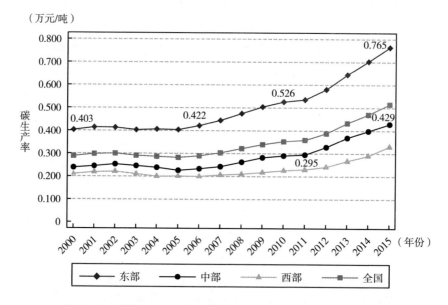

图6-2　2000～2015年我国整体及三大区域碳生产率变动趋势

为了进一步分析我国各区域碳生产率变化趋势，本书对我国整体及三大区域碳生产率变动情况进行分析。

从图 6 - 2 可以看出，我国三大区域及全国碳生产率整体呈上升趋势，其中，东部地区碳生产率增长最为明显，年均增长率为 4.37%，西部碳生产率相对较低。2000 ~ 2015 年全国及三大区域碳生产率呈现"波动变化—缓慢上升—快速上升"阶段性特征。2000 ~ 2005 年我国整体及三大区域碳生产率呈波动趋势，其中，东部地区碳生产率在 0.40 万 ~ 0.41 万元/吨区间范围内波动，中部地区碳生产率在 0.22 万 ~ 0.25 万元/吨区间范围内波动，西部地区碳生产率在 0.20 万元/吨波动。2002 ~ 2005 年三大区域整体呈轻微下降趋势，可能是由于我国加入世贸组织后，积极嵌入全球价值链加工组装环节，导致我国出口规模迅速增长。而我国能源结构以煤炭为主，出口企业整体低碳清洁技术水平相对较低，导致该阶段中国碳生产率出现一定程度的下降。2006 ~ 2010 年，全国及三大区域均呈现缓慢上升趋势，其中东部地区碳生产率上升最快，由 2006 年的 0.422 万元/吨上升至 2010 年的 0.526 万元/吨，年均增长率为 6.18%，西部地区增长相对缓慢，年均增长仅为 3.15%。2011 ~ 2015 年，全国及三大区域均呈快速上升趋势，其中，东部地区碳生产率水平最高，2015 年为 0.765 万元/吨，但中部地区碳生产率上升最快，由 2011 年的 0.295 万元/吨上升至 2015 年的 0.429 万元/吨，年均增长率为 9.81%。这主要是因为"十二五"期间，我国大力开展节能减排行动，改善能源结构，推动产业结构升级，取得的节能减排效果显著，推动了我国区域碳生产率的快速提升。

2. 省级全要素碳生产率测算方法及分析

为了有效衡量全要素碳生产率，本书采取 SBM 方向性距离函数和 GML 指数，对我国 2000 ~ 2015 年 30 个省份全要素碳生产率进行测算。基于 SBM 的 GML 指数方法是将方向性距离函数和 GML 指数相结合的测算方法，不仅处理了非期望产出问题，还有效避免了线性规划无解，使决策单元和时期之间具有可比性。

本书将 k 个省份作为生产决策单元（DMU），假设每个省份使用 N 种投

入要素 $x = (x_1, x_2, \cdots, x_N) \in R_N^+$，生产 M 种"好"产出 $y = (y_1, y_2, \cdots, y_M) \in R_M^+$ 和 I 种"坏"产出 $b = (b_1, b_2, \cdots, b_I) \in R_I^+$。GML 指数的全局生产可能性集合 $P^G(x) = P^1(x^1) \cup P^2(x^2) \cdots P^T(x^T)$，本书将考虑二氧化碳的全域方向性距离函数表示为：

$$S_V^G(x^{t,k'}, y^{t,k'}, b^{t,k'}, g^x, g^y, g^b) = \max \frac{\frac{1}{N} \sum_{n=1}^{N} \frac{s_n^x}{g_n^x} + \frac{1}{M+I} \left(\sum_{m=1}^{M} \frac{s_m^y}{g_m^y} + \sum_{i=1}^{I} \frac{s_i^b}{g_i^b} \right)}{2}$$

$$\text{s. t.} \sum_{t=1}^{T} \sum_{k=1}^{K} z_k^t x_{kn}^t + s_n^x = x_{k'n}^t, \forall n;$$

$$\sum_{t=1}^{T} \sum_{k=1}^{K} z_k^t y_{km}^t + s_m^y = y_{k'm}^t, \forall m;$$

$$\sum_{t=1}^{T} \sum_{k=1}^{K} z_k^t b_{ki}^t + s_i^b = b_{k'i}^t, \forall i;$$

$$\sum_{k=1}^{K} z_k^t = 1, z_k^t \geqslant 0, s_n^x \geqslant 0, s_m^y \geqslant 0, s_i^b \geqslant 0 \tag{6.15}$$

其中，$x^{t,k'}$、$y^{t,k'}$、$b^{t,k'}$ 分别表示 t 期 k 行业的投入，g^x、g^y、g^b 分别表示投入减少、产出增加和"坏"产出减少的方向向量，s_n^x、s_m^y、s_i^b 分别表示松弛向量。

遵循欧（Oh，2010）的思路，本书基于全域 SBM 方向性距离函数的 GML 指数构建如下方程：

$$GML_t^{t+1} = \frac{1 + S_V^G(x^t, y^t, b^t, g)}{1 + S_V^G(x^{t+1}, y^{t+1}, b^{t+1}, g)} \tag{6.16}$$

GML_t^{t+1} 指数小于 1，等于 1 和大于 1 分别表示全域碳生产率的下降、不变和增长。为了分析碳生产率变动来源，本书将 GML_t^{t+1} 指数分解出全域效率变化指数 GEF_t^{t+1} 和全域技术变化指数 GTC_t^{t+1}。

$$GML_t^{t+1} = GEF_t^{t+1} \times GTC_t^{t+1}$$

$$= \frac{1 + S_V^t(x^t, y^t, b^t, g)}{1 + S_V^{t+1}(x^{t+1}, y^{t+1}, b^{t+1}, g)} \times \frac{\dfrac{1 + S_V^G(x^t, y^t, b^t, g)}{1 + S_V^t(x^t, y^t, b^t, g)}}{\dfrac{1 + S_V^G(x^{t+1}, y^{t+1}, b^{t+1}, g)}{1 + S_V^{t+1}(x^{t+1}, y^{t+1}, b^{t+1}, g)}}$$

$$\tag{6.17}$$

　　本书采用 30 个省份 2000 ～ 2015 年的投入产出数据来测度全要素碳生产率及其构成，数据主要来源于《中国能源统计年鉴》和《中国统计年鉴》。进行测算的指标中，投入指标有劳动力、资本存量和能源消费三种。劳动力用当年就业人员数表示。资本存量，采用固定资本形成总额作为当年投资指标；折旧率统一选取 10.96%；基年的资本存量采取单豪杰（2008）的计算方法，计算我国 2000 ～ 2015 年各省份的资本存量。能源消费用各省历年能源消费总量表示。产出指标有期望产出和非期望产出两种。期望产出，选取各省实际地区生产总值表示，以 2000 年为基期进行平减。非期望产出，选取二氧化碳排放量作为非期望产出。全要素生产率、效率变化指数和技术变化指数的具体测算结果如表 6 – 5 所示。

表 6 – 5　　　　　　2000 ～ 2015 年中国各省份全要素碳生产率的平均值及构成

省份	效率变化指数	技术变化指数	碳生产率	省份	效率变化指数	技术变化指数	碳生产率
安徽	1.011	1.027	1.038	江西	0.951	1.037	0.989
北京	1.000	1.100	1.100	辽宁	0.939	1.021	0.944
福建	0.948	1.065	1.008	内蒙古	0.946	1.046	0.940
甘肃	1.010	1.025	1.035	宁夏	1.003	1.033	1.037
广东	1.000	1.053	1.053	青海	1.015	1.040	1.056
广西	0.971	1.030	0.999	山东	0.978	1.044	1.021
贵州	1.024	1.023	1.047	山西	0.997	1.025	1.022
海南	0.964	1.072	1.031	陕西	1.005	1.037	1.043
河北	0.990	1.034	1.024	上海	1.000	1.096	1.096
河南	0.978	1.026	1.004	四川	1.008	1.033	1.041
黑龙江	0.989	1.042	1.030	天津	0.995	1.069	1.061
湖北	1.019	1.039	1.058	新疆	0.991	1.053	1.043
湖南	0.991	1.039	1.030	云南	0.983	1.032	1.015
吉林	0.966	1.027	0.993	浙江	0.986	1.058	1.042
江苏	0.997	1.054	1.050	重庆	0.993	1.033	1.025

　　表 6 – 5 为 2000 ～ 2015 年我国 30 个省份的平均碳生产率、效率变化指数和技术变化指数。研究发现：2000 ～ 2015 年我国各省份碳生产率总体呈增长趋势，除广西、吉林、江西、辽宁、内蒙古外，其余 25 个省份平均碳

生产率均大于 1，说明中国省级全要素碳生产率总体呈上升趋势。从全要素碳生产率的变动来源来看，省级碳生产率的提升归因于技术水平的提升。除贵州外，其他省份技术变化指数均大于效率变化指数，即技术变化是提升碳生产率的关键因素。

6.1.3　中国省级碳生产率区域差异及其来源

基尼系数是度量收入不平等最为常用的指标，该方法逐步拓展至经济变量的区域差异分析。随着统计研究方法的深入，统计学家在传统基尼系数基础上逐步开发了泰尔指数（theil index，TI）以及 Dagum 基尼系数等不平等统计方法。传统基尼系数只能反映经济变量总体不平等状况，无法说明总体差异来源于区域内还是区域间，而 TI 则克服了上述缺陷。达占姆（Dagum，1997）指出 TI 与传统基尼系数一样仍然没有克服地区样本数据重叠的问题，这样会高估区域内差异和区域间差异对总体差异的贡献。Dagum 基尼系数及其分解，不仅能够将总体差异 G 分解为区域内差异贡献 Gw、区域间差异贡献 Gnb 和反映地区样本间重叠引起的不平衡贡献 Gt（又称"超变密度"），而且可以直观地观测上述三类差异贡献率的动态变化。本书选择使用 Dagum 基尼系数及其分解来揭示中国省级碳生产率的区域差异变动方向和变动幅度。假设存在 n 个省份，可以划分为 k 个地区，Dagum 基尼系数及其分解形式如下：

$$G = \frac{\Delta}{2\bar{Y}} = \sum_{j=1}^{k} \sum_{h=1}^{k} \sum_{i=1}^{n_j} \sum_{r=1}^{n_h} |y_{ji} - y_{hr}| / 2n^2 \bar{Y} \qquad (6.18)$$

其中，G 为总体基尼系数，Δ 为总体基尼平均差，$\bar{Y}$ 为 n 个地区碳生产力指数均值，y_{ji} 表示地区 j 内任意 i 观测单元的碳生产率指数，y_{hr} 表示地区 h 内任意 r 观测单元的碳生产率指数。进一步地，单个地区 j 的基尼系数 G_{jj} 可以表示为：

$$G_{jj} = \frac{\Delta_j}{2\bar{Y}_j} = \frac{1}{2\bar{Y}_j} \sum_{i=1}^{n_j} \sum_{r=1}^{n_h} |y_{ji} - y_{hr}| / n_j^2 \qquad (6.19)$$

同理，任意地区 j 和地区 h 之间的基尼系数 G_{jh} 为：

$$G_{jh} = \frac{\Delta_{jh}}{\bar{Y}_h + \bar{Y}_j} = \sum_{i=1}^{n_j} \sum_{r=1}^{n_h} |y_{ji} - y_{hr}| / n_j n_h (\bar{Y}_j + \bar{Y}_h) \quad (6.20)$$

其中，根据达占姆（1980）的证明可知，Δ_{jh} 与 Δ_{hj} 等价。进一步定义如下变量：

$$\begin{cases} \bar{Y}_1 \leqslant \bar{Y}_2 \leqslant \cdots \leqslant \bar{Y}_J \leqslant \bar{Y}_k \\ p_j = n_j / n \\ s_j = n_j \bar{Y}_j / n \bar{Y} \\ d_{jh} = \int_0^\infty d F_j(y) \int_0^y (y-x) d F_h(x) \end{cases} \quad (6.21)$$

$$p_{jh} = \int_0^\infty d F_h(y) \int_0^y (y-x) d F_j(x)$$

$$D_{jh} = (d_{jh} - p_{jh}) / (d_{jh} + p_{jh})$$

其中，D_{jh} 表示 j、h 两地区之间碳生产率的相对影响，d_{jh} 表示 j、h 两地之间的碳生产率贡献率的差值，即 $y_{ji} > y_{hr}$ 的样本值加总的加权平均数。p_{jh} 表示超变一阶矩，是 $y_{ji} < y_{hr}$ 的样本值加总的加权平均数，F 为连续密度分布函数，进而可以得到以下贡献率的分解式：

$$G_w = \sum_{j=1}^{k} G_{jj} p_j s_j \quad (6.22)$$

$$G_{nb} = \sum_{j=2}^{k} \sum_{h=1}^{j-1} G_{jh} (p_j s_h + p_h s_j) D_{jh} \quad (6.23)$$

$$G_t = \sum_{j=2}^{k} \sum_{h=1}^{j-1} G_{jh} (p_j s_h + p_h s_j)(1 - D_{jh}) \quad (6.24)$$

式（6.22）至式（6.24）满足：

$$G = G_w + G_{nb} + G_t \quad (6.25)$$

为了进一步量化碳生产率总体及区域差异，本节使用 Dagum 基尼系数对碳生产率指数进行测量，并使用其分解式捕捉差异来源。

1. 整体差异

由表 6 - 6 中呈现的总体基尼系数和图 6 - 3 中呈现的演变趋势可以明显发现，观测期内，2000 年总体基尼系数最小，2019 年总体基尼系数最大，2000～2019年，我国碳生产率的总体差异整体上呈现一定的上升态势。从总体基尼系数变化过程来看，大致经历了"趋缓—上升—趋缓—上升"的波动变化。其中，在2000～2003年总体基尼系数处于稳定状态，2004～2010年总体基尼系数呈现明显上升趋势，2011～2014年出现了一个有趋缓态势的波动期，2015～2019年总体基尼系数较前面三个阶段均有所上升并存在连续上升的现象，尤其是2018～2019年出现了较大波动的上升。从基尼系数具体数值的变化来看，2019年总体基尼系数为0.382，相比观测初期2000年的0.276上升了0.106，增幅约38.4%，年均增速接近2%。

表6-6　　　　　　2000～2019年Dagum基尼系数区域内差异结果

年份	总体基尼系数	区域内差异			
		东部	中部	西部	东北
2000	0.276	0.193	0.246	0.215	0.023
2001	0.273	0.189	0.228	0.234	0.033
2002	0.267	0.175	0.231	0.239	0.046
2003	0.272	0.178	0.223	0.261	0.039
2004	0.273	0.172	0.202	0.245	0.035
2005	0.281	0.184	0.182	0.245	0.052
2006	0.290	0.187	0.186	0.251	0.056
2007	0.295	0.193	0.182	0.251	0.042
2008	0.301	0.196	0.195	0.253	0.026
2009	0.304	0.195	0.198	0.260	0.026
2010	0.304	0.198	0.187	0.254	0.027
2011	0.313	0.221	0.185	0.278	0.037
2012	0.320	0.224	0.188	0.295	0.020
2013	0.327	0.229	0.197	0.322	0.025
2014	0.329	0.230	0.206	0.322	0.018
2015	0.330	0.237	0.202	0.331	0.007
2016	0.342	0.258	0.218	0.317	0.092
2017	0.350	0.265	0.208	0.334	0.091
2018	0.351	0.269	0.224	0.350	0.092
2019	0.382	0.314	0.209	0.369	0.059

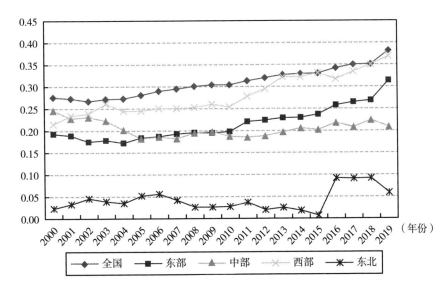

图 6 – 3　2000～2019 年全国总体差异及四大区域内差异演变趋势

2. 区域内差异

　　表 6 – 6 列出了反映四大区域碳生产率区域内差异的基尼系数值，图 6 – 3 描绘了其演变趋势。从区域内基尼系数来看，西部区域内差异演变趋势与全国总体差异类似，西部区域基尼系数在 2000 年最小，在 2019 年达到最大，尽管在部分年份有一些微弱波动但整体上升态势非常明显。具体演变过程为：2000～2003 年有明显上升趋势，2004～2010 年呈现小幅度波动态势，2011 年之后上扬势头逐步显现，在 2015 年一举超越全国总体基尼系数，并在 2016～2019 年连续三年大幅度上升。2000～2019 年，西部区域基尼系数极值差距达到 0.154，增幅达到约 72%，年均增速 2.88%。东部区域与西部区域和全国整体趋势相近，分为两个阶段：2000～2004 年连续下降，2004 年达到谷底（0.172）；2005～2019 年呈明显的连续上升趋势，在 2019 年达到最大值（0.314），相比 2000 年的 0.193 上升 0.121，增幅约 63%，年增幅约 2.59%。与西部区域相反，中部区域基尼系数的整体下行趋势较为明显，虽然其中某些年份有一定波动，但并未根本改变区域内差异缩小的总体特征。其整体演变趋势大致可以分为三个阶段：2000～2007 年处于波动下降期，在 2007 年达到最小值 0.182；2008～2012 年虽处

于波动状态，但整体趋于平稳；2013～2018 年有小幅度上扬趋势。观测期内，中部区域基尼系数整体下降约 0.037，降幅接近 15%，年均下降速度约为 0.85%。最后再看东北区域，其具体演变过程大致为：2000～2015 年经历了波动下降过程，最小值 0.007 出现在 2015 年，之后猛然上升。结合上述信息可知，就区域内差异而言，东部区域、西部区域和东北区域基尼系数呈现波动上升态势，中部区域则具有明显波动下降特征。由图 6－3 可知，在整个观测期内，在 2009 年以前，中部与东西部区域基尼系数走势曲线有交叉，2010～2019 年四大区域基尼系数走势曲线均未出现交叉，总体来说，西部的区域内差异最为突出，其次是东部区域，再次是中部区域，最后是东北区域。

3. 区域间差异

不同区域间差异的测量结果如表 6－7 所示，图 6－4 绘制了这些结果的演变趋势。从具体演变过程来看，西—东部区域间差异，在 2000～2014 年呈现波动上升的趋势，之后一直趋于平缓。2000～2019 年，观测末期的基尼系数相比初期上升了约 0.103，增幅达到约 28.69%，年均增速约1.34%。西—中部区域间差异整体呈波动上升趋势，基尼系数在观测末期比初期上升了约 0.093，增幅约 36.90%，年均增长速度保持在 1.67% 左右。东北—东部区域间差异趋势曲线与东北—中部区域间差异趋势曲线走势大致相同，在 2000～2004 年呈下降趋势，2005～2015 年趋于稳定，在2010 年猛然上升，并在 2019 年达到峰值。2000～2019 年，东北—东部区域间差异上升幅度为 53.46%，东北—中部区域间差异上升幅度达到了101.90%。东北—西部区域间差异大致分为两个趋势，在 2000～2013 年呈现稳定上升趋势，在 2014～2019 年呈现"U"形，从图 6－4 可以明显看出，整体呈现上升状态。观测年末较之观测年初上升 0.174，增幅约108.07%。最后是中—东部区域间差异，整体呈现波动上升趋势，2000～2007 年呈现波动上升趋势，在 2007 年达到峰值 0.351，2008～2019 年呈现波动下降趋势。2000～2019 年，从中—东部区域间差异的基尼系数数值变化来看，2019 年比 2000 年增加了 0.032，增幅约为 10.39%，年均上升速度在 0.52% 左右。就区域间差异大小来看，由图 6－4 可知西—东部区域间差异尤其突出，除 2017～2019 年外，其基尼系数趋势线在观测期内远高于另外五条，其次是中—东部区域间差异，2000～2002 年和 2016～2019 年其基尼系数值略低于东北—东部区域，但整体看仍然排在第二名；排在第三名的是东北—东部区域间差异，需要注意的是在 2017～2019 年，东北—东部区域间差异已经超过了西—东部区域间差异；排在第四、第五名的分别是西—中部区域间差异和东北—西部区域间差异；最后，2003～2015 年，东北—中部区域间差异最小。

表 6－7　　　　　2000～2019 年中国碳生产率 Dagum 基尼系数区域间差异结果

年份	区域间差异					
	中—东	西—东	西—中	东北—东	东北—中	东北—西
2000	0.308	0.359	0.252	0.361	0.210	0.161
2001	0.307	0.355	0.250	0.334	0.184	0.175
2002	0.297	0.353	0.258	0.304	0.179	0.173
2003	0.297	0.361	0.263	0.297	0.167	0.189
2004	0.312	0.379	0.248	0.293	0.142	0.187
2005	0.336	0.383	0.236	0.323	0.139	0.184
2006	0.342	0.401	0.249	0.324	0.140	0.200
2007	0.351	0.410	0.248	0.325	0.133	0.204
2008	0.345	0.427	0.260	0.324	0.141	0.212
2009	0.343	0.436	0.267	0.315	0.141	0.220
2010	0.347	0.438	0.262	0.320	0.133	0.221
2011	0.349	0.441	0.271	0.319	0.133	0.236
2012	0.337	0.453	0.293	0.324	0.132	0.255
2013	0.335	0.458	0.312	0.314	0.146	0.276
2014	0.340	0.459	0.311	0.327	0.154	0.268
2015	0.349	0.447	0.307	0.330	0.150	0.266
2016	0.335	0.443	0.309	0.433	0.258	0.256
2017	0.338	0.448	0.316	0.457	0.279	0.266
2018	0.327	0.440	0.330	0.457	0.299	0.277
2019	0.340	0.462	0.345	0.554	0.424	0.335

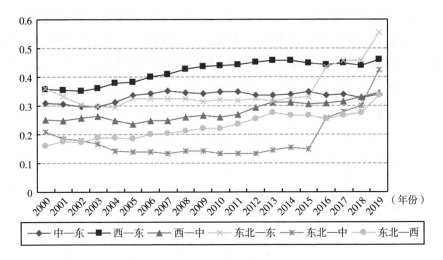

图 6 - 4 2000 ~ 2019 年中国区域间碳生产率差异演变趋势

4. 差异来源及其贡献

根据 Dagum 基尼系数分解公式，将总体差异 G 分解为区域内差异 Gw、区域间差异 Gnb 和超变密度 Gt，分解结果及其贡献率如表 6 - 8 所示。图 6 - 5 呈现了上述三类差异对总体差异贡献率的变动趋势。根据贡献率大小来看，观测期内，Gw、Gnb 和 Gt 三者的均值分别为 22.26%、62.73% 和 15.01%，同时三者的变化曲线在样本年度内均未发生交叉。由此可见，中国碳生产率总体差异第一大来源就是区域间差异，第二大来源是区域内差异，第三大来源是超变密度，后两者均值之和不及总体差异来源的 40%，对总体差异的贡献较为有限。从三类差异来源的具体演变趋势来看，区域内差异贡献率波动非常平缓，整体呈现缓慢上升趋势。相比 2000 年，2019 年其贡献率上升了 3% 左右，变动幅度约 13.17%，年均增速 0.65%，区域间差异贡献率在样本观察区间内有一定幅度波动，整体变化特征呈现倒 "V" 形。具体来看，该贡献率在 2000 ~ 2010 年上升到峰值 67.30%，在 2011 ~ 2019 年波动下降，直到 2019 年达到最小值 58.00%，相比 2000 年下降了 3.50 个百分点，整体下降幅度约为 6%，年均降速 0.3%。最后就超变密度的变化来看，其贡献率演变呈现 "U" 形，但是观测年末较之观测年初有轻微上升，说明总体差异中来自不同区域间交叉重叠的贡献略微上升。由图 6-5 可以看出，在观测期内，Gt 曲线与 Gnb 曲线基本呈反方向变动，说明超变密度的变化主要被四大区域间差异所吸收，其间，超变密度大约上升 0.6 个百分点，整体增幅 3.68%。

表 6-8　　　　2000~2019 年中国碳生产率 Dagum 基尼系数分解的
差异来源及其贡献率

年份	差异来源			差异来源的贡献率（%）		
	区域内差异（Gw）	区域间差异（Gnb）	超变密度（Gt）	区域内差异（Gw）	区域间差异（Gnb）	超变密度（Gt）
2000	0.061	0.170	0.045	22.2	61.5	16.3
2001	0.062	0.164	0.048	22.6	59.8	17.6
2002	0.060	0.159	0.049	22.4	59.5	18.2
2003	0.062	0.162	0.048	22.7	59.5	17.8
2004	0.058	0.175	0.040	21.3	63.9	14.8
2005	0.060	0.175	0.045	21.5	62.3	16.2
2006	0.061	0.186	0.043	21.1	64.0	15.0
2007	0.062	0.191	0.042	21.0	64.8	14.2
2008	0.062	0.199	0.039	20.7	66.3	13.0
2009	0.063	0.204	0.037	20.6	67.2	12.3
2010	0.062	0.205	0.037	20.5	67.3	12.2
2011	0.068	0.206	0.039	21.8	65.6	12.5
2012	0.070	0.210	0.041	21.9	65.5	12.7
2013	0.073	0.210	0.044	22.3	64.3	13.4
2014	0.074	0.211	0.044	22.4	64.2	13.5
2015	0.076	0.204	0.050	23.1	61.8	15.1
2016	0.081	0.206	0.055	23.7	60.3	16.0
2017	0.083	0.212	0.054	23.9	60.7	15.4
2018	0.086	0.204	0.061	24.6	58.1	17.3
2019	0.096	0.222	0.065	25.1	58.0	16.9

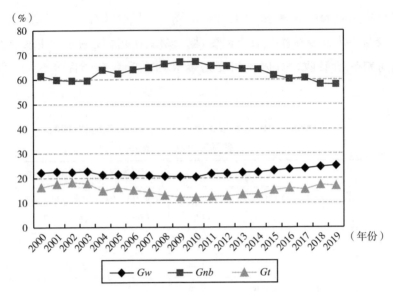

图 6-5　2000~2019 年中国碳生产率差异来源的贡献率演变趋势

6.2　全球价值链嵌入对中国省级碳生产率影响的空间计量分析

6.2.1　理论分析

全球价值链嵌入对碳生产率的空间溢出效应是指全球价值链嵌入不仅对本省碳生产率产生影响，同时还对邻近省份的碳生产率产生影响。在全球生产分工和贸易全球化背景下，中国省级全球价值链嵌入对地区碳生产率的空间溢出效应主要通过要素流动效应、技术溢出效应和环境规制效应实现。

要素流动效应。中国各省在嵌入全球价值链的过程中，通过生产要素的扩散和回流效应来影响邻近省份的生产效率和低碳技术水平，进而影响邻近省份碳生产率。中国经济发展水平相对较高的省份具有相对丰富的物质资本、知识资本和高素质的劳动力，在嵌入全球生产分工体系过程中，这些资本会向邻近省份产生外溢，提高邻近省份生产要素质量和生产效率，进而提高邻近省份碳生产率。同时，经济发展水平相对较高的省份也可能吸引邻近省份高质量生产要素转移，降低邻近省份生产要素质量和生产效率，进而降低周边省份的碳生产率水平。全球价值链嵌入省份为了达到发达国家（地区）对产品质量和性能的要求，通过参加邻近相对发达省份的技术和人力资本培训来提升生产效率和低碳技术水平，进而提升该省的碳生产率（Ivarsson & Alvstam, 2010）。全球价值链嵌入省份通过整合区域内优势资源实现生产要素在各省间流动（黎峰，2016），通过要素投入产出关联效应将低碳技术向邻近省份转移，产生垂直溢出（刘志彪和张少军，2008），进而提升邻近省份碳生产率。

技术溢出效应。中国各省在嵌入全球价值链的过程中，通过进出口、外商直接投资和对外直接投资等渠道获得技术溢出。全球价值链嵌入省份为了更好参与国际市场竞争，满足发达国家（地区）对产品质量、性能和环保的要求，主动升级生产工艺和设备，提高低碳技术水平，进而提高碳生产率。嵌入省份还可以通过引进发达省份高质量的低碳清洁技术和中间品，学习、模仿和改进发达地区先进生产技术，来提升自身技术水平和生产效率，进而提升碳生产率。通过外商直接投资的技术溢出效应和对外直接投资的逆向技术溢出来提升碳生产率。全球价值链嵌入省份通过技术扩散效应、竞争效应、产业关联效应等实现对各省碳生产率的空间溢出。

环境规制效应。由于环境规制程度的不同，中国各省份选择不同生产环节嵌入全球价值链。对于环境规制相对严格的发达省份，通过选择全球价值链中研发和营销等高端环节，生产碳排放相对较少，提高碳生产率。同时，发达省份也会将碳排放水平相对较高的产业向环境规制相对较弱的邻近省份转移，从而降低邻近省份的碳生产率。此外，发达省份向邻近省份转移高碳产业时，也可能转移相对先进的生产技术，提高邻近省份生产效率，进而提高邻近省份碳生产率。

根据上述分析，本章认为全球价值链嵌入对省级碳生产率产生地区内溢出效应，同时还存在空间溢出效应。

6.2.2　模型设定、变量选取及数据说明

1. 模型设定

目前常见的空间计量模型主要有空间自回归模型（spatial autoregression model，SAR）、空间误差模型（spatial error model，SEM）、空间自相关（spatial autocorrelation model，SAC）和空间杜宾模型（spatial durbin model，SDM）四种，勒沙杰和佩斯（Lesage and Pace，2009）比较上述四种模型，发现 SDM 模型是唯一能够得到无偏估计的模型，根据本章研究目的，本书设定如下形式的空间面板杜宾模型：

$$\ln cp_{it} = \rho W \ln cp_{it} + \beta \ln gvc_{it} + \theta W \ln gvc_{it} + \gamma X_{it} + \mu_i + \nu_t + \varepsilon_{it} \quad (6.26)$$

其中，下标 i 表示地区，t 表示年份。被解释变量 $\ln cp_{it}$ 表示省级碳生产率，W 表示空间权重矩阵，$W \ln cp_{it}$ 表示被解释变量 $\ln cp_{it}$ 的空间滞后项，ρ 是空间自相关回归系数，度量邻近省份碳生产率对本省碳生产率的影响，$\ln gvc_{it}$ 表示该省全球价值链嵌入程度，$W \ln gvc_{it}$ 表示全球价值链嵌入的空间滞后项，X_{it} 表示控制变量，μ_i、ν_t 表示个体和时间固定效应，ε_{it} 表示随机扰动项。由于空间计量模型可能存在内生性问题，本章采用空间面板极大似然法对相关模型进行估计，根据 Hausman 检验结果选取固定效应和随机效应。

勒沙杰和佩斯（2009）指出，当空间计量模型中未引入空间自相关项时，被解释变量的估计系数可以用来分析解释变量对被解释变量的影响方向及程度，但引入空间自相关项后，则需要考虑空间自相关的估计结果。

借鉴勒沙杰和佩斯（2009）的处理方法，SDM 模型可以改写成：

$$\ln cp_{it} = (1 - \rho W)^{-1} (\beta \ln gvc_{it} + \theta W \ln gvc_{it} + \gamma X_{it} + \mu_i + \nu_t + \varepsilon_{it}) \quad (6.27)$$

省级碳生产率的期望值对省级全球价值链嵌入程度的偏导数矩阵可以改写成：

$$
\left| \frac{\partial E(\ln cp)}{\partial \ln gvc_1} \cdots \frac{\partial E(\ln cp)}{\partial \ln gvc_G} \right| =
\begin{vmatrix}
\dfrac{\partial E(\ln cp_1)}{\partial \ln gvc_1} & \cdots & \dfrac{\partial E(\ln cp_1)}{\partial \ln gvc_G} \\
\vdots & \ddots & \vdots \\
\dfrac{\partial E(\ln cp_G)}{\partial \ln gvc_1} & \cdots & \dfrac{\partial E(\ln cp_G)}{\partial \ln gvc_G}
\end{vmatrix}
$$

$$
= (1 - \rho W)^{-1}
\begin{vmatrix}
\beta & \omega_{12}\theta & \cdots & \omega_{1G}\theta \\
\omega_{21}\theta & \beta & \cdots & \omega_{2G}\theta \\
\vdots & \vdots & \ddots & \vdots \\
\omega_{G1}\theta & \omega_{G2}\theta & \cdots & \beta
\end{vmatrix} \quad (6.28)
$$

其中，ω_{ij} 为空间权重矩阵 W 的第（i，j）个元素。β 表示省级全球价值链嵌入程度对该省碳生产率的平均影响，式（6.20）中非对角线元素均值表示其他省全球价值链嵌入程度的变化对本省碳生产率变化的平均影响，即全球价值链对该省碳生产率的间接效应。勒沙杰和佩斯（2009）指出需要使用直接效应来检验是否存在地区内溢出效应，用间接效应来解释是否存在空间溢出效应。

2. 空间权重的矩阵设定

空间权重矩阵表示空间单元之间相互关联和相互依赖的程度，本章选取各省份之间的空间邻接和地理距离作为静态空间权重矩阵，其中，邻接空间权重矩阵 $W1$ 元素由 0 和 1 组成，若两个省份相邻，则为 1，否则为 0，其矩阵对角线元素全部为 0；地理距离空间权重矩阵 $W2$ 元素为两个省份之间距离平方的倒数。同时，借鉴白俊红和蒋伏心（2015）的做法，本章还对要素区际流动引起的动态空间联系进行度量，定义劳动力空间权重矩阵 $W3$，劳动力的空间联系可表示为：

$$TL_{ij} = KL_i L_j / D_{ij} \tag{6.29}$$

其中，下标 i 和 j 表示省份，K 为常数 1，L 表示就业人数，D 表示各省之间的距离。

$$w_{ij}^3 = \begin{cases} TL_{ij}, i \neq j \\ 0, i = j \end{cases} \tag{6.30}$$

参照劳动力空间权重矩阵，本章构建物质资本空间权重矩阵 $W4$，其中各省物质资本存量的计算，参照单豪杰（2008）的做法，采用永续盘存法进行估算，其中基期选为 2000 年，折旧率取 10.96%。以 2000～2015 年均值作为物质资本指标。

3. 变量选取和来源说明

前文已给出碳生产率和全球价值链嵌入指标的测算方法及结果。其他控制变量包括：环境规制变量，作为碳生产率的重要因素，环境规制可以激励企业实施低碳技术创新、推动技术进步对碳生产率产生正面的创新补偿效应，同时，也可能给企业带来额外的生产成本，降低碳生产率。本章采用工业污染治理投资完成额占工业总产值的比重除以各省工业总产值占该省生产总值的比重来衡量环境规制强度（ER）。外商直接投资（FDI），外商直接投资一方面会给中国等发展中国家带来先进的技术、机械设备、生产标准等，提高劳动生产率和碳减排技术水平，提升碳生产率；另一方面也可能转移相对高碳的技术，从而降低碳生产率。本章选取各省历年实际利用外资占该省生产总值的比重来衡量外商直接投资水平，并按照当年人民币对美元汇率的年平均价转化成人民币。经济发展水平（$PGDP$），经济发展水平直接影响碳生产率水平的高低，一般而言，经济发展水平相对较高的省份，碳生产率水平也相对较高，本章以人均地区生产总值来表示经济发展水平。产业结构，以用各省第二产业占该省生产总值的比重来衡量。能源结构，采用各省煤炭消费量占能源消费总量的比重来衡量能源结构。要素禀赋结构（KL），采用各省资本存量与从业人员的比值来衡量，其中资本存量采用单豪杰（2008）永续盘存法来进行估算。能源效率，单位能源的产出水平，衡量低碳发展程度和碳生产率水平的重要指标，用各省实际地区生产总值与能源消费总量的比值来表示。研发水平（RD），作为技术创新水平的重要指标，直接影响碳生产率水平的高低，以各省研发经费内部支出占该省生产总值的比重来表示。在回归分析过程中，为了降低量纲不同造成的估计偏误和增强变量的平稳性，本章对部分变量进行取对数处理。

本章选取中国省级层面数据进行实证研究，其中西藏、香港、澳门、台湾由于数据缺失较多未被列入实证研究范围。样本选取中国 30 个省份。原始数据主要来源于历年《中国统计年鉴》《中国能源统计年鉴》《中国环境统计年鉴》、各省统计年鉴以及国家统计局网站。

6.2.3　空间自相关检验与分析

根据上文分析，我国省级碳生产率存在显著的空间集聚特征，为了进一步验证这种地理上邻近区域的空间相关性，本章对我国区域碳生产率的空间自相关性进行检验。空间自相关可以理解为地理距离接近的省份变量

值大小具有相似性。距离接近的省份变量数据均较大，则称之为正的空间
自相关；如果距离接近的省份变量数值有大有小，说明存在负的自相关；
如果邻近省份变量数值大小完全随机分布，则表明不存在空间自相关。在
进行计量分析之前，本章首先进行空间自相关检验，现在常见的空间相关
性检验主要包括莫兰指数（Moran's I）和吉尔里指数（Geary's C），本章选
取莫兰指数。全局莫兰指数 I 的计算公式如下：

$$I = \frac{\sum_{i=1}^{n} \sum_{j=1}^{n} w_{ij} (x_i - \bar{x})(x_j - \bar{x})}{S^2 \sum_{i=1}^{n} \sum_{j=1}^{n} w_{ij}} \qquad (6.31)$$

其中，$\bar{x} = \frac{1}{n} \sum_{i=1}^{n} x_i$ 为样本均值，$S^2 = \frac{1}{n} \sum_{i=1}^{n} (x_i - \bar{x})^2$ 为样本方差，w_{ij}
为空间权重矩阵 W 的第 (i, j) 个元素，x_i 和 x_j 表示省级变量数据，本章
用标准化统计量 $Z(I) = \frac{I - E(I)}{\sqrt{\mathrm{var}(I)}}$ 来检验空间自相关的显著性水平。

莫兰指数的取值范围为 $-1 \sim 1$，当 $I > 0$ 表示具有相同属性的区域聚集
在一起，即高值与高值（HH）、低值与低值（LL）相邻时，为正相关；当
$I < 0$ 时，表示高值与低值相邻，此时为负相关；当 I 接近于 0 时，表示不
存在空间自相关，空间属性是随机分布的。

基于上述邻接空间权重矩阵 $W1$、地理距离空间权重矩阵 $W2$、劳动力
空间权重矩阵 $W3$ 和物质资本空间权重矩阵 $W4$，本章对 2000～2015 年中
国省级碳生产率的全局莫兰指数进行计算，结果如表 6－9 所示。

表 6－9　　　　　　　　2000～2015 年省级碳生产率的莫兰指数

年份	邻接空间权重矩阵		地理距离空间权重矩阵		劳动力空间权重矩阵		物质资本空间权重矩阵	
	莫兰指数	Z 统计量	莫兰指数	Z 统计量	莫兰指数	Z 统计量	莫兰指数	Z 统计量
2000	0.556 ***	4.852	0.237 ***	2.869	0.074 ***	3.341	0.095 ***	3.768
2001	0.549 ***	4.806	0.243 ***	2.948	0.078 ***	3.473	0.100 ***	3.924
2002	0.519 ***	4.518	0.237 ***	2.857	0.076 ***	3.398	0.094 ***	3.746
2003	0.457 ***	4.009	0.211 ***	2.574	0.063 ***	2.984	0.078 ***	3.279
2004	0.511 ***	4.450	0.240 ***	2.883	0.072 ***	3.265	0.086 ***	3.492
2005	0.527 ***	4.569	0.252 ***	3.005	0.069 ***	3.188	0.081 ***	3.366
2006	0.516 ***	4.481	0.254 ***	3.024	0.066 ***	3.097	0.076 ***	3.220

年份	邻接空间权重矩阵		地理距离空间权重矩阵		劳动力空间权重矩阵		物质资本空间权重矩阵	
	莫兰指数	Z 统计量	莫兰指数	Z 统计量	莫兰指数	Z 统计量	莫兰指数	Z 统计量
2007	0.495 ***	4.328	0.246 ***	2.952	0.060 ***	2.897	0.067 ***	2.967
2008	0.492 ***	4.313	0.263 ***	3.147	0.060 ***	2.916	0.067 ***	2.967
2009	0.476 ***	4.191	0.258 ***	3.092	0.056 ***	2.795	0.063 ***	2.853
2010	0.468 ***	4.138	0.258 ***	3.101	0.052 ***	2.669	0.059 ***	2.728
2011	0.377 ***	3.491	0.239 ***	2.989	0.033 **	2.118	0.036 **	2.091
2012	0.393 ***	3.584	0.248 ***	3.044	0.037 **	2.226	0.042 **	2.237
2013	0.366 ***	3.367	0.234 ***	2.912	0.032 **	2.062	0.034 **	2.030
2014	0.381 ***	3.487	0.246 ***	3.026	0.035 **	2.144	0.039 **	2.167
2015	0.367 ***	3.364	0.240 ***	2.970	0.030 **	2.013	0.036 **	2.073

注：** 、*** 分别表示在5%、1%的水平上显著。

表6-9显示了中国省级碳生产率的溢出特征，总体来看，邻接空间权重矩阵和地理距离空间权重矩阵计算的全局莫兰指数基本都处于0.211~0.556，且所有年份均在1%的显著水平上显著；同时，劳动力空间权重矩阵和物质资本空间权重矩阵全局莫兰指数相对较小，但均至少在5%的显著水平上显著。说明我国区域碳生产率存在显著的空间正相关，碳生产率在地理上分布非均匀，存在明显的空间集聚特征，在进行计量分析时需要考虑空间效应。

然而，由于全局莫兰指数只能描述整体的平均关联程度，衡量整体空间相关性，而不能描述整体内部的个体之间的空间相关性。如果部分省份碳生产率存在正负空间相关性相互抵消，就会导致全局莫兰指数出现空间不相关的结论。因此，本章利用莫兰指数散点图和局部莫兰指数进一步检验空间自相关性。局域空间性分析是监测局部区域是否有相似或相异的观测值集聚的方法，本章选取局部莫兰指数来衡量。

$$I_i = \frac{(x_i - \bar{x})}{S^2} \sum_{j=1}^{n} w_{ij}(x_j - \bar{x}) \tag{6.32}$$

局部莫兰指数 I 大于 0 表示碳生产率高的省份周边的省碳生产率高，碳生产率低的省份周边的省碳生产率低，形成高高集聚区（HH）和低低集聚区（LL）。局部莫兰指数小于 0 表示碳生产率高的省份周边的省碳生产率低，碳生产率低的省份周边的省碳生产率高，形成高高集聚区（*HL*）和低低集聚区（*LH*）。

在构建邻接空间权重矩阵的基础上，本章采用莫兰散点图对 2000 ~ 2015 年各省碳生产率的局部空间相关性进行莫兰散点图的空间集聚分析，结果如图 6 - 6 所示。莫兰散点图可以将各省区碳生产率分为四个象限：第一象限为 *HH* 集聚区域，第二象限为 *LH* 集聚区域，第三象限为 *LL* 集聚区域，第四象限为 *HL* 集聚区域。

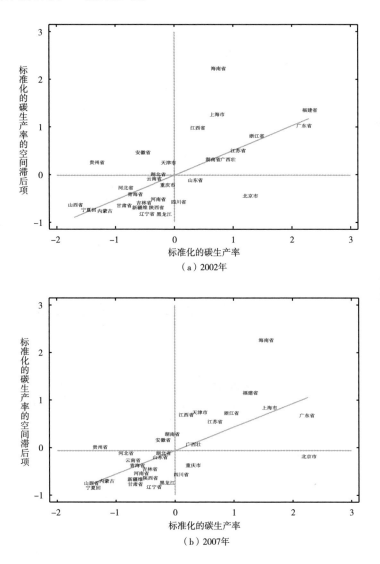

（a）2002年

（b）2007年

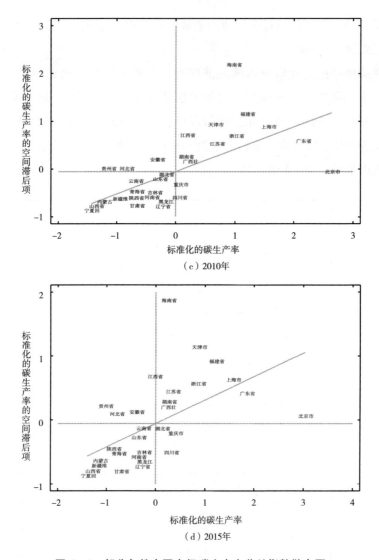

图 6 - 6   部分年份中国省级碳生产率莫兰指数散点图

注：2002 年莫兰指数 = 0.519；2007 年莫兰指数 = 0.495；2010 年莫兰指数 = 0.468；2015 年莫兰指数 = 0.367。

从图 6 - 6 可以看出，2002 年、2007 年和 2015 年均有 24 个省份处于第一和第三象限，2010 年有 25 个省份处于第一和第三象限，表明中国省份碳生产率呈现明显的空间集聚特征，沿海发达地区碳生产率较高的省份大多集聚在高高集聚区，中西部碳生产率相对较低的省份大多集聚在低低集聚区。

6.2.4　空间计量检验与分析

通过分析我国省级碳生产率的变化趋势和空间分布特征，发现我国省级碳生产率空间分布存在明显差异且存在显著的空间自相关，具有明显的空间集聚特征。为了进一步分析全球价值链嵌入对我国区域碳生产率的空间效应，本章采用空间杜宾模型进行估计。

表 6 - 10 显示了邻接空间权重矩阵 $W1$，地理距离空间权重矩阵 $W2$、劳动力空间权重矩阵 $W3$ 和物质资本空间权重矩阵 $W4$ 四种空间权重矩阵下，省级全球价值链嵌入程度与地区碳生产率之间的空间杜宾面板模型估计结果。由表 6 - 10 可知，四种空间权重矩阵设定下，省级全球价值链嵌入度的估计系数均显著为正，省级全球价值链嵌入度的空间滞后变量（$Wlngvc$）除地理距离空间权重矩阵外，其他空间权重矩阵条件下均显著为正。然而，勒沙杰和佩斯（2009）指出空间计量模型中全球价值链嵌入程度对碳生产率的区域内和区域间溢出效应不能简单地用点估计结果解释，而需要采用直接效应和间接效应进行分析，结论更为稳健可靠。

表 6 - 10　　全球价值链嵌入对省级碳生产率的空间溢出效应估计结果

指标	(1) 空间邻接	(2) 地理距离	(3) 劳动力	(4) 物质资本
全球价值链嵌入 程度（$lngvc$）	0.093 *** (3.55)	0.100 *** (3.60)	0.103 *** (3.71)	0.101 *** (3.61)
环境规制（ER）	-0.095 (-0.04)	0.046 (0.02)	-0.001 (-0.00)	0.364 (0.15)
外商直接投资 （$lnFDI$）	0.004 (0.23)	-0.001 (-0.09)	-0.002 (-0.08)	-0.010 (-0.55)
经济发展水平 （$lnPGDP$）	0.269 *** (2.67)	0.211 ** (2.00)	0.235 ** (1.99)	0.223 ** (2.05)
产业结构 （$Indstructure$）	-0.267 (-0.79)	-0.353 (-0.89)	-0.327 (-0.89)	-0.309 (-0.91)
能源结构 （$Energystructure$）	-0.847 *** (-21.77)	-0.866 *** (-17.08)	-0.850 *** (-18.37)	-0.868 *** (-19.00)

续表

指标	(1) 空间邻接	(2) 地理距离	(3) 劳动力	(4) 物质资本
要素禀赋结构 (lnKL)	-0.187 *** (-3.13)	-0.145 ** (-2.21)	-0.132 * (-1.90)	-0.124 * (-1.88)
能源效率 (Enefficiency)	0.695 *** (7.84)	0.658 *** (7.07)	0.663 *** (7.32)	0.683 *** (7.83)
研发水平 (RD)	-18.520 (-0.57)	-4.624 (-0.12)	-15.690 (-0.35)	-8.150 (-0.19)
全球价值链嵌入程度的空间滞后项 (Wlngvc)	0.116 ** (2.11)	0.047 (0.67)	0.372 * (1.81)	0.403 ** (2.49)
直接效应	0.096 *** (3.66)	0.099 *** (3.59)	0.105 *** (3.83)	0.099 *** (3.46)
间接效应	0.139 ** (2.32)	0.038 (0.54)	0.449 * (1.76)	0.377 ** (2.17)
总效应	0.235 *** (3.69)	0.137 ** (2.03)	0.554 ** (2.15)	0.476 *** (2.69)
R^2	0.8297	0.8378	0.8350	0.8436

注：括号内为 Z 统计量；***、**、* 分别表示在1%、5%、10%的水平上显著。

从表6-10的回归结果可以看出，四种不同的空间权重矩阵下，省级全球价值链嵌入程度的直接效应显著为正，且差异较小，说明提高省级全球价值链的嵌入程度能够显著提升所在省份碳生产率水平，即全球价值链嵌入对碳生产率存在显著的区域内溢出效应。在进出口有机整合的过程中，全球价值链嵌入省份一方面可以通过进口技术含量较高的中间品，在此基础上进行消化吸收，提升该省的生产效率，从而提升碳生产率；另一方面该省的企业通过接受跨国公司人力资源、技术指导、管理咨询，在产品设计、工艺流程改造升级、产品标准以及品牌营销等方面与跨国公司进行交流也能提升该省生产效率，并最终提升省级碳生产率。除地理距离空间权重矩阵外，其他三种空间权重矩阵构建的空间滞后变量（Wlngvc）的估计系数均显著为正，表明提高省级全球价值链嵌入度能够显著提升邻近省份的碳生产率，具有明显的空间溢出效应，传统模型未考虑空间因素，低估了全球价值链嵌入对省级碳生产率的影响。在全球价值链嵌入省份的非自愿扩散效应、邻近省份的学习模仿效应以及全球价值链直接嵌入省份的与邻近省份之间的竞争效应、要素流动效应和产业关联效应等水平和垂直空间溢出机制的作用下，省级全球价值链嵌入度会辐射周边省份乃至更远的省份（邵朝对和苏丹妮，2017）。同时，从不同空间权重矩阵下空间计量模型估计的溢出效应大小来看，区际要素流动形成的空间关联使省级全球价值链嵌入程度对其他省份碳生产率具有更强的空间溢出效应。这说明要素区际流动形成的空间权重矩阵更能有效捕捉省际的空间联系，以及省级全球价值链嵌入对碳生产率的空间溢出的内在机制和作用强度。

从控制变量来看，环境规制对省级碳生产率的影响并不显著，这可能与我国现阶段环境规制较弱有关。外商直接投资对省级碳生产率的影响不显著，这可能是外商直接投资的污染光环效应和污染避难所效应相互抵消所致。以省级人均生产总值表征的地区经济发展水平变量 PGDP 回归系数显著为正，说明省级经济发展水平能够显著提升该省碳生产率，经济碳排放的增速低于经济增长速度，提高经济发展水平能够提升该省碳生产率，产业结构变量的回归系数为负，但并不显著。能源结构变量的回归系数显著为负，说明目前煤炭在我国能源消费中占比相对较高，且煤炭消耗排放的二氧化碳也相对较高，从而导致能源结构显著降低省级碳生产率。要素禀赋结构对省级碳生产率显著为负，能源效率对省级碳生产率显著为正，表明能源效率的提升能够显著提升省级碳生产率。

6.3　本章小结

本章参考黄灿（2014）的做法利用海关数据测算了中国 30 个省份 2000~2011 年全球价值链嵌入程度，同时利用 2002 年和 2010 年中国区域投入产出表测算了中国省级层面全球价值链嵌入程度，并对中国 2000~2015 年中国区域碳生产率进行了测算。在此基础上，分析了中国 30 个省份碳生产率的变化趋势和空间演变格局，理论分析和实证考察了全球价值链嵌入对中国省级碳生产率的空间溢出效应。

研究发现：

（1）中国 2000~2015 年中国省级碳生产率总体呈上升趋势，并且区域之间存在明显差异。东部地区碳生产率增长最为明显，年均增长率为 4.36%，西部碳生产率相对较低。2000~2015 年全国及三大区域碳生产率呈现"波动变化—缓慢上升—快速上升"阶段性特征。

（2）四种不同空间权重矩阵下，地区全球价值链的直接效应显著为正，且差异较小，说明提高地区全球价值链的嵌入程度能够显著提升所在地区碳生产率水平，即全球价值链嵌入对省级碳生产率存在显著的区域内溢出效应。除地理距离空间权重矩阵外，其他三种权重矩阵的空间滞后变量的估计系数均显著为正，表明提高地区全球价值链嵌入程度能够显著提升其他地区碳生产率，具有明显的空间溢出效应，传统模型未考虑空间因素，低估了全球价值链嵌入对地区碳生产率的影响。同时，从不同空间权重矩阵空间计量模型的溢出效应大小来看，区际要素流动构建的空间关联使地区全球价值链嵌入对其他地区碳生产率具有更强的空间溢出效应。这说明要素区际流动形成的空间权重矩阵更能有效捕捉地区间的空间联系以及地区间全球价值链嵌入对碳生产率的空间溢出的内在机制和作用强度。从控制变量来看，环境规制、产业结构、外商直接投资对地区碳生产率的影响并不显著，而提高地区人均生产总值、能源效率能够显著提升该地区碳生产率。

第7章

全球价值链嵌入对中国制造业碳生产率影响的实证分析

　　第 6 章从地区层面分析了全球价值链嵌入对省级碳生产率的空间溢出效应，作为我国能源消耗和碳排放的重要来源，中国制造业在 2015 年的能源消耗约占能源消费总量的 48.23%[①]，二氧化碳排放约占排放总量的 54.90%。因此，有效提高制造业碳生产率对于中国经济实现低碳发展至关重要。然而，在经济全球化背景下，中国制造业一方面积极参与全球生产分工，获得技术溢出，提升全要素生产率（孙学敏和王杰，2016；刘维刚等，2017；吕越等，2017），进而提升行业碳生产率。另一方面，嵌入全球价值链的低端锁定特征（王岚和李宏艳，2015）降低了中国制造业碳生产率。那么，全球价值链嵌入是否影响了中国制造业碳生产率呢？嵌入程度和地位的影响效果是否一致？其影响效果是否存在非线性和行业异质性？准确回答上述问题对中国制造业实现全球价值链攀升和低碳转型升级具有重要的理论和现实意义。

　　现有文献大多关注全球价值链的技术创新效应（Pietrobelli & Rabellotti, 2011；Buciuni & Finotto, 2016；Zhang & Gallagher, 2016）和生产率效应

[①] 　根据 2016 年《中国统计能源年鉴》中数据计算得出。

（Baldwin & Yan，2014；孙学敏和王杰，2016；刘维刚等，2017；吕越等，2017；Del Prete et al.，2017），直接研究全球价值链嵌入对碳生产率影响的文献相对较少，仅有部分学者从国际贸易和垂直专业化等角度来研究全球价值链嵌入对碳生产率的影响。李小平等（2016）分析了国际贸易对技术进步和碳生产率的影响，发现国际贸易显著提升中国制造业碳生产率，且进口的促进作用强于出口。王玉燕等（2015）从全球价值链的内在治理特征角度分析了全球价值链嵌入对中国节能减排的效应分析，但是基于传统贸易的测算方法对全球价值链的嵌入程度进行测算，未考虑嵌入来源、跨国界次数及分工地位的影响。余娟娟（2017）从微观层面分析了 GVC 嵌入影响企业排污强度的直接和间接效应，由于企业层面数据限制，难以区分不同嵌入方式和地位对排污强度的影响。

为此，本章首先基于增加值分解框架计算了中国制造业嵌入全球价值链的程度和地位，并从单要素和全要素两个方面测算了制造业碳生产率水平，在此基础上，理论分析并实证检验了全球价值链嵌入程度和地位对中国制造业碳生产率的影响，并对其影响效果是否存在非线性和行业异质性进行了检验。

7.1 中国制造业全球价值链嵌入程度、地位和碳生产率现状

7.1.1 中国制造业全球价值链嵌入程度和地位测算

本章采用王直等（2015）提出的增加值贸易分解框架，对中国制造业出口进行分解，具体分解结果如图 7-1 所示。

在王直等（2015）对制造业出口分解的基础上，本书采用垂直专业化率（VSS）来衡量制造业各行业的全球价值链嵌入程度，具体计算公式如下：

$$GVC\_Pa = VSS = \frac{FVA}{Ex} + \frac{PDC}{Ex} \tag{7.1}$$

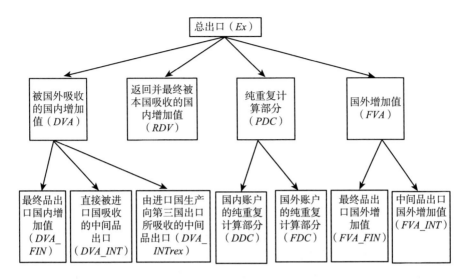

图 7 - 1　基于贸易增加值分解框架的总出口分解结构

为了考察全球价值链嵌入程度的来源国差异，本书借鉴唐宜红和张鹏杨（2017）的思路，将 *VSS* 分为来自发达国家（地区）（*VSS_developed*）和发展中国家（地区）（*VSS_developing*）[①]，为了进一步考察中国制造业中间品跨国界次数差异，本书借鉴刘洪愧和谢谦（2017）的方法，将 *VSS* 分为进入国界仅一次的国外增加值率（*FVAS*）和进入国界两次及以上的国外增加值率（*FDCS*）。

王直等（2015）和刘斌等（2015）认为直接被进口国吸收的中间品出口（*DVA_INT*）和由进口国生产向第三国出口所吸收的中间品出口（*DVA_INTrex*）的比例（*DVAS_INT*）越高，表示企业主要从事产品设计和出口零部件生产，处于全球价值链上游。国内增加值来源于最终产品出口比例（*DVAS_FIN*）越高，表示出口国主要通过进口零部件从事最终产品的组装环节，处于全球价值链的低端环节。本书采用中间品出口的国内增加值率（*DVAS_INT*）、中间品出口的国内增加值率与最终品出口的国内增加值率

---

① 根据 IMF 报告，本书中的澳大利亚、奥地利、比利时、加拿大、塞浦路斯、捷克、德国、丹麦、西班牙、芬兰、法国、英国、匈牙利、爱尔兰、意大利、日本、韩国、马耳他、荷兰、葡萄牙、斯洛伐克、斯洛文尼亚、瑞士、美国、卢森堡、希腊、瑞典、挪威属于发达国家（地区），中国、印度、俄罗斯、巴西、印度尼西亚、土耳其、墨西哥、罗马尼亚、保加利亚、拉脱维亚、立陶宛、波兰、爱沙尼亚、克罗地亚属于发展中国家（地区）。

之差（$DVAS\_INTFIN$①）来衡量全球价值链分工地位。

表 7 - 1 列出了中国制造业全球价值链嵌入程度及其构成。从总体嵌入程度来看，中国制造业平均嵌入程度由 2000 年的 0.154 上升到 2014 年的 0.164，低技术、中技术和高技术行业②全球价值链嵌入度依次增加，其中，计算机行业嵌入度最高，食品、饮料及烟草业行业嵌入度最低。从发展趋势来看，低技术行业的平均嵌入有所下降，而高技术和中技术行业平均嵌入程度有所上升。这表明中国制造业嵌入全球价值链由低技术行业向中高技术转换，实现产业结构技术升级。从嵌入来源来看，2000 ~ 2014 年，来自发达国家的国外增加值率平均值从 0.101 下降到 0.078，而来自发展中国家的国外增加值率平均值从 0.010 增加到 0.023。虽然中国制造业从发达国家获得国外增加值率超过从发展中国家获得的国外增加值率，但发展中国家嵌入程度具有明显的上升趋势。从跨国界次数来看，2000 ~ 2014 年，一次跨国界的国外增加值率平均值由 0.123 下降到 0.122，而多次跨国界的国外增加值率平均值由 0.031 上升到 0.042。虽然中国制造业跨国界仅一次的国外增加值率远远大于多次跨国界的国外增加值率，但多次跨国界的国外增加值率呈明显的上升趋势，嵌入全球价值链的程度逐渐加深。

表 7 - 1　　　　　　中国制造业全球价值链嵌入程度及其构成

指标	全球价值链嵌入程度（VSS）		来自发达国家（地区）的全球价值链嵌入程度（$VSS\_developed$）		来自发展中国家（地区）的全球价值链嵌入程度（$VSS\_developing$）		进入国界仅一次的国外增加值率（$FVAS$）		进入国界两次及以上的国外增加值率（$PDCS$）	
	2000 年	2014 年	2000 年	2014 年	2000 年	2014 年	2000 年	2014 年	2000 年	2014 年
食品、饮料及烟草业	0.070	0.073	0.052	0.042	0.004	0.007	0.068	0.069	0.002	0.004
纺织、服装及皮革业	0.164	0.099	0.104	0.051	0.008	0.019	0.149	0.089	0.015	0.010

① $DVAS\_INTFIN = DVAS\_INT\text{-}DVAS\_FIN$。

② 借鉴 OECD 的行业分类，本章将化工产品制造业，医药制品业，计算机、电子及光学设备制造业，电气设备制造业，机械设备制造业，交通运输设备制造业划分为高技术行业；将焦油及石油业，橡胶及塑料制品业，非金属矿物制品业，基本金属制品业，金属制品业划分为中技术行业；将食品、饮料及烟草业，纺织、服装及皮革业，木材加工及木制品业，造纸及纸制品业，印刷及出版业划分为低技术行业。

续表

指标	全球价值链嵌入程度（VSS）		来自发达国家（地区）的全球价值链嵌入程度（VSS_developed）		来自发展中国家（地区）的全球价值链嵌入程度（VSS_developing）		进入国界仅一次的国外增加值率（FVAS）		进入国界两次及以上的国外增加值率（PDCS）	
	2000 年	2014 年	2000 年	2014 年	2000 年	2014 年	2000 年	2014 年	2000 年	2014 年
木材加工及木制品业	0.126	0.136	0.082	0.074	0.002	0.011	0.103	0.101	0.023	0.035
造纸及纸制品业	0.144	0.159	0.103	0.083	0.003	0.016	0.108	0.115	0.036	0.044
印刷及出版业	0.131	0.133	0.075	0.042	0.031	0.069	0.102	0.099	0.028	0.034
焦油及石油业	0.149	0.243	0.088	0.071	0.019	0.023	0.108	0.169	0.041	0.074
橡胶及塑料制品业	0.178	0.171	0.111	0.085	0.008	0.019	0.135	0.120	0.043	0.051
非金属矿物制品业	0.123	0.149	0.093	0.070	0.004	0.015	0.111	0.120	0.013	0.029
基本金属制品业	0.157	0.215	0.115	0.095	0.008	0.028	0.091	0.132	0.066	0.084
金属制品业	0.157	0.170	0.108	0.087	0.005	0.019	0.125	0.129	0.032	0.041
化工产品制造业	0.181	0.192	0.122	0.101	0.021	0.041	0.112	0.110	0.070	0.082
医药制品业	0.099	0.092	0.075	0.055	0.006	0.013	0.089	0.080	0.009	0.012
计算机、电子及光学设备制造业	0.297	0.275	0.192	0.156	0.009	0.024	0.235	0.200	0.061	0.075
电气设备制造业	0.180	0.190	0.122	0.098	0.007	0.019	0.153	0.150	0.027	0.039
机械设备制造业	0.150	0.166	0.100	0.073	0.010	0.029	0.132	0.136	0.018	0.030
交通运输设备制造业	0.163	0.157	0.074	0.061	0.021	0.019	0.143	0.131	0.020	0.026
平均值	0.154	0.164	0.101	0.078	0.010	0.023	0.123	0.122	0.031	0.042

　　表 7 - 2 列出了中国制造业全球价值链嵌入地位及其构成。中国制造业来自最终品的国内增加值率（DVAS_FIN）由 2000 年的 0.415 下降到 2014 年的 0.372，来自中间品的国内增加值率（DVAS_INT）由 2000 年的 0.574 上升到 2014 年的 0.598，来自中间品的国内增加值率和最终品的国内增加值率之差（DVAS_INTFIN = DVAS_INT - DVAS_FIN）由 2000 年的 0.159 上升到 2014 年的 0.226，这均表明中国制造业在全球价值链中分工地位在逐步上升。2000～2014 年，低技术行业的分工地位总体呈下降趋势，DVAS_INT 由 2000 年的 0.582 下降到 2014 年的 0.575，DVAS_INTFIN 由 2000 年

的 0. 172 下降到 2014 年的 0. 170；而中技术和高技术行业分工地位有所上升，*DVAS_INT* 分别由 2000 年的 0. 730 和 0. 437 上升到 2014 年的 0. 749 和 0. 492，*DVAS_INTFIN* 分别由 2000 年的 0. 475 和 - 0. 116 上升到 2014 年的 0. 538 和 0. 013。

表 7 - 2　　　　　　　　中国制造业分行业全球价值链嵌入地位

指标	来自最终品的国内增加值率（*DVAS_FIN*）		来自中间品的国内增加值率（*DVAS_INT*）		来自中间品的国内增加值率和最终品的国内增加值率之差（*DVAS_INTFIN*）	
	2000 年	2014 年	2000 年	2014 年	2000 年	2014 年
食品、饮料及烟草业	0. 854	0. 803	0. 145	0. 192	- 0. 709	- 0. 611
纺织、服装及皮革业	0. 830	0. 789	0. 165	0. 204	- 0. 665	- 0. 585
木材加工及木制品业	0. 302	0. 147	0. 689	0. 820	0. 387	0. 673
造纸及纸制品业	0. 058	0. 188	0. 927	0. 781	0. 869	0. 593
印刷及出版业	0. 008	0. 098	0. 985	0. 878	0. 977	0. 780
焦油及石油业	0. 140	0. 206	0. 845	0. 745	0. 705	0. 539
橡胶及塑料制品业	0. 390	0. 279	0. 598	0. 688	0. 208	0. 409
非金属矿物制品业	0. 417	0. 169	0. 578	0. 804	0. 161	0. 635
基本金属制品业	0. 010	0. 090	0. 956	0. 851	0. 946	0. 761
金属制品业	0. 318	0. 312	0. 672	0. 658	0. 354	0. 346
化工产品制造业	0. 081	0. 090	0. 893	0. 850	0. 812	0. 760
医药制品业	0. 576	0. 454	0. 422	0. 538	- 0. 154	0. 084
计算机、电子及光学设备制造业	0. 677	0. 610	0. 307	0. 345	- 0. 370	- 0. 265
电气设备制造业	0. 635	0. 523	0. 356	0. 450	- 0. 279	- 0. 073
机械设备制造业	0. 677	0. 611	0. 316	0. 368	- 0. 361	- 0. 243
交通运输设备制造业	0. 669	0. 585	0. 328	0. 401	- 0. 341	- 0. 184
高技术行业	0. 553	0. 479	0. 437	0. 492	- 0. 116	0. 013
中技术行业	0. 255	0. 211	0. 730	0. 749	0. 475	0. 538
低技术行业	0. 410	0. 405	0. 582	0. 575	0. 172	0. 170
平均值	0. 415	0. 372	0. 574	0. 598	0. 159	0. 226

7.1.2　中国制造业碳生产率测算

根据生产要素种类，碳生产率可分为单要素碳生产率和全要素碳生产率。其中，单要素碳生产率是指单位二氧化碳排放所创造的价值，一般用地区和行业总产值与二氧化碳排放量之比来表示（Kaya & Yokobori，1997）；全要素碳生产率主要采用数据包络分析（DEA），将二氧化碳作为"坏"产出或投入变量进行测算（赵国浩和高文静，2013；杨翔等，2015）。

1. 制造业单要素碳生产率测算及分析

单要素碳生产率具体测算方法如下：

$$cp_{it} = sale_{it} / CO_{2it} \qquad (7.2)$$

其中，$sale_{it}$ 表示 i 行业 t 年销售产值，CO_{2it} 表示 i 行业 t 年二氧化碳排放量，由于目前二氧化碳排放量没有官方的统计数据，本书借鉴杨翔等（2015）的测算方法，根据制造业各行业消耗化石燃料所产生的二氧化碳排放来估算该行业的二氧化碳排放量：

$$CO_2 = \sum_{i=1}^{8} CO_{2,i} = \sum_{i=1}^{8} E_i \times NCV_i \times CEF_i \times COF_i \times \frac{44}{12} \qquad (7.3)$$

其中，E_i 表示化石燃料消耗量，NCV_i、CEF_i、COF_i 分别表示各类化石燃料低位发热量、含碳量和碳氧化因子，各类化石燃料的碳排放系数如表 7-3 所示。

表 7-3　　　　　　　　　各类化石燃料的碳排放系数

指标	原煤	焦炭	原油	汽油	柴油	燃料油	天然气	煤油
低位发热量（NVC）	20908	28435	41816	43070	42652	41816	38931	43070
含碳量（CEF）	25.8	29.2	20.0	18.9	20.2	21.1	15.3	19.5
碳氧化因子（COF）	1	1	1	1	1	1	1	1
碳排放系数	0.5394	0.8303	0.8363	0.8140	0.8616	0.8823	0.5956	0.8399

资料来源：NVC 数据来源于《中国能源统计年鉴2015》；CEF、COF 数据来源于 IPCC（2006）提供的各类化石能源燃料的含碳量。

　　根据式 (7.2)，本书计算出 2000～2014 年中国制造业各行业的碳生产率水平及均值（见表 7-4）。由表 7-4 可知：2000～2014 年，中国制造业各行业碳生产率水平总体呈增长趋势，2014 年，计算机、电子及光学设备制造业的碳生产率水平最高，达到 170.085 亿元/万吨，非金属矿物制品业的碳生产率水平最低，仅为 0.399 亿元/万吨。从行业类型来看，行业碳生产率差异明显。其中，中等技术制造业碳生产率水平最低，由 2000 年的 0.534 亿元/万吨上升到 2014 年的 5.034 亿元/万吨，高技术制造业碳生产率水平最高，2000 年 3.184 亿元/万吨上升到 2014 年的 45.416 亿元/万吨。

表 7-4　　　　　　　　　　　中国制造业各行业碳生产率　　　　　　单位：亿元/万吨

行业	2000 年	2005 年	2010 年	2014 年	均值
食品、饮料及烟草业	0.821	1.185	2.476	5.797	2.236
纺织、服装及皮革业	0.818	1.563	3.303	9.367	3.089
木材加工及木制品业	0.315	0.429	1.088	2.936	1.044
造纸及纸制品业	0.227	0.457	0.832	1.961	0.743
印刷及出版业	1.261	3.475	4.725	10.245	4.678
焦油及石油业	1.159	2.183	4.496	6.440	3.239
橡胶及塑料制品业	0.745	1.640	3.009	7.942	2.879
非金属矿物制品业	0.067	0.091	0.222	0.399	0.174
基本金属制品业	0.147	0.274	0.462	0.571	0.365
金属制品业	0.552	2.217	4.299	9.819	3.489
化工产品制造业	0.233	0.315	0.643	0.978	0.497
医药制品业	0.940	1.487	2.814	6.004	2.440
计算机、电子及光学设备制造业	10.607	40.062	62.043	170.085	62.170
电气设备制造业	3.784	9.150	20.440	55.097	17.929
机械设备制造业	1.024	2.161	4.086	9.667	3.699
交通运输设备制造业	2.513	6.780	17.161	30.662	12.045
高技术行业	3.184	9.993	17.865	45.416	16.463
中等技术行业	0.534	1.281	2.498	5.034	2.029
低技术行业	0.688	1.422	2.485	6.061	2.358
平均值	1.576	4.592	8.256	20.498	7.545

　　注：限于篇幅，仅列出部分年份制造业各行业碳生产率。行业分类标准与表 7-2 相同。

2. 制造业全要素碳生产率测算及分析

按照基于全域 SBM 方向性距离函数构建的 GML 指数方法，测算中国制造业各行业碳生产率及变化来源，测算结果如表 7 - 5 所示。

表 7 - 5　　　　　2000 ~ 2014 年中国制造业平均碳生产率及变化来源

行业	效率变化指数	技术变化指数	碳生产率
食品、饮料及烟草业	0.945	1.594	1.106
纺织、服装及皮革业	0.946	1.654	1.103
木材加工及木制品业	0.969	1.622	1.122
造纸及纸制品业	0.958	1.554	1.121
印刷及出版业	0.942	1.623	1.104
焦油及石油业	0.954	1.889	1.111
橡胶及塑料制品业	0.970	1.558	1.136
非金属矿物制品业	0.947	1.612	1.096
基本金属制品业	0.928	1.640	1.034
金属制品业	0.987	1.549	1.116
化工产品制造业	0.964	1.589	1.280
医药制品业	0.965	1.606	1.086
计算机、电子及光学设备制造业	1.000	1.679	1.679
电气设备制造业	0.925	1.594	1.082
机械设备制造业	0.951	1.594	1.096
交通运输设备制造业	0.964	1.626	1.217

表 7 - 5 列出了 2000 ~ 2014 年中国 16 个制造业平均碳生产率、效率变化指数和技术变化指数。研究发现：2000 ~ 2014 年中国制造业碳生产率总体呈增长趋势，16 个制造业行业平均碳生产率均大于 1，说明中国制造业碳生产率总体呈上升趋势。从碳生产率的变动来源看，制造业碳生产率的提升归因于技术水平的提升。16 个行业技术变化指数均大于效率变化指数，即技术变化是提升碳生产率的关键因素。

由于全要素碳生产率的衡量标准和测算方法尚未统一，且国际公约和我国政府出台的相关规划中的减排目标均采用单要素指标（孙广生等，

2012），因此，为了与政府制定的相关减排目标相比较，本章采用单要素碳生产率分析全球价值链嵌入对中国制造业碳生产率的影响。

7.2　全球价值链嵌入对中国制造业碳生产率的影响分析

7.2.1　理论分析

1. 全球价值链嵌入程度对中国制造业碳生产率的影响

中国制造业嵌入全球价值链主要通过技术进步效应、环境规制效应和低端锁定效应影响行业碳生产率。

（1）技术进步效应。中国制造业嵌入全球价值链通过直接和间接渠道获取技术进步，提高碳生产率。直接渠道主要是指中国制造业为了满足出口产品数量和质量的要求，通过专利转让和技术授权等方式直接从发达国家获取技术转移，提高企业生产效率。间接渠道主要是指中国制造业通过外商直接投资（FDI）、对外直接投资（OFDI）、中间品进口和出口等渠道获取技术溢出。首先，中国制造业利用劳动力、资源和环境等要素禀赋优势吸引 FDI，通过 FDI 的示范效应、竞争效应、培训效应和产业关联效应获取发达国家的技术溢出，进而促进自身的技术进步（陈琳和林珏，2009；杨红丽和陈钊，2015）。其次，中国制造业通过新建或并购海外研发机构，提升中国制造业跨境资本输出能力，获取国外智力资源和研发资源，获得技术逆向外溢，来提升企业的技术水平。再次，中国制造业从发达国家进口隐含先进技术的中间品，在使用这些中间品的过程中，通过模仿、学习和二次创新等方式，获得技术水平提升（Gereffi & Lee，2012）。最后，中国制造业参与竞争更加激烈的国际市场，通过干中学、竞争驱动和外溢效应学习先进的生产技术和管理手段，实现技术进步。当技术进步为高碳技术时，技术进步越快，碳排放量将会越高（申萌等，2012），如果技术进步为清洁技术或低碳技术时，那么技术进步将有利于中国制造业节约能源和减少碳排放（Acemoglu et al.，2016；Ghisetti & Quattraro，2017）。

（2）环境规制效应。中国制造业在嵌入全球价值链分工的过程中，环境规制标准提升，提高制造业碳生产率。一方面，随着发达国家环境规制成本的提高，发达国家将部分制造业生产加工环节向境外转移，中国制造业以劳动力和资源禀赋优势承接这些生产环节的转移，导致国内碳排放的迅速增加。为了减缓国内环境污染问题，中国政府逐渐提高环境规制标准，减少高污染高碳排放的 FDI，提高中国制造业碳生产率。为了应对中国制造业碳排放要求，国外企业提供相对先进的节能减排技术和高效率的生产设备，提高碳生产率。另一方面，发达国家对产品质量、环保、安全、款式的要求普遍高于中国，倒逼中国制造业代工企业提升技术，改进生产工艺和提高低碳技术水平，满足发达国家的环境技术要求，间接提升中国制造业代工企业的能源生产效率和绿色科技水平，进而提高行业碳生产率水平。随着中国环境规制水平的提高，中国制造业也会主动将生产过程中高能耗和高碳排放的环节通过对外投资的方式转移到具有资源环境禀赋优势的国家，降低中国制造业碳排放，最终提升中国制造业碳生产率。

（3）低端锁定效应。由于中国制造业与发达国家的技术前沿和创新体系存在一定差距，中国制造业以要素禀赋优势从全球价值链中低附加值、高能耗的加工组装环节嵌入，依赖发达国家高技术零部件的进口，容易被国际大买家和跨国公司俘获，尤其在中国制造业向价值链中高端环节攀升的过程中，可能受到发达国家跨国公司的阻止和控制，进而被迫锁定在低附加值、高碳排放的低端生产制造环节（Humphrey & Schmitz，2002）。另外，产品在每个阶段生产都有可能发生错误，造成该阶段前期投入损失（Costinot et al.，2013），中国制造业由于人力资本投入不足等原因，面临较高的犯错率，极易锁定在价值链的低附加值环节。同时，全球价值链下中国制造业低碳生产制造风险较小，而低碳创意研发和营销服务风险属于高等级风险，使得中国制造业容易被锁定在全球价值链的生产制造等相对高碳环节（刘晓东等，2016）。

中国制造业嵌入程度对行业碳生产率的影响取决于技术进步效应、环境规制效应与低端锁定效应的综合，有待通过实证分析进一步检验。

2. 全球价值链嵌入地位对中国制造业碳生产率的影响

全球价值链分工主要包括研发设计、生产制造和营销服务三个环节，提升制造业全球价值链分工地位一般是指制造业由以生产制造低端环节为主向以研发设计和营销服务高端环节为主转变，提升路径主要包括结构升级和价值链升级两种。其中，结构升级是指制造业出口结构由劳动密集型产品向资本和技术密集型产品转变；价值链升级可分为工艺升级、产品升级、功能升级和链条升级四种（Humphrey & Schmitz，2001）。

中国制造业在嵌入全球价值链初期，主要利用生产要素和环境规制优势承接来自发达国家高耗能、高排放等全球价值链低端加工组装环节的转移。这个阶段提升制造业全球价值链分工地位主要是指制造业企业由生产劳动密集型产品向资本和技术密集型产品转换，由工艺升级向产品升级转变。然而该阶段制造业在全球价值链中的分工环节并未发生本质改变，仍处于全球价值链低端的加工组装环节，提高制造业分工地位将会降低制造业碳生产率。随着中国制造业资本和技术的不断积累，制造业企业开始由工艺升级、产品升级向功能升级和链条升级转变，由组装加工环节向研发设计和营销服务环节转变，中国制造业全球价值链的国际分工地位随之提升。由于功能和链条升级以及研发设计和营销服务环节大多属于知识密集型环节，基本不涉及具体的物质生产活动，能源消耗较少，最终提高制造业碳生产率。根据上述分析，本章认为全球价值链分工地位与中国制造业碳生产率呈"U"型关系。

7.2.2　模型设定、变量选取与数据说明

1. 计量模型设定及变量选取

在上述理论分析的基础上，借鉴杨翔等（2015）和滕泽伟等（2017）对行业碳生产率影响因素的分析，本章构建计量模型如下：

$$\ln cp_{it} = \alpha_0 + \alpha_1 GVC\_Pa_{it} + \alpha_2 Z_{it} + \eta_i + \mu_t + \varepsilon_{it} \tag{7.4}$$

考虑到全球价值链分工地位对碳生产率影响的非线性，本书加入了全

球价值链分工地位的平方项，模型如下：

$$\ln cp_{it} = \beta_0 + \beta_1 GVC\_Po_{it} + \beta_2 GVC\_Po_{it}^2 + \beta_3 Z_{it} + \eta_i + \mu_t + \varepsilon_{it} \qquad (7.5)$$

其中，i 代表行业，t 代表时间，cp 为碳生产率，GVC_Pa 和 GVC_Po 分别表示全球价值链嵌入程度和地位，控制变量 Z 包括：环境规制（ER），以工业废水和废气治理年度运行费用占行业销售产值的比重来表示，由于环境规制的成本遵循效应和创新补偿效应，环境规制和中国制造业碳生产率之间可能存在"U"型关系（刘传江等，2015）。外资直接投资（FDI），以港澳台资本和外商资本之和占行业实收资本总额比重来衡量（何小钢和张耀辉，2012），外商直接投资主要通过规模效应、结构效应和技术效应来影响碳生产率。行业结构（$Industrystructure$），以行业销售产值占制造业总销售产值的比重来衡量，反映行业的碳生产率的结构效应，目前中国制造业面临低碳约束，政策向低碳类和高技术行业倾斜，预期碳生产率的结构效应为正。能源消费结构（$Energystructure$），以行业煤炭消费量占能源消耗总量的比重来表示，煤炭具有高污染高碳排放的特征，减少煤炭消费比例，增加其他清洁类能源的使用比例，能够显著降低碳排放，提高碳生产率。要素禀赋结构（KL），以资本劳动比来衡量，从全要素视角来看，能源、资本和劳动之间具有一定的替代和互补关系，因此，要素禀赋结构的变化能够改变能源消费，进而影响到行业碳生产率，该指标值越小说明制造业越偏向劳动密集型（查建平等，2012）。能源效率（$Energyefficiency$），以行业销售产值与能源消费总量之比来衡量，随着能源效率的提升，行业碳生产率将会显著提升。研发水平（RD），以内部科研经费支出占行业销售产值的比重来衡量，提高研发投入强度将会带来技术进步，技术进步是影响行业碳生产率的重要因素（Meng & Niu，2012），分别表示制造业行业的个体效应、时间效应和其他扰动项。

2. 数据来源

本章研究对象为中国大中型工业企业的制造业细分行业，考虑到数据可获得性和统计口径的一致性，本书将 2000 ~ 2014 年《中国工业统计年鉴》中的 27 个制造业行业与 WIOD 数据库 2016 年版中的 18 个制造业行业进行匹配。其中,《中国工业统计年鉴》中行业合并主要包括:将农副食品加工业、食品制造业、饮料制造业和烟草制品业合并;将纺织业、纺织服装服饰业和皮革毛皮羽毛(绒)及其制品业合并;将化学原料及化学制品制造业和化学纤维制造业合并;将塑料制品业和橡胶制品业合并;将黑色金属冶炼及压延加工业和有色金属冶炼及压延加工业合并;将通用设备制造业和专用设备制造业合并;将 2012 ~ 2014 年汽车制造业和铁路、航空、航天和其他运输设备制造业合并;WIOD 数据库中行业合并主要包括:将小汽车、拖车、半挂车制造业与其他运输设备制造业合并。不考虑家具制造业、文教体育用品制造业和仪器仪表制造业。其中,各种化石能源消耗量来源于历年《中国能源统计年鉴》;制造业各行业销售产值 2000 ~ 2011 年数据来源于《中国工业经济统计年鉴》、2012 ~ 2014 年数据来源于《中国工业统计年鉴》;全球价值链嵌入程度和地位相关数据均来源于WIOD 数据库;其他数据来源于《中国能源统计年鉴》《中国工业企业科技活动统计年鉴》《中国环境统计年鉴》。本章对部分变量进行取自然对数处理。

7.2.3　实证结果分析

1. 全球价值链嵌入程度与中国制造业碳生产率

面板数据模型容易出现组间异方差和组内序列相关等问题,导致普通OLS 估计失效。首先,为了减少序列相关和异方差,本章在进行混合回归和固定效应回归的基础上,进行 F 检验(原假设 H_0:不存在个体效应),如果拒绝原假设,则认为固定效应模型比混合模型更合适,样本存在个体效应;否则,认为混合模型更优。其次,在检验样本是否存在个体效应的基础上,采用豪斯曼检验(Hausman test)来确定选择固定效应还是随机效应。最后分别采用伍德里奇检验(Wooldridge test)和沃德检验(Wald test)模型是否存在组内序列相关和组间异方差。如果存在,则采用全面可行广义最小二乘法(FGLS)对模型进行回归分析。

本章首先检验了全球价值链嵌入程度对中国制造业碳生产率的影响,被解释变量采用制造业碳生产率,核心解释变量采用全球价值链嵌入程度

VSS、*VSS_developing*、*VSS_developed*、*FVAS*、*PDCS*，回归方程中控制了行业和年份效应，以消除与之有关的系统性影响。

表 7-6 第（1）列、第（3）列和第（5）列是仅将全球价值链嵌入程度作为解释变量对中国制造业碳生产率进行回归的结果，第（2）列、第（4）列和第（6）列是加入控制变量的回归结果。由表 7-6 的检验结果可知，模型第（1）列采用随机效应模型，其余均采用 FGLS 模型。由第（1）列和第（2）列可以看出，全球价值链嵌入程度的回归系数显著为正，说明样本期间，提高全球价值链嵌入程度能够显著提升中国制造业碳生产率，全球价值链嵌入的技术进步效应和环境规制效应超过低端锁定效应。

表 7-6　　　　　　　　全球价值链嵌入程度与制造业碳生产率

指标	(1)	(2)	(3)	(4)	(5)	(6)
	RE	*FGLS*	*FGLS*	*FGLS*	*FGLS*	*FGLS*
VSS	4.205 *** (2.66)	1.105 *** (7.24)				
VSS_developing			0.173 (0.45)	1.379 *** (3.27)		
VSS_developed			0.879 *** (3.68)	0.771 *** (3.92)		
FVAS					-2.324 *** (-26.74)	-0.319 * (-1.70)
PDCS					6.527 *** (29.76)	4.796 *** (8.77)
ER		-0.206 *** (-10.39)		-0.211 *** (-10.82)		-0.216 *** (-12.50)
ER2		0.028 *** (6.14)		0.029 *** (6.26)		0.028 *** (6.67)
FDI		-1.000 *** (-21.43)		-0.996 *** (-21.38)		-1.005 *** (-21.00)
Industrystructure		3.736 *** (8.85)		3.948 *** (9.91)		3.194 *** (8.40)

续表

指标	(1)	(2)	(3)	(4)	(5)	(6)
	RE	FGLS	FGLS	FGLS	FGLS	FGLS
KL		−0.033 (−1.30)		−0.032 (−1.37)		−0.027 (−1.06)
Energystructure		−1.806*** (−25.99)		−1.652*** (−25.59)		−1.784*** (−27.12)
Energyefficiency		0.055*** (16.83)		0.054*** (16.83)		0.054*** (15.84)
RD		−9.671*** (−6.64)		−11.254*** (−7.81)		−9.591*** (−6.82)
行业效应	是	是	是	是	是	是
年份效应	是	是	是	是	是	是
F 检验	935.77***	102.40***	1040.45***	91.82***	454.35***	79.04***
沃德检验	74.87***	246.23***	70.13***	265.34***	90.79***	326.95***
伍德里奇检验	67.00***	57.92***	66.57***	58.88***	63.84***	62.78***
豪斯曼检验	1.50	48.07***	8.33**	48.56***	53.25***	73.06***
观测值	240	240	240	240	240	240

注：括号内为 Z 统计量；***、**、* 分别表示在 1%、5%、10% 的水平上显著。

为了进一步考察中国制造业国外增加值来源对中国制造业碳生产率的影响，本章将全球价值链嵌入程度细分为由发达国家引致的全球价值链嵌入程度和由发展中国家引致的全球价值链嵌入程度。从表 7−6 中第（4）列可以看出，由发达国家和发展中国家引致的全球价值链嵌入程度均对中国制造业碳生产率具有显著正向影响，但与发达国家相比，由发展中国家引致的全球价值链嵌入程度对中国制造业碳生产率的影响更大。主要原因在于，虽然发达国家技术水平相对较高，但发达国家存在一定的技术锁定和俘获效应，跨国公司一般不倾向于转移先进的低碳生产技术，转移的技术大多用于生产效率的提高；而中国从发展中国家进口中间品，具有较大的自主选择权，会倾向于购买和引进相对先进的低碳生产技术，所以，与发达国家相比，提高由发展中国家引致的全球价值链嵌入程度对中国制造业的碳生产率提升作用更明显。

　　为了考察全球价值链嵌入深度对中国制造业碳生产率的影响，本书用国外增加值跨国界次数的多少来衡量全球价值链嵌入程度。进入国界仅一次的国外增加值将发挥有限的作用，进入国界多次的国外增加值具有更重要的作用（刘洪愧和谢谦，2017）。进入国界仅一次的国外增加值大多是加工贸易或其他经济体的二次外包，其中隐含的技术相对有限，形成的产业内和产业间学习交流少，获得技术溢出相对较少。而进入国界多次的国外增加值中隐含的技术含量相对较多，同时，进入国界多次，企业从进口中学习的机会相对较多，获得技术溢出的程度相对较高。回归结果显示，进入国界仅一次的国外增加值率显著降低了中国制造业碳生产率，而多次进入国界的增加值对制造业碳生产率具有显著的正向作用。这主要是因为，进入国界仅一次的中间品大多用于最终产品的加工组装环节，该环节产生大量的碳排放，从而降低碳生产率，而多次进入国界的中间品，大多用于中间品和零部件生产，技术含量较高，碳排放水平相对较低。同时，制造业企业在中间产品多次进入国界的过程中，获得的技术溢出相对较多，最终提高制造业碳生产率。

　　从控制变量来看，环境规制变量 *ER* 的回归系数显著为负，而其平方项 *ER*2 的回归系数显著为正，这说明环境规制与碳生产率之间存在明显的"U"型关系，即环境规制水平只有达到某一门槛值，提高环境规制水平才能显著提升中国制造业碳生产率。*FDI* 的回归系数显著为负，说明提高外资参与水平显著降低了制造业碳生产率。由于发达国家大多数只是转移高碳生产制造环节，中国制造业企业承接的主要是碳排放较高的加工组装环节，增加了中国制造业的碳排放量，从而降低中国制造业行业的碳生产率，回归结果表明 *FDI* 对制造业碳生产率的"阻碍效应"大于"提升效应"。产业结构调整显著提高制造业碳生产率。说明制造业碳生产率存在规模效应，产业结构的优化显著提高制造业碳生产率，这与我国政策向低碳型和高技术行业倾斜有关，这两类行业占比的增加，提高了中国制造业整体的低碳技术水平，从而降低其碳生产率。要素禀赋结构的估计系数大多在 10% 的显著水平上显著为负，说明制造业行业人均资本的提高并未推动制造业碳生产率的提高。能源结构的估计系数基本显著为负，这一结果与鲁万波等（2013）的研究结论基本一致，能源结构降低中国制造业行业碳生产率，能源效率的回归系数显著为正。研发水平降低中国制造业碳生产率，这与王玉燕等（2015）的研究结果相同，一方面是由于中国还未建立完善的市场经济体制和知识产权保护体系，企业无法有效配置行业间研发投入资源，技术创新能力相对薄弱，基础研究投入不足，技术创新体系不健全，导致技术创新效率较低；另一方面，制造业企业以提升效率为主，低碳生产技术研发成本和风险相对较高，自主研发具有高碳倾向，导致中国制造业技术创新降低其碳生产率（黄凌云等，2017）。

2. 全球价值链嵌入地位与中国制造业碳生产率

本章采用来自中间品的国内增加值率（*DVAS_INT*）、来自中间品的国内增加值率和最终品的国内增加值率之差（*DVAS_INTFIN*）来衡量全球价值链嵌入地位。表 7 – 7 第（1）列和第（3）列是将全球价值链嵌入地位作为解释变量对中国制造业碳生产率进行回归的结果，第（2）列和第（4）列是加入了全球价值链嵌入地位的平方项的回归结果，来考察全球价值链嵌入地位与制造业碳生产率之间的非线性关系。从检验结果来看，模型均采用 FGLS 方法。从表 7 – 7 第（1）列和第（3）列可以看出全球价值链嵌入地位显著降低中国制造业碳生产率，第（2）列和第（4）列的回归结果显示全球价值链嵌入地位与中国制造业碳生产率呈"U"型关系。即在全球价值链嵌入地位较低时，提升全球价值链地位将降低中国制造业碳生产率，而当全球价值链嵌入地位越过门槛值后，提升全球价值链嵌入地位将显著提升中国制造业碳生产率。原因在于，中国制造业嵌入全球价值链初期，整体处于全球价值链的低端加工组装环节，提升中国制造业嵌入地位仅仅提升了高碳技术生产水平；从环境规制效应来看，在环境规制水平较低时，溢出效应也显著为负，最终导致中国制造业嵌入全球价值链分工地位较低时，降低了中国制造业的碳生产率水平。当中国制造业全球价值链嵌入地位从低端生产环节攀升到价值链研发设计和品牌营销等高端环节，实现从产品升级和工艺升级向功能升级和链条升级的转变后，提升中国制造业嵌入地位才会显著提升中国制造业碳生产率。

表 7 - 7　　　　　　　　　全球价值链嵌入地位与制造业碳生产率

指标	(1) FGLS	(2) FGLS	(3) FGLS	(4) FGLS
DVAS_INT	-0.248 *** (-3.03)	-0.641 *** (-3.51)		
DVAS_INT2		0.285 ** (2.15)		
DVAS_INTFIN			-0.151 *** (-3.09)	-0.196 *** (-3.88)
DVAS_INTFIN2				0.102 ** (2.46)
ER	-0.254 *** (-9.68)	-0.251 *** (-9.18)	-0.253 *** (-9.49)	-0.246 *** (-8.86)
ER2	0.035 *** (6.29)	0.035 *** (5.97)	0.036 *** (6.26)	0.034 *** (5.83)
FDI	-0.996 *** (-20.91)	-1.011 *** (-20.21)	-1.002 *** (-21.07)	-1.021 *** (-20.15)
Industrystructure	3.953 *** (13.80)	3.806 *** (13.75)	3.940 *** (13.42)	3.819 *** (13.31)
KL	-0.088 *** (-3.88)	-0.083 *** (-3.66)	-0.089 *** (-3.81)	-0.080 *** (-3.47)
Energystructure	-1.547 *** (-21.45)	-1.538 *** (-20.32)	-1.564 *** (-20.48)	-1.536 *** (-19.62)
Energyefficiency	0.050 *** (15.07)	0.051 *** (15.34)	0.051 *** (15.14)	0.051 *** (15.05)
RD	-11.856 *** (-5.75)	-11.507 *** (-5.28)	-12.205 *** (-5.82)	-11.690 *** (-5.34)
行业效应	是	是	是	是
年份效应	是	是	是	是
F 检验	33.75 ***	31.00 ***	32.62 ***	31.15 ***
沃德检验	224.84 ***	234.99 ***	231.76 ***	247.86 ***
伍德里奇检验	62.024 ***	63.431 ***	59.580 ***	59.711 ***
豪斯曼检验	84.48 ***	100.98 ***	85.15 ***	104.41 ***
观测值	240	240	240	240

注：括号内为 Z 统计量；*** 、** 分别表示在 1%、5% 的水平上显著。

3. 稳健性检验

为了保证实证结果的可靠性，本书采用库普曼等（2010）构建的全球价值链嵌入程度和地位指标对实证结果进行稳健性检验。库普曼等（2010）认为当产业处于研发设计、品牌营销等全球价值链上游环节时，通过向其他国家提供中间品参与全球价值链，则该产业的间接增加值（IV）在出口中的比值将会大于国外增加值（FVA）在出口中的比重；相反，如果当某产业处于加工组装等全球价值链下游环节，该产业的间接增加值将会小于国外增加值。$GVC\_position$ 反映一国在全球价值链中的国际分工地位，$GVC\_position$ 的值小表示该国处于全球价值链分工下游位置，$GVC\_position$ 的值越大表示一国越位于全球价值链分工的上游位置。构建指标如下：

全球价值链嵌入地位：

$$GVC\_position = \ln\left(1 + \frac{IV}{Ex}\right) - \ln\left(1 + \frac{FVA}{Ex}\right)$$

$$= \ln\left(1 + \frac{DVA\_INTrex}{Ex}\right) - \ln\left(1 + \frac{FVA\_FIN + FVA\_INT}{Ex}\right)$$

$$(7.6)$$

全球价值链嵌入程度：

$$GVC\_participation = \frac{IV}{Ex} + \frac{FVA}{Ex} = \frac{DVA\_INTrex}{Ex} + \frac{FVA\_FIN + FVA\_INT}{Ex}$$

$$(7.7)$$

同样，借鉴唐宜红和张鹏杨（2017）的思路，将国外增加值来源分为由发达国家引致的全球价值链嵌入度（$GVC\_developed$）和由发展中引致的全球价值链嵌入度（$GVC\_developing$）。

从表 7-8 中模型（1）和模型（2）的回归结果可以看出，全球价值链嵌入程度显著提升了中国制造业碳生产率，提升由发展中国家引致的全球价值链嵌入程度对中国制造业碳生产率的提升作用更为明显。从模型（3）和模型（4）可以看出全球价值链嵌入地位与中国制造业碳生产率呈现显著的"U"型关系，结论仍然成立。

表 7 - 8　　　　　　　　　　　　稳健性检验

指标	(1) FGLS	(2) FGLS	(3) FGLS	(4) FGLS
GVC_paticipation	1. 047 *** (6. 38)			
GVC_developed		0. 161 (1. 01)		
GVC_developing		0. 576 ** (2. 02)		
GVC_position			- 0. 611 *** (- 4. 70)	- 6. 492 *** (- 4. 24)
GVC_position2				2. 965 *** (3. 72)
ER	- 0. 220 *** (- 13. 09)	- 0. 220 *** (- 9. 85)	- 0. 224 *** (- 11. 66)	- 0. 225 *** (- 11. 58)
ER2	0. 029 *** (7. 38)	0. 028 *** (5. 79)	0. 029 *** (6. 91)	0. 032 *** (7. 00)
FDI	- 0. 974 *** (- 24. 71)	- 1. 016 *** (- 19. 20)	- 1. 013 *** (- 20. 69)	- 0. 995 *** (- 22. 17)
Industrystructure	4. 201 *** (10. 53)	3. 884 *** (10. 73)	3. 661 *** (10. 83)	3. 938 *** (11. 02)
KL	- 0. 044 ** (- 1. 98)	- 0. 053 ** (- 2. 26)	- 0. 051 ** (- 2. 34)	- 0. 050 ** (- 2. 18)
Energystructure	- 1. 663 *** (- 26. 06)	- 1. 479 *** (- 26. 81)	- 1. 602 *** (- 28. 38)	- 1. 640 *** (- 24. 04)
Energyefficiency	0. 053 *** (17. 81)	0. 052 *** (18. 26)	0. 054 *** (21. 34)	0. 053 *** (16. 71)
RD	- 10. 045 *** (- 8. 33)	- 9. 644 *** (- 5. 05)	- 8. 587 *** (- 4. 76)	- 10. 753 *** (- 7. 44)
行业效应	是	是	是	是
年份效应	是	是	是	是
F 检验	64. 86 ***	69. 03 ***	55. 97 ***	54. 70 ***
沃德检验	254. 04 ***	287. 17 ***	249. 96 ***	215. 55 ***
伍德里奇检验	59. 926 ***	58. 961 ***	55. 057 ***	55. 006 ***
豪斯曼检验	86. 04 ***	73. 45 ***	31. 29 ***	31. 95 ***
观测值	240	240	240	240

注：括号内为 Z 统计量；*** 、 ** 分别表示在 1% 、5% 的水平上显著。

4. 行业异质性影响分析

前文分析从整体上揭示了全球价值链嵌入程度和地位对中国制造业碳生产率的影响，但是却忽略了中国制造业行业之间的异质性。为了考察全球价值链嵌入对中国制造业碳生产率的影响是否存在行业异质性，本章借鉴 OECD 对制造业行业的技术分类方法，将制造业分为低技术、中技术和高技术三类分别进行估计和检验。其中，将化工产品制造业，医药制品业，计算机、电子及光学设备制造业，电气设备制造业，机械设备制造业，交通运输设备制造业划分为高技术行业；将焦油及石油业，橡胶及塑料制品业，非金属矿物制品业，基本金属制品业，金属制品业划分为中技术行业；将食品、饮料及烟草业，纺织、服装及皮革业，木材加工及木制品业，造纸及纸制品业，印刷及出版业划分为低技术行业。

首先，从全球价值链嵌入程度来看，表 7-9 中模型（1）至模型（3）回归结果表明，只有高技术行业的全球价值链嵌入程度对中国制造业的碳生产率影响显著为正，而中低技术行业全球价值链嵌入程度对中国制造业的碳生产率影响不显著。这可能是因为：一方面，高技术行业的碳排放水平相对较低，中国制造业在嵌入全球价值链分工过程中获得的技术相对低碳；另一方面，相对其他行业，高技术行业对经济增长贡献更大，从而提升中国制造业碳生产率。

表 7-9   分行业检验全球价值链嵌入程度和地位对中国
制造业碳生产率的影响

指标	（1）高技术	（2）中技术	（3）低技术	（4）高技术	（5）中技术	（6）低技术
VSS	1.246 *** (4.30)	0.282 (0.67)	0.358 (0.50)			
DVAS_INT				-0.068 (-0.25)	0.225 (1.41)	-0.482 * (-1.66)
ER	0.064 (0.49)	-0.098 (-0.71)	-0.403 *** (-4.22)	0.032 (0.24)	-0.067 (-0.50)	-0.459 *** (-4.76)
ER2	-0.172 * (-1.92)	0.009 (0.20)	0.074 *** (4.36)	-0.185 * (-1.88)	0.002 (0.04)	0.082 *** (4.73)

续表

指标	(1) 高技术	(2) 中技术	(3) 低技术	(4) 高技术	(5) 中技术	(6) 低技术
FDI	-1.000 *** (-5.89)	-0.526 *** (-4.25)	-0.908 *** (-3.63)	-0.931 *** (-5.02)	-0.470 *** (-3.79)	-0.864 *** (-3.46)
Industrystructure	1.020 (1.05)	7.151 *** (6.32)	4.701 ** (2.12)	1.509 (1.49)	7.320 *** (7.47)	4.826 ** (2.18)
KL	-0.172 ** (-2.53)	-0.219 *** (-2.66)	0.210 (1.58)	-0.196 *** (-2.97)	-0.241 *** (-3.38)	0.148 (1.11)
Energystructure	-2.366 *** (-10.47)	-1.659 *** (-5.39)	-1.925 *** (-5.98)	-2.042 *** (-8.89)	-1.439 *** (-5.62)	-1.933 *** (-6.12)
Energyefficiency	0.048 *** (6.42)	0.359 *** (10.28)	0.054 *** (3.12)	0.045 *** (5.87)	0.373 *** (10.06)	0.059 *** (3.30)
RD	-10.475 ** (-2.00)	-44.250 *** (-4.82)	-13.537 * (-1.77)	-15.222 *** (-2.91)	-44.663 *** (-4.90)	-15.216 ** (-2.07)
行业效应	是	是	是	是	是	是
年份效应	是	是	是	是	是	是
F 检验	36.69 ***	13.55 ***	14.42 ***	37.31 ***	14.34 ***	11.24 ***
沃德检验	36.84 ***	3.05	49.60 ***	50.50 ***	3.18	10.23 *
沃德里奇检验	18.615 ***	43.722 ***	21.383 ***	15.415 **	66.640 ***	31.260 ***
豪斯曼检验	56.79 ***	30.59 ***	31.60 ***	57.06 ***	31.51 ***	27.58 ***
观测值	90	75	75	90	75	75

注：括号内为 Z 统计量；***、**、*分别表示在 1%、5%、10% 的水平上显著。

其次，从全球价值链嵌入地位来看，表 7 - 9 中模型（4）至模型（6）回归结果表明，对于中高技术行业而言，全球价值链嵌入地位对碳生产率影响不显著，而低技术行业存在显著负向影响。可能原因在于：由于我国制造业总体处于全球价值链低端环节，低技术行业大多是劳动密集型产业，虽然国外先进技术使生产效率提高，但由于这些行业自身碳排放较高，超过生产率效应，导致该行业碳生产率降低。对于中高技术行业而言，虽然该行业的碳排放强度相对较低，但由于高技术行业低碳研发投入不足和国外对我国高技术行业的封锁，从而导致我国高技术行业国际分工地位的提升并未推动该行业低碳生产率的提升。

7.3　本章小结

　　本章基于技术进步、环境规制和低端锁定三种效应以及全球价值链升级理论分析了全球价值链嵌入对碳生产率的影响，并基于王直等（2015）的贸易增加值分解框架，测算 2000～2014 年中国制造业全球价值链嵌入程度和地位，在此基础上，实证检验了中国制造业全球价值链嵌入程度和地位对行业碳生产率的影响效果以及这种影响效果可能存在的非线性和行业异质性。

　　研究发现：（1）提高全球价值链嵌入程度显著提升中国制造业碳生产率。其中提高由发展中国家引致的全球价值链嵌入程度对提升中国制造业的碳生产率影响作用更显著；多次进入跨国界的国外增加值对中国制造业碳生产率提升更明显。这说明提升与发展中国家的全球价值链关联和深度参与全球价值链分工对中国制造业碳生产率的提升更有效。（2）全球价值链嵌入地位与中国制造业碳生产率呈"U"型关系。即只有全球价值链嵌入地位越过门槛值后，提升全球价值链分工地位才会显著提升中国制造业碳生产率。中国制造业从劳动密集型产品出口向资本和技术密集型产品出口转换，以结构升级来提升分工地位并不能显著提高行业碳生产率；从工艺升级向产品升级转变，这种生产环节的升级，并未从根本上改变全球价值链中低端的特征，只有中国制造业实现由工艺升级、产品升级向功能升级和链条升级转变，由中间品加工环节向研发设计和营销服务环节转变，中国制造业碳生产率才会显著提升。（3）全球价值链嵌入程度和地位对中国制造业碳生产率的影响具有明显的行业异质性。从全球价值链嵌入程度来看，高技术制造业全球价值链嵌入程度对行业碳生产率具有正向影响，提升中低技术制造业全球价值链嵌入程度对行业碳生产率影响不显著。从全球价值链嵌入地位来看，低技术制造业全球价值链嵌入地位对行业碳生产率具有显著负向影响，中高技术制造业全球价值链嵌入地位对行业碳生产率影响不显著。

第 8 章
主要结论与政策建议

8.1　主要结论

　　本书在理论分析全球价值链嵌入对中国碳排放与碳生产率影响机制的基础上，利用全球投入产出表分析了全球价值链嵌入对中国整体及行业碳排放的影响，同时实证检验了全球价值链嵌入程度对中国地区碳生产率的空间效应，并从全球价值链嵌入程度和地位视角分析了全球价值链嵌入对中国制造业碳生产率的影响。主要结论如下。

　　（1）全球价值链嵌入通过直接效应和间接效应影响中国碳排放与碳生产率。全球价值链嵌入提高了中国碳排放，其中，发达国家对中国的高碳技术转移程度越高，中国的碳排放水平将会越高。全球价值链嵌入对中国碳生产率的影响不仅取决于中国与发达国家相对碳排放税率的大小，还取决于发达国家对中国的高碳技术转移程度以及中国对发达国家低碳技术的吸收程度。

　　（2）全球价值链嵌入对中国碳排放的影响。总体来看，1995～2009年，中国出口隐含碳较大的国家依次为美国、欧盟以及日本，三者之和约占出口隐含碳总量的 63.28%。中国出口隐含碳占中国生产侧二氧化碳排放总量的 25.56%，即中国近 1/4 国内生产的碳排放是为了满足国外中间品和最终消费需求，而进口隐含碳占中国消费侧二氧化碳排放总量的

7.86%。从行业结构来看，能源工业和重制造业出口隐含碳占比相对较高，分别由 1995 年 43.23% 和 37.82% 变为 2009 年的 59.14% 和 27.03%。其中，能源工业部门中的电力、燃气和水供应业的出口隐含碳占比最高，2009 年达到 53.82%。从单位国内增加值的出口隐含碳排放来看，1995～2009 年，中国单位国内增加值的出口隐含碳排放整体呈下降趋势，但仍远远高于世界平均水平，其中，电力、燃气和水供应业是中国单位国内增加值出口隐含碳排放水平最高的行业。从行业出口隐含碳驱动因素来看，1995～2009 年，中国出口隐含碳排放增加了 91599 万吨，其中，能源强度效应、出口规模效应、前后向关联效应是中国出口隐含碳排放的重要影响因素，除 1997～1998 年、2001～2002 年、2005～2006 年和 2008～2009 年外，1995～2009 年其余时间段能源强度效应是中国出口隐含碳排放下降的首要因素，除 1995～1996 年、1997～1998 年和 2008～2009 年，1995～2008 年其余时间段出口规模效应是中国出口隐含碳增加的首要因素。

（3）全球价值链嵌入对中国省级碳生产率的影响。2000～2015 年中国省级碳生产率总体呈上升趋势且差异明显，全国及东、中、西部地区碳生产率呈现"波动变化—缓慢上升—快速上升"阶段性特征。从空间格局分布来看，中国各省碳生产率存在显著的空间差异性和集聚性。从空间效应来看，四种不同空间权重矩阵下全球价值链嵌入程度对中国省级碳生产率的直接效应显著为正，且数值差异较小，表明提高全球价值链嵌入程度能够显著提升所在省份碳生产率水平，存在显著的区域内溢出效应。除地理距离空间权重矩阵外，其他三种空间权重矩阵的空间滞后变量的估计系数均显著为正，表明提高全球价值链嵌入程度显著提升了邻近地区碳生产率，存在显著的区域间溢出效应。从控制变量来看，提高人均地区生产总值、能源效率也能显著提升地区碳生产率。

（4）全球价值链嵌入对中国制造业碳生产率的影响。从嵌入程度来看，提高全球价值链嵌入程度能够显著提升中国制造业碳生产率。其中，提高由发展中国家引致的全球价值链嵌入程度和多次进入国界的国外增加值率对中国制造业碳生产率的提升作用更明显。这说明提升与发展中国家的全球价值链关联和深度参与全球价值链分工对中国制造业碳生产率的提升更有效。从嵌入地位来看，全球价值链嵌入地位与中国制造业碳生产率

呈 "U" 型关系，即只有全球价值链嵌入地位越过门槛值后，提升全球价值链嵌入地位才会显著提升中国制造业碳生产率。中国制造业只有由工艺升级、产品升级向功能升级和链条升级转变，由中间品加工环节向研发设计和营销服务环节转变，实现 "质" 的飞跃，提升全球价值链嵌入地位才能显著提升中国制造业碳生产率。从行业异质性来看，全球价值链嵌入程度和地位对中国制造业碳生产率的影响具有明显的行业异质性。高技术制造业的全球价值链嵌入程度对行业碳生产率具有正向影响，对于中低技术制造业，提升全球价值链嵌入程度对行业碳生产率的影响不显著。低技术制造业的全球价值链嵌入地位对行业碳生产率具有显著负向影响，中高技术制造业的全球价值链嵌入地位对行业碳生产率影响不显著。

8.2　政策建议

基于上述结论，本书提出以下政策建议。

（1）主动推进传统碳排放核算方案的改革与完善，充分考虑全球价值链嵌入的碳转移效应，提高碳减排的公平性。现有碳减排实施方案中仅考虑生产侧碳排放有失公平，采用生产侧碳减排衡量减排责任和减排效果，容易造成发达国家向发展中国家进口碳含量高的产品，从而造成碳泄漏。同时，生产侧碳排放对中国等出口大国不公平，中国生产的产品最终被国外消费者使用，但碳排放却留在中国国内，由中国承担碳减排责任。

降低中国出口部门碳排放强度是减少中国出口隐含碳的有效手段。中国处于工业化和城市化快速发展阶段，能源需求还在迅速增长，能源结构短期难以改变，因此，降低出口部门碳排放强度是降低出口隐含碳的可行方案。减少高碳排放产品的出口规模有利于减少中国出口隐含碳排放。建立行业间碳补偿机制，加强高碳排放行业的技术创新水平，构建有效的行业间碳减排制度。从行业关联来看，有效控制行业间碳泄漏，有利于减少中国出口隐含碳排放。行业间存在明显的碳消费和实际碳减排成本不对等现象，能源行业和重制造业行业为其他部门提供产品，但承担大量的碳排放成本。前后向关联效应分别占到中国出口隐含碳排放增长的 62%、

73%，因此，制定行业间碳减排政策，可有效减少行业碳转移。

（2）制定差异化的区域减排政策，缩小区域碳生产率差异。对于碳生产率相对较低的中西部地区，可以侧重于提升经济发展水平，选择高附加值产业，进而提升碳生产率；对于碳生产率相对较高的东部地区，侧重于发展低碳环保产业，加强环境监管，加强低碳清洁技术研发，减少碳排放，进而提升碳生产率。优化区域经济结构，形成碳生产率高值集聚。

在鼓励地区高水平参与全球价值链分工体系的同时，统筹区域经济发展，消除区域间要素流动体制机制障碍。政府鼓励东部发达地区高水平参与全球价值链分工，依托长江经济带、"一带一路"倡议统筹区域经济发展，积极与发达国家高校、企业和研发机构开展深度合作，提升技术创新能力，避免低端锁定。对于相对落后的中西部地区，政府可以重点培育相对落后地区对全球价值链空间溢出的吸收能力，通过加强与发达地区全球价值链关联，最大程度延伸全球价值链，获取全球价值链溢出红利。打破区际市场壁垒、消除区际技术、人力等要素流动的体制机制障碍，构建和发展由自身主导的区域和国内价值链，通过全球价值链和国内价值链的互动协调，实现中国对外开放的良好格局。

（3）中国制造业积极参与全球价值链分工体系，提高与发展中国家的全球价值链关联和全球价值链深度。中国制造业应加强与发展中国家全球价值链关联，将简单的产品组装和加工环节进行外包，提高高端零部件和现代化服务的生产能力。中国制造业可以通过完善并延伸国内生产链和价值链的长度，使高端中间品多次进入我国，提升全球价值链嵌入深度，最终提高中国制造业碳生产率。

中国制造业应从结构升级和生产环节升级向全球价值链的高端环节升级转变，即从产品升级和工艺升级向功能升级和链条升级转变，实现全球价值链"质"的飞跃。回归结果显示，中国制造业全球价值链分工地位与制造业碳生产率呈"U"型关系。因此，一方面，中国制造业可以抓住"一带一路"倡议实施的契机，从嵌入全球价值链到构建由中国制造业主导的区域价值链体系，加强与新兴经济体合作，提高价值链的增值能力和控制能力，发挥母国市场效应，培育竞争优势，突破中国制造业价值链低端锁定；另一方面，中国制造业可以由嵌入全球价值链转向嵌入全球创新链，由要素驱动和投资驱动向创新驱动转变，加强原始创新和基础研究，提高与发达国家全球价值链关联质量，在研发设计、品牌设计和营销渠道方面与跨国公司进行深度合作，实现中国制造业向全球价值链高端攀升。

针对行业特征，采取差异化政策。对于高技术行业，如航空、航天器及设备制造，电子及通信设备制造，计算机及办公设备制造等，可以继续提高全球价值链嵌入程度。通过综合引进多个发达国家的先进技术，促进集成创新和原始创新相结合，重点突破战略，以局部带动全局，逐步增强整体竞争力。提高自主创新能力，尤其是基础创新能力和商业模式创新能力，开发具有自主知识产权的关键技术，加强高端技术人才的培养，实现高技术行业向全球价值链的高端环节攀升，最终提升高技术行业碳生产率。对于低技术行业，如纺织业、皮革毛皮羽毛（绒）及其制品业等，一方面通过延长行业价值链和提高行业自动化水平，引进国外先进的清洁低碳生产技术，提升现有产品生产和工艺技术水平，加快淘汰落后的污染生产技术；另一方面，通过对外投资将部分生产加工环节向具有资源和环境比较优势的国家（地区）转移，输出中国有竞争力的产能，进口其他国家（地区）的能源和资源，构建低碳全球价值链，提高低技术制造业碳生产率，实现低技术制造业低碳绿色转型。

参 考 文 献

[1] 白俊红，蒋伏心．协同创新、空间关联与区域创新绩效 [J]．经济研究，2015（7）：174 – 187.

[2] 北京大学中国经济研究中心课题组．中国出口贸易中的垂直专门化与中美贸易 [J]．世界经济，2006（5）：3 – 11.

[3] 曹珂，屈小娥．中国区域碳排放绩效评估及减碳潜力研究 [J]．中国人口·资源与环境，2014（8）：24 – 32.

[4] 查建平，唐方方，别念民．结构性调整能否改善碳排放绩效？——来自中国省级面板数据的证据 [J]．数量经济技术经济研究，2012（11）：18 – 33.

[5] 陈琳，房超，田素华，俞小燕．全球生产链嵌入位置如何影响中国企业的对外直接投资？ [J]．财经研究，2019，45（10）：86 – 99.

[6] 陈琳，林珏．外商直接投资对中国制造业企业的溢出效应：基于企业所有制结构的视角 [J]．管理世界，2009（9）：24 – 33.

[7] 陈茜，张兵兵．中日贸易隐含碳的非对等性研究——基于全行业视角 [J]．价格月刊，2017（4）：47 – 53.

[8] 陈雯，赵萍，房晶晶，郑莹．中国在全球价值链的地位、贸易收益与竞争力分析——基于增加值贸易核算方法 [J]．国际商务研究，2017，38（4）：5 – 18.

[9] 陈艺毛，李春艳，杨文爽．我国制造业国际分工地位与产业升级分析——基于增加值贸易视角 [J]．经济问题，2019（5）：105 – 114.

[10] 陈英姿，王东朋，孙猛，荣婧．中国城市碳生产率收敛性及其影响因素研究 [J]．生态经济，2018，34（4）：14 – 18.

［11］谌伟，诸大建，白竹岚．上海市工业碳排放总量与碳生产率关系［J］．中国人口·资源与环境，2010（9）：24－29.

［12］程琳琳，张俊飚，曾杨梅，等．中国农业碳生产率的分布演进与空间俱乐部收敛研究［J］．中国农业大学学报，2016（7）：121－132.

［13］程锐，马莉莉，张燕，唐旖晨．企业家精神、要素配置效率与制造业出口升级［J］．产业经济研究，2019（6）：89－101.

［14］代迪尔，李子豪．外商直接投资的碳排放效应——基于中国工业行业数据的研究［J］．国际经贸探索，2011（5）：60－67.

［15］戴魁早．技术市场发展对出口技术复杂度的影响及其作用机制［J］．中国工业经济，2018（7）：117－135.

［16］戴翔．中国制造业国际竞争力——基于贸易附加值的测算［J］．中国工业经济，2015（1）：78－88.

［17］戴育琴，李谷成．中国农产品出口贸易隐含碳排放的库兹涅茨曲线检验［J］．统计与决策，2021，37（13）：63－67.

［18］单豪杰．中国资本存量K的再估算：1952－2006年［J］．数量经济技术经济研究，2008（10）：17－31.

［19］党玉婷．贸易与外商直接投资对中国碳排放的影响——基于面板ARDL方法的实证检验［J］．中国流通经济，2018，32（6）：113－121.

［20］邓光耀，陈刚刚．中国能源消费碳排放整体隐含强度的结构分析［J］．河北地质大学学报，2021，44（4）：99－115.

［21］邓光耀，张忠杰．全球价值链视角下中国和世界主要国家（地区）分工地位的比较研究——基于行业上游度的分析［J］．经济问题探索，2018（8）：125－132.

［22］邓荣荣，张翱祥．FDI、环境规制与中国的碳排放强度——基于门槛面板模型的实证［J］．南华大学学报（社会科学版），2020，21（4）：61－68.

［23］丁玉梅，廖程胜，吴贤荣，田云．中国农产品贸易隐含碳排放测度与时空分析［J］．华中农业大学学报（社会科学版），2017（1）：44－54＋141－142.

［24］董有德，唐云龙．中国产业价值链位置的定量测算——基于上

游度和出口国内增加值的分析 [J]. 上海经济研究, 2017 (2): 42 - 48 +71.

[25] 杜丽娟, 马靖森, 郎鹏, 孟琦, 史文吉. 中匈贸易隐含碳测算与对策分析 [J]. 华北理工大学学报 (社会科学版), 2021, 21 (3): 130 - 136.

[26] 杜运苏, 张为付. 中国出口贸易隐含碳排放增长及其驱动因素研究 [J]. 国际贸易问题, 2012 (3): 97 - 107.

[27] 樊纲, 苏铭, 曹静. 最终消费与碳减排责任的经济学分析 [J]. 经济研究, 2010 (1): 4 - 14.

[28] 房建鑫. 我国 FDI 低碳技术外溢与吸收能力研究 [D]. 哈尔滨: 哈尔滨工程大学, 2012.

[29] 费能云. 中国对外直接投资的低碳效应研究 [J]. 资源开发与市场, 2014 (8): 984 - 989.

[30] 冯瑶. 外商直接投资、经济增长与能源消费对碳排放的影响 [J]. 质量与市场, 2020 (3): 16 - 17 +20.

[31] 傅元海, 叶祥松, 王展祥. 制造业结构变迁与经济增长效率提高 [J]. 经济研究, 2016 (8): 86 - 100.

[32] 高大伟, 聂海松. 基于空间效应视角的国际研发资本技术溢出对碳生产率的影响研究 [J]. 生态经济, 2019, 35 (6): 26 - 32.

[33] 高大伟. 国际研发资本、金融发展对碳生产率的影响研究 [J]. 经济经纬, 2016 (1): 150 - 154.

[34] 高文静, 柳亚琴, 潘明清. 工业化、城镇化对工业碳生产率的门槛效应分析 [J]. 宏观经济研究, 2017 (4): 112 - 121.

[35] 高文静. 中国工业部门碳生产率研究 [D]. 太原: 山西财经大学, 2012.

[36] 高运胜, 黄伟生, 任政昕. 垂直专业化分工与中国制成品出口复杂度——基于国内增加值的视角 [J]. 国际商务研究, 2019, 40 (2): 5 - 14 +25.

[37] 高运胜, 郑乐凯. 中欧制造业融入全球价值链水平与结构差异研究: 垂直专业化分工的视角 [J]. 法国研究, 2018 (1): 1 - 16.

［38］葛海燕，张少军，丁晓强．中国的全球价值链分工地位及驱动因素——融合经济地位与技术地位的综合测度［J］．国际贸易问题，2021（9）：122 – 137．

［39］龚梦琪，刘海云，姜旭．中国工业行业双向 FDI 如何影响全要素减排效率［J］．产业经济研究，2019（3）：114 – 126．

［40］郭炳南，魏润卿，程贵孙．外商直接投资、城市化与中国 CO_2 排放——来自时间序列和省际面板数据的经验证据［J］．山西财经大学学报，2013（8）：12 – 20．

［41］郭炳南，张成，林基．外商直接投资、研发投入与中国工业行业碳生产率——基于工业行业面板数据的实证分析［J］．兰州学刊，2014（10）：148 – 158．

［42］郭沛，张曙霄．中国碳排放量与外商直接投资的互动机制——基于 1994 – 2009 年数据的实证研究［J］．国际经贸探索，2012（5）：59 – 68．

［43］郭卫香，孙慧．环境规制、技术创新对全要素碳生产率的影响研究——基于中国省域的空间面板数据分析［J］．科技管理研究，2020，40（23）：239 – 247．

［44］郭祥利．全球价值链参与程度的测量及应用［D］．济南：山东大学，2015．

［45］韩旭．中国 OFDI 逆向技术溢出效应研究［D］．沈阳：辽宁大学，2016．

［46］韩中，王刚．基于多区域投入产出模型中美贸易隐含能源、碳排放的测算［J］．气候变化研究进展，2019，15（4）：416 – 426．

［47］何惠．中国区域参与全球价值链分工程度及演变趋势［D］．杭州：浙江工商大学，2017．

［48］何小钢，张耀辉．中国工业碳排放影响因素与 CKC 重组效应——基于 STIRPAT 模型的分行业动态面板数据实证研究［J］．中国工业经济，2012（1）：26 – 35．

［49］何祚宇，代谦．上游度的再计算与全球价值链［J］．中南财经政法大学学报，2016，214（1）：132 – 138．

[50] 胡剑波，安丹，任亚运．中国出口贸易中的隐含碳排放测度研究 [J]．经济问题，2015 (7)：52 – 57．

[51] 胡剑波，郭风．中国进出口产品部门隐含碳排放测算——基于 2002 – 2012 年非竞争型投入产出数据的分析 [J]．商业研究，2017 (5)：49 – 57．

[52] 胡善成，张彦彦，周京奎．垂直专业化、研发效率与垄断势力 [J]．经济与管理研究，2021，42 (6)：106 – 123．

[53] 胡威．环境规制与碳生产率变动 [D]．武汉：武汉大学，2016．

[54] 黄灿．垂直专业化贸易对我国就业结构的影响——基于省际面板数据的分析 [J]．南开经济研究，2014 (4)：64 – 77．

[55] 黄和平，易梦婷，曹俊文，邹艳芬，黄先明．区域贸易隐含碳排放时空变化及影响效应——以长江经济带为例 [J]．经济地理，2021，41 (3)：49 – 57．

[56] 黄杰，孙自敏．中国种植业碳生产率的区域差异及分布动态演进 [J]．农业技术经济，2021 (9)：1 – 19．

[57] 黄凌云，谢会强，刘冬冬．技术进步路径选择与中国制造业出口隐含碳排放强度 [J]．中国人口·资源与环境，2017 (10)：94 – 102．

[58] 黄先海，韦畅．中国制造业出口垂直专业化程度的测度与分析 [J]．管理世界，2007 (4)：158 – 159．

[59] 江洪，韩晓晨．FDI 技术溢出对能源效率作用机制的空间异质性研究——基于不同吸收能力门槛的实证研究 [J]．数量经济研究，2018，9 (1)：141 – 156．

[60] 蒋年位．我国农业碳生产率测定及影响因素探究 [D]．杭州：浙江工商大学，2014．

[61] 蒋雨桥，周大川．中国省级碳生产率及其收敛性分析 [J]．湖北社会科学，2016 (12)：96 – 102．

[62] 鞠建东，余心玎．全球价值链上的中国角色——基于中国行业上游度和海关数据的研究 [J]．南开经济研究，2014 (3)：39 – 52．

[63] 康淑娟．行业异质性视角下的中国制造业在全球价值链中的地位及影响因素 [J]．国际商务（对外经济贸易大学学报），2018 (4)：

74 – 85.

［64］兰宏. 全球价值链下的学习障碍和低端锁定研究［D］. 武汉：华中科技大学, 2013.

［65］兰天, 夏晓艳. 全球价值链下的中欧制造业贸易隐含碳研究［J］. 中南大学学报（社会科学版）, 2020, 26（4）：111 – 123.

［66］兰梓睿. 中国工业碳生产率的空间收敛性及其影响因素研究［J］. 企业经济, 2021（9）：88 – 98.

［67］雷娜, 郎丽华. 国内市场一体化对出口技术复杂度的影响及作用机制［J］. 统计研究, 2020, 37（2）：52 – 64.

［68］黎峰. 国内垂直专业化分工与区域间技术差距：基于地区——行业层面的分析［J］. 商业经济与管理, 2021（3）：70 – 84.

［69］黎峰. 增加值视角下的中国国家价值链分工——基于改进的区域投入产出模型［J］. 中国工业经济, 2016（3）：52 – 67.

［70］李保民, 万书鹏, 江成涛. 基于全球价值链嵌入视角下的碳减排门槛效应研究［J］. 商学研究, 2020, 27（2）：86 – 97.

［71］李斌, 彭星. 中国对外贸易影响环境的碳排放效应研究——引入全球价值链视角的实证分析［J］. 经济与管理研究, 2011（7）：40 – 48.

［72］李晨, 丛睿, 邵桂兰. 基于 MRIO 模型与 LMDI 方法的中国水产品贸易隐含碳排放转移研究［J］. 资源科学, 2018, 40（5）：1063 – 1072.

［73］李海鹏, 王子瑜. 中国农业碳生产率变化的驱动因素与区域差异研究［J］. 生态经济, 2020, 36（5）：13 – 18.

［74］李晖, 姜文磊, 唐志鹏. 全球贸易隐含碳净流动网络构建及社团发现分析［J］. 资源科学, 2020, 42（6）：1027 – 1039.

［75］李健, 马晓芳, 苑清敏. 区域碳排放效率评价及影响因素分析［J］. 环境科学学报, 2019, 39（12）：4293 – 4300.

［76］李敬, 陈旎, 万广华, 陈澍. "一带一路"沿线国家货物贸易的竞争互补关系及动态变化——基于网络分析方法［J］. 管理世界, 2017（4）：10 – 19.

［77］李珊珊, 罗良文. 碳价格对中国区域碳生产率的潜在影响［J］. 经济评论, 2020（2）：36 – 51.

[78] 李善同,何建武,刘云中.全球价值链视角下中国国内价值链分工测算研究 [J].管理评论,2018,30 (5):9-18.

[79] 李薇,彭丽.异质性视角下服务业碳生产率的变动及其驱动因素 [J].管理现代化,2018,38 (2):119-122.

[80] 李小平,卢现祥.国际贸易、污染产业转移和中国工业 CO_2 排放 [J].经济研究,2010 (1):15-26.

[81] 李小平,王树柏,郝路露.环境规制、创新驱动与中国省际碳生产率变动 [J].中国地质大学学报 (社会科学版),2016 (1):44-54.

[82] 李小平,王洋.“一带一路”沿线主要国家碳生产率收敛性及其影响因素分析 [J].武汉大学学报 (哲学社会科学版),2017 (3):58-76.

[83] 李小平,杨翔,王洋.国际贸易提高了中国制造业的碳生产率吗? [J].环境经济研究,2016,1 (2):8-24.

[84] 李小平,周记顺,王树柏.中国制造业出口复杂度的提升和制造业增长 [J].世界经济,2015 (2):31-57.

[85] 李小平.国际贸易中隐含的 CO_2 测算——基于垂直专业化分工的环境投入产出模型分析 [J].财贸经济,2010 (5):66-70.

[86] 李秀香,张婷.出口增长对我国环境影响的实证分析——以 CO_2 排放量为例 [J].国际贸易问题,2004 (7):9-12.

[87] 李亚冬,宋丽颖.我国碳生产率的收敛机制研究:理论和实证检验 [J].科学学与科学技术管理,2017,38 (3):117-125.

[88] 李艳梅,付加锋.中国出口贸易中隐含碳排放增长的结构分解分析 [J].中国人口·资源与环境,2010,20 (8):53-57.

[89] 李焱,李佳蔚,王炜瀚,黄庆波.全球价值链嵌入对碳排放效率的影响机制——“一带一路”沿线国家制造业的证据与启示 [J].中国人口·资源与环境,2021,31 (7):15-26.

[90] 李志川,蒋彦庆.对外贸易与对外直接投资对广东省 CO_2 排放的影响探究 [J].中国集体经济,2018 (13):26-29.

[91] 李智慧,唐小惠,张盈.中国旅游业碳生产率时空分异格局研究 [J].市场周刊,2021,34 (8):42-43+59.

[92] 李子豪. 外商直接投资对中国碳排放的门槛效应研究 [J]. 资源科学, 2015, 37 (1): 163 – 174.

[93] 厉以宁, 朱善利, 罗来军, 等. 低碳发展作为宏观经济目标理论探讨——基于中国情形 [J]. 管理世界, 2017 (6): 1 – 8.

[94] 林基, 杨来科. 外资与内资对我国碳排放影响的对比研究——基于省际面板数据的经验考察 [J]. 华东师范大学学报 (哲学社会科学版), 2014 (2): 125 – 130.

[95] 林善浪, 张作雄, 刘国平. 技术创新、空间集聚与区域碳生产率 [J]. 中国人口·资源与环境, 2013 (5): 36 – 45.

[96] 林学军, 官玉霞. 以全球创新链提升中国制造业全球价值链分工地位研究 [J]. 当代经济管理, 2019, 41 (11): 25 – 32.

[97] 刘斌, 王杰, 魏倩. 对外直接投资与价值链参与: 分工地位与升级模式 [J]. 数量经济技术经济研究, 2015 (12): 39 – 56.

[98] 刘传江, 胡威, 吴晗晗. 环境规制、经济增长与地区碳生产率——基于中国省级数据的实证考察 [J]. 财经问题研究, 2015 (10): 31 – 37.

[99] 刘传江, 胡威. 外商直接投资提升了中国的碳生产率吗? ——基于空间面板 Durbin 模型的经验分析 [J]. 世界经济研究, 2016 (1): 99 – 109.

[100] 刘海云, 龚梦琪. 要素市场扭曲与双向 FDI 的碳排放规模效应研究 [J]. 中国人口·资源与环境, 2018, 28 (10): 27 – 35.

[101] 刘海云, 李敏. 中国对外直接投资的母国碳排放效应研究 [J]. 工业技术经济, 2016 (8): 12 – 18.

[102] 刘洪铎, 陈和. 广东省在全球生产链上分工地位的演进及其省际比较研究——基于行业上游度测算视角 [J]. 南方经济, 2016, 34 (5): 115 – 130.

[103] 刘洪愧, 谢谦. 新兴经济体参与全球价值链的生产率效应 [J]. 财经研究, 2017 (8): 18 – 31.

[104] 刘华军, 闫庆悦. 贸易开放、FDI 与中国 CO_2 排放 [J]. 数量经济技术经济研究, 2011 (3): 21 – 35.

[105] 刘辉煌, 吕雪丽. 国内价值链分工质量测度及其影响因素——基于改进的行业上游度分析 [J]. 商业研究, 2018 (7): 125 – 132.

[106] 刘俊伶, 王克, 邹骥. 中国贸易隐含碳净出口的流向及原因分析 [J]. 资源科学, 2014 (5): 979 – 987.

[107] 刘琳, 盛斌. 全球价值链和出口的国内技术复杂度——基于中国制造业行业数据的实证检验 [J]. 国际贸易问题, 2017 (3): 3 – 13.

[108] 刘梦珂, 傅素英. FDI 不同来源地对我国碳排放影响的差异性分析——基于我国内地 1996—2016 年省际面板数据 [J]. 科技与管理, 2018, 20 (5): 11 – 16.

[109] 刘强, 庄幸, 姜克隽, 等. 中国出口贸易中的载能量及碳排放量分析 [J]. 中国工业经济, 2008 (8): 46 – 55.

[110] 刘似臣, 汪娅兰. 贸易增加值视角下的中国服务出口国际竞争力——基于 2016 版 WIOD 世界投入产出表 [J]. 调研世界, 2017 (4): 54 – 60.

[111] 刘维刚, 倪红福, 夏杰长. 生产分割对企业生产率的影响 [J]. 世界经济, 2017 (8): 29 – 52.

[112] 刘习平, 盛三化, 王珂英. 经济空间集聚能提高碳生产率吗? [J]. 经济评论, 2017 (6): 107 – 121.

[113] 刘晓东, 毕克新, 叶惠. 全球价值链下低碳技术突破性创新风险管理研究——以中国制造业为例 [J]. 中国软科学, 2016 (11): 152 – 166.

[114] 刘艳, 王诏怡, 李文秀. 全球价值链下中国服务业国际分工地位探究——基于 GVC 地位指数的分析 [J]. 广东行政学院学报, 2017, 29 (4): 88 – 96.

[115] 刘志彪, 张少军. 中国地区差距及其纠偏: 全球价值链和国内价值链的视角 [J]. 学术月刊, 2008 (5): 49 – 55.

[116] 刘志坚. 数字经济发展、科技创新与出口技术复杂度 [J]. 统计与决策, 2021, 37 (17): 29 – 34.

[117] 刘竹, 孟靖, 邓铸, 路平, 关大博, 张强, 贺克斌, 官鹏. 中美贸易中的隐含碳排放转移研究 [J]. 中国科学: 地球科学, 2020, 50 (11): 1633 – 1642.

[118] 龙如银，邵天翔. 中国三大经济圈碳生产率差异及影响因素 [J]. 资源科学，2015（6）：1249 - 1257.

[119] 龙如银，周颖. OFDI 逆向技术溢出对区域碳生产率的影响研究 [J]. 生态经济，2017，33（1）：58 - 62.

[120] 卢仁祥. 增加值贸易视角下中国工业制造业出口复杂度的国际比较及其演进的动力机制 [J]. 现代财经（天津财经大学学报），2020，40（5）：85 - 98.

[121] 鲁万波，仇婷婷，杜磊. 中国不同经济增长阶段碳排放影响因素研究 [J]. 经济研究，2013（4）：106 - 118.

[122] 吕延方，崔兴华，王冬. 全球价值链参与度与贸易隐含碳 [J]. 数量经济技术经济研究，2019，36（2）：45 - 65.

[123] 吕越，黄艳希，陈勇兵. 全球价值链嵌入的生产率效应：影响与机制分析 [J]. 世界经济，2017，40（7）：28 - 51.

[124] 马风涛，李俊. 中国制造业产品国内增加值分解及其生产长度研究 [J]. 国际经济合作，2019（4）：95 - 107.

[125] 马继，谢霞，秦放鸣. 中国入境旅游碳生产率时空演变特征分析 [J]. 西北师范大学学报（自然科学版），2021，57（5）：8 - 17.

[126] 马晶梅，赵志国. 中韩双边贸易及贸易隐含碳的重新估算 [J]. 生态经济，2018，34（3）：14 - 17 + 30.

[127] 马述忠，陈颖. 进出口贸易对中国隐含碳排放量的影响：2000 - 2009 年——基于国内消费视角的单区域投入产出模型分析 [J]. 财贸经济，2010（12）：82 - 89.

[128] 马述忠，王笑笑，张洪胜. 出口贸易转型升级能否缓解人口红利下降的压力 [J]. 世界经济，2016（7）：121 - 143.

[129] 马述忠，张洪胜，王笑笑. 融资约束与全球价值链地位提升——来自中国加工贸易企业的理论与证据 [J]. 中国社会科学，2017（1）：83 - 107.

[130] 孟渤，格林. 皮特斯，王直. 追溯全球价值链里的中国二氧化碳排放 [J]. 环境经济研究，2016（1）：10 - 25.

[131] 孟凡鑫，苏美蓉，胡元超，夏昕鸣，杨志峰. 中国及"一带一

路"沿线典型国家贸易隐含碳转移研究 [J]. 中国人口·资源与环境，2019，29 (4)：18－26.

[132] 聂飞，刘海云. 基于城镇化门槛模型的中国 OFDI 的碳排放效应研究 [J]. 中国人口·资源与环境，2016 (9)：123－131.

[133] 牛海霞，胡佳雨. FDI 与我国二氧化碳排放相关性实证研究 [J]. 国际贸易问题，2011 (5)：100－109.

[134] 潘安，吴肖丽. 出口结构调整降低了中国碳排放吗？[J]. 中南财经政法大学学报，2017 (5)：117－125.

[135] 潘安. 全球价值链分工对中国对外贸易隐含碳排放的影响 [J]. 国际经贸探索，2017 (3)：14－26.

[136] 潘安. 全球价值链视角下的中美贸易隐含碳研究 [J]. 统计研究，2018 (1)：53－64.

[137] 潘家华，张丽峰. 我国碳生产率区域差异性研究 [J]. 中国工业经济，2011 (5)：47－57.

[138] 潘家华，庄贵阳，郑艳，等. 低碳经济的概念辨识及核心要素分析 [J]. 国际经济评论，2010 (4)：88－101.

[139] 庞军，金嘉瑞，高笑默. 基于 MRIO 模型的中日贸易隐含碳及效应分解分析 [C] // 中国环境科学学会科学与技术年会论文集（第一卷）. 中国环境科学学会，2017：7.

[140] 彭红枫，华雨. 外商直接投资与经济增长对碳排放的影响——来自地区面板数据的实证 [J]. 科技进步与对策，2018，35 (15)：23－28.

[141] 彭水军，张文城，孙传旺. 中国生产侧和消费侧碳排放量测算及影响因素研究 [J]. 经济研究，2015 (1)：168－182.

[142] 彭文强，赵凯. 我国碳生产率的收敛性研究 [J]. 西安财经学院学报，2012 (5)：16－22.

[143] 彭星. 全球价值链视角下我国嵌入制造环节的空间碳排放效应研究 [D]. 长沙：湖南大学，2012.

[144] 齐晔，李惠民，徐明. 中国进出口贸易中的隐含碳估算 [J]. 中国人口·资源与环境，2008 (3)：8－13.

[145] 钱志权，杨来科. 东亚垂直分工对中国对外贸易隐含碳的影响

研究——基于 MRIO-SDA 方法跨期比较 ［J］. 资源科学, 2016 （9）：1801 - 1809.

［146］丘兆逸. 国际垂直专业化对中国 CO_2 排放的影响 ［J］. 生态经济, 2012 （10）：28 - 32.

［147］丘兆逸. 国际垂直专业化对中国环境影响研究 ［M］. 北京：经济科学出版社, 2013.

［148］邱斌, 叶龙凤, 孙少勤. 参与全球生产网络对我国制造业价值链提升影响的实证研究——基于出口复杂度的分析 ［J］. 中国工业经济, 2012 （1）：57 - 67.

［149］屈小娥, 骆海燕. 中国对外直接投资对碳排放的影响及传导机制——基于多重中介模型的实证 ［J］. 中国人口·资源与环境, 2021, 31 （7）：1 - 14.

［150］任力, 黄崇杰. 中国对外贸易与碳排放——基于面板数据的分析 ［J］. 经济学家, 2011 （3）：75 - 81.

［151］任同莲. 数字化服务贸易与制造业出口技术复杂度——基于贸易增加值视角 ［J］. 国际经贸探索, 2021, 37 （4）：4 - 18.

［152］任祎卓. 产品内贸易对国际经济周期的传导研究 ［D］. 杭州：浙江大学, 2016.

［153］邵朝对, 苏丹妮. 全球价值链生产率效应的空间溢出 ［J］. 中国工业经济, 2017 （4）：94 - 114.

［154］邵桂兰, 常瑶, 李晨. 出口商品结构对碳生产率的门槛效应研究 ［J］. 资源科学, 2019, 41 （1）：142 - 151.

［155］邵天翔. 中国区域碳生产率的时空特征及影响因素的空间计量分析 ［D］. 徐州：中国矿业大学, 2016.

［156］申萌, 李凯杰, 曲如晓. 技术进步、经济增长与二氧化碳排放：理论和经验研究 ［J］. 世界经济, 2012 （7）：83 - 100.

［157］沈国兵, 于欢. 企业参与垂直分工、创新与中国企业出口产品质量提升 ［J］. 广东社会科学, 2019 （6）：13 - 23 + 252.

［158］沈鸿, 向训勇, 顾乃华. 全球价值链嵌入位置与制造企业成本加成——贸易上游度视角的实证研究 ［J］. 财贸经济, 2019, 40 （8）：83 - 99.

[159] 沈能，王艳，王群伟. 集聚外部性与碳生产率空间趋同研究 [J]. 中国人口·资源与环境，2013，23 (12)：40 - 47.

[160] 盛斌，马涛. 中国工业部门垂直专业化与国内技术含量的关系研究 [J]. 世界经济研究，2008 (8)：61 - 67.

[161] 苏方林，陆洪波. 中国东部沿海地区全要素碳生产率动态面板数据分析 [J]. 生态经济，2019，35 (2)：13 - 18.

[162] 苏杭，李化营. 行业上游度与中国制造业国际竞争力 [J]. 财经问题研究，2016 (8)：31 - 37.

[163] 苏庆义. 中国国际分工地位的再评估——基于出口技术复杂度与国内增加值双重视角的分析 [J]. 财经研究，2016，42 (6)：40 - 51.

[164] 苏庆义. 中国省级出口的增加值分解及其应用 [J]. 经济研究，2016 (1)：84 - 98.

[165] 孙广生，黄祎，田海峰，等. 全要素生产率、投入替代与地区间的能源效率 [J]. 经济研究，2012 (9)：99 - 112.

[166] 孙华平，杜秀梅. 全球价值链嵌入程度及地位对产业碳生产率的影响 [J]. 中国人口·资源与环境，2020，30 (7)：27 - 37.

[167] 孙慧，邓小乐. 产业视角下中国区域碳生产率收敛研究 [J]. 经济问题探索，2018 (1)：167 - 175.

[168] 孙学敏，王杰. 全球价值链嵌入的"生产率效应"——基于中国微观企业数据的实证研究 [J]. 国际贸易问题，2016 (3)：3 - 14.

[169] 唐青青，王珏. 全球价值链嵌入影响制造业企业出口产品质量研究 [J]. 财经论丛，2021：1 - 14.

[170] 唐宜红，张鹏杨. FDI、全球价值链嵌入与出口国内附加值 [J]. 统计研究，2017 (4)：36 - 49.

[171] 唐志鹏，刘卫东，宋涛. 中国省域碳生产率影响因素数据集 [J]. 全球变化数据学报（中英文），2018，2 (2)：156 - 162 + 279 - 285.

[172] 唐志鹏，刘卫东，宋涛. 基于混合地理加权回归的中国省域碳生产率影响因素分析 [J]. 资源科学，2017 (12)：2223 - 2232.

[173] 滕泽伟，胡宗彪，蒋西艳. 中国服务业碳生产率变动的差异及收敛性研究 [J]. 数量经济技术经济研究，2017 (3)：78 - 94.

[174] 田建国, 庄贵阳, 陈楠. 全球价值链分工对中日制造业贸易隐含碳的影响 [J]. 中国地质大学学报 (社会科学版), 2019, 19 (2): 71 - 84.

[175] 汪中华, 宿健, 彭可. 我国碳生产率区域差异的测算及因素分解 [J]. 统计与决策, 2017 (8): 116 - 120.

[176] 王海鹏. 对外贸易与我国碳排放关系的研究 [J]. 国际贸易问题, 2010 (7): 3 - 8.

[177] 王凯, 马月琴, 甘畅, 张淑文, 刘浩龙. 中国旅游业全要素碳生产率动态演进及其影响因素 [J]. 环境科学研究, 2020, 33 (10): 2388 - 2398.

[178] 王凯, 周婷婷, 邵海琴, 等. 中国旅游业碳生产率区域差异及其格局演变: 1995 - 2014 [J]. 中国人口·资源与环境, 2017, 27 (6): 27 - 35.

[179] 王岚, 李宏艳. 中国制造业融入全球价值链路径研究——嵌入位置和增值能力的视角 [J]. 中国工业经济, 2015 (2): 76 - 88.

[180] 王岚. 融入全球价值链对中国制造业国际分工地位的影响 [J]. 统计研究, 2014 (5): 17 - 23.

[181] 王美昌, 徐康宁. 贸易开放、经济增长与中国二氧化碳排放的动态关系——基于全球向量自回归模型的实证研究 [J]. 中国人口·资源与环境, 2014 (11): 52 - 58.

[182] 王培. 国际贸易、FDI 与中国工业部门碳排放关系的实证研究 [J]. 商, 2016 (16): 125 - 126.

[183] 王树柏, 李小平. 中国制造业碳生产率变动对出口商品质量影响研究 [J]. 上海经济研究, 2015 (10): 87 - 96.

[184] 王思语, 郑乐凯. 全球价值链嵌入特征对出口技术复杂度差异化的影响 [J]. 数量经济技术经济研究, 2019, 36 (5): 65 - 82.

[185] 王涛, 赵晶, 姜伟. 中国制造业在全球价值链分工中的地位研究 [J]. 科技管理研究, 2017, 37 (19): 129 - 138.

[186] 王文治, 陆建明. 中国对外贸易隐含碳排放余额的测算与责任分担 [J]. 统计研究, 2016 (8): 12 - 20.

[187] 王宪恩, 赵思涵, 刘晓宇, 段海燕, 宋俊年. 碳中和目标导向的省域消费端碳排放减排模式研究——基于多区域投入产出模型 [J]. 生

态经济，2021，37（5）：43 - 50.

[188] 王晓林，张华明. 外商直接投资碳排放效应研究——基于城镇化门限面板模型 [J]. 预测，2020，39（1）：59 - 65.

[189] 王许亮，王恕立，滕泽伟. 中国服务业碳生产率的空间收敛性研究 [J]. 中国人口·资源与环境，2020，30（2）：70 - 79.

[190] 王萱. 中国碳生产率变动及其主要影响因素研究 [D]. 武汉：华中科技大学，2013.

[191] 王亚飞，廖甍，王亚菲. 中国双向 FDI 协调发展的减排效应研究 [J]. 科研管理，2022，43（6）：104 - 112.

[192] 王英，陈佳茜. 中国装备制造业及细分行业的全球价值链地位测度 [J]. 产经评论，2018，9（1）：118 - 131.

[193] 王永，崔春华. 制度质量、自然资源禀赋与出口技术复杂度 [J]. 经济经纬，2019，36（1）：64 - 71.

[194] 王玉燕，林汉川，吕臣. 全球价值链嵌入的技术进步效应——来自中国工业面板数据的经验研究 [J]. 中国工业经济，2014（9）：65 - 77.

[195] 王玉燕，王建秀，阎俊爱. 全球价值链嵌入的节能减排双重效应——来自中国工业面板数据的经验研究 [J]. 中国软科学，2015（8）：148 - 162.

[196] 王育宝，何宇鹏. 增加值视角下中国省域净碳转移权责分配 [J]. 中国人口·资源与环境，2021，31（1）：15 - 25.

[197] 王媛，魏本勇，方修琦，等. 基于 LMDI 方法的中国国际贸易隐含碳分解 [J]. 中国人口·资源与环境，2011（2）：141 - 146.

[198] 王正明，温桂梅. 国际贸易和投资因素的动态碳排放效应 [J]. 中国人口·资源与环境，2013（5）：143 - 148.

[199] 王直，魏尚进，祝坤福. 总贸易核算法：官方贸易统计与全球价值链的度量 [J]. 中国社会科学，2015（9）：108 - 127.

[200] 吴涵. 中国 FDI 对碳生产率的影响研究 [J]. 西部皮革，2021，43（2）：81 - 82.

[201] 吴文洁，刘佩. FDI 与碳排放的交互影响——基于 281 个地级市面板数据的经验分析 [J]. 商业经济，2021（2）：117 - 120 + 134.

［202］吴晓华，李磊. 中国碳生产率与能源效率省际差异及提升潜力 ［J］. 经济地理，2014，34（5）：105－108.

［203］吴晓华. 中国碳生产率地区差异研究 ［D］. 哈尔滨：哈尔滨理工大学，2015.

［204］吴肖丽，潘安. 技术效应降低了中国进出口隐含碳排放吗？ ［J］. 经济经纬，2018，35（6）：58－65.

［205］伍国勇，孙小钧，于福波，杨丽莎. 中国种植业碳生产率空间关联格局及影响因素分析 ［J］. 中国人口·资源与环境，2020，30（5）：46－57.

［206］武义青，陈俊先. 改革开放以来中国经济增长的研究——基于碳排放与碳生产率的视角 ［J］. 经济与管理，2018，32（4）：6－13.

［207］武义青，韩定海. 京津冀碳生产率与经济增长——兼与长三角和珠三角比较 ［J］. 经济与管理，2016（3）：5－8.

［208］武义青，孙久宇，韩烁烁，张浩. 京津冀经济增长方式及阶段性特征 ［J］. 经济与管理，2019，33（1）：4－8.

［209］席艳乐，汤恒运，魏夏蕾. 经济政策不确定性波动对中国出口技术复杂度的影响——基于 CEPII－BACI 数据库的实证研究 ［J］. 宏观经济研究，2019（5）：20－32.

［210］肖明月，方言龙. FDI 对中国东部地区碳排放的影响——基于 STIRPAT 模型的实证分析 ［J］. 中央财经大学学报，2013（7）：59－64.

［211］肖权，李涛，马思思. 制度环境的改善能提高碳生产率吗？——基于省际面板数据的实证分析 ［J］. 湖北师范大学学报（哲学社会科学版），2017（2）：65－70.

［212］肖挺. 中国服务业全要素生产率变化及收敛趋势研究——基于上市企业的经验证据 ［J］. 财贸研究，2021，32（4）：28－43.

［213］谢会强，黄凌云，刘冬冬. 全球价值链嵌入提高了中国制造业碳生产率吗 ［J］. 国际贸易问题，2018（12）：109－121.

［214］谢文武，肖文，汪滢. 开放经济对碳排放的影响——基于中国地区与行业面板数据的实证检验 ［J］. 浙江大学学报（人文社会科学版），2011（5）：163－174.

[215] 徐如浓，吴玉鸣，邹小芃．浙江省制造业碳生产率变动差异与收敛性研究 [J]．华东经济管理，2019，33（3）：12 – 18.

[216] 徐永娇．中国工业行业环境效率与环境全要素生产率的研究 [D]．长沙：湖南大学，2012.

[217] 许冬兰，王樱洁．我国沿海渔业碳生产率的区域差异及影响因素 [J]．中国农业大学学报，2015（2）：284 – 290.

[218] 许可，王瑛．中国对外直接投资的母国碳排放效应研究——基于 2003 – 2011 年省级面板数据 [J]．生态经济，2015（1）：47 – 54.

[219] 薛玉连，叶旭，邓晓强．中国火电行业碳生产率评价及俱乐部收敛研究 [J]．煤炭经济研究，2019，39（11）：33 – 38.

[220] 闫云凤，黄灿．全球价值链下我国碳排放的追踪与溯源——基于增加值贸易的研究 [J]．大连理工大学学报（社会科学版），2015（3）：21 – 27.

[221] 闫云凤，赵忠秀，王苒．基于 MRIO 模型的中国对外贸易隐含碳及排放责任研究 [J]．世界经济研究，2013（6）：54 – 58.

[222] 闫云凤，赵忠秀，王苒．中欧贸易隐含碳及政策启示——基于投入产出模型的实证研究 [J]．财贸研究，2012（2）：76 – 82.

[223] 杨飞，孙文远，张松林．全球价值链嵌入、技术进步与污染排放——基于中国分行业数据的实证研究 [J]．世界经济研究，2017（2）：126 – 134 + 137.

[224] 杨高举，黄先海．内部动力与后发国分工地位升级——来自中国高技术产业的证据 [J]．中国社会科学，2013（2）：25 – 45.

[225] 杨红丽，陈钊．外商直接投资水平溢出的间接机制：基于上游供应商的研究 [J]．世界经济，2015（3）：123 – 144.

[226] 杨红亮，史丹．能效研究方法和中国各地区能源效率的比较 [J]．经济理论与经济管理，2008（3）：12 – 20.

[227] 杨蕙馨，高新焱．中国制造业融入垂直专业化分工全球价值链研究述评 [J]．经济与管理评论，2019，35（1）：34 – 44.

[228] 杨芨芨．全球价值链视角下我国碳排放效应研究 [D]．南京：南京大学，2015.

［229］杨翔，李小平，周大川．中国制造业碳生产率的差异与收敛性研究［J］．数量经济技术经济研究，2015（12）：3-20.

［230］杨远航．中国与"一带一路"沿线国家贸易隐含碳测算及其影响因素研究［D］．蚌埠：安徽财经大学，2020.

［231］姚洋，张晔．中国出口品国内技术含量升级的动态研究——来自全国及江苏省、广东省的证据［J］．中国社会科学，2008（2）：67-82.

［232］易艳春，关卫军，高玉芳．外商直接投资与中国碳排放关系——基于ARDL的实证研究［J］．贵州财经大学学报，2015（3）：58-65.

［233］易艳春，关卫军，杨夏星．中国对外直接投资减少了母国碳排放吗？——基于空间溢出效应的视角［J］．数量经济研究，2020，11（2）：75-92.

［234］尹伟华．中国出口贸易隐含碳排放强度变动及驱动因素研究——基于CMRIO-SDA模型［J］．经济问题探索，2019（12）：123-134.

［235］尹显萍，程茗．中美商品贸易中的内涵碳分析及其政策含义［J］．中国工业经济，2010（8）：45-55.

［236］于津平，邓娟．垂直专业化、出口技术含量与全球价值链分工地位［J］．世界经济与政治论坛，2014（2）：44-62.

［237］于世海，许慧欣．广西FDI的碳排放效应分析［J］．价值工程，2019，38（30）：118-121.

［238］余娟娟．全球价值链嵌入影响了企业排污强度吗——基于PSM匹配及倍差法的微观分析［J］．国际贸易问题，2017（12）：59-69.

［239］余泳泽，张少辉，杜运苏．地方经济增长目标约束与制造业出口技术复杂度［J］．世界经济，2019，42（10）：120-142.

［240］袁红林，许越．增加值贸易视角下中国制造业出口竞争力的再测算［J］．当代财经，2017（12）：98-107.

［241］岳立，肖飒，王威华．新结构经济学视角下技术进步对碳生产率的影响研究［J］．工业技术经济，2021，40（3）：82-91.

［242］岳武，杜莉．中国FDI与ODI对低碳经济发展的影响以及对"一带一路"战略的启示［J］．武汉大学学报（哲学社会科学版），2017（2）：52-60.

[243] 曾德蒋，樊胜岳. 外商直接投资对中国能源消费 CO_2 排放影响的实证研究 [J]. 环境污染与防治，2017，39（3）：326–330.

[244] 张艾莉，尹梦兰. 技术创新、人口结构与中国制造业出口复杂度 [J]. 软科学，2019，33（5）：29–34.

[245] 张兵兵，李袆雯. 新附加值贸易视角下中日贸易隐含碳排放的再测算 [J]. 资源科学，2018，40（2）：250–261.

[246] 张成，蔡万焕，于同申. 区域经济增长与碳生产率——基于收敛及脱钩指数的分析 [J]. 中国工业经济，2013（5）：18–30.

[247] 张成，王建科，史文悦，等. 中国区域碳生产率波动的因素分解 [J]. 中国人口·资源与环境，2014（10）：41–47.

[248] 张海燕. 基于附加值贸易测算法对中国出口地位的重新分析 [J]. 国际贸易问题，2013（10）：65–76.

[249] 张杰，陈志远，刘元春. 中国出口国内附加值的测算与变化机制 [J]. 经济研究，2013（10）：124–137.

[250] 张京红，王生辉. 加工贸易出口对我国经济增长的影响——基于协整检验与分位数回归的分析 [J]. 经济问题探索，2016（12）：130–135.

[251] 张珺，江元祥. 增加值贸易视角下我国高技术产业国际竞争力分析 [J]. 科技管理研究，2019，39（18）：116–122.

[252] 张普伟，贾广社，何长全，等. 中国建筑业碳生产率变化驱动因素 [J]. 资源科学，2019，41（7）：1274–1285.

[253] 张普伟，贾广社，吴陆锋，徐启雄. 考虑材料投入的建筑业碳生产率及其敛散性 [J]. 同济大学学报（自然科学版），2019，47（1）：149–158.

[254] 张文爱，罗润万. FDI 的环境效应："污染光环"抑或"污染天堂"？——基于面板 ARDL–ECM 模型的实证检验 [J]. 重庆工商大学学报（社会科学版），2023，40（2）：36–49.

[255] 张文彬，邓玲. 中国对外直接投资对碳生产率的影响效应研究 [J]. 华东经济管理，2019，33（11）：78–85.

[256] 张小蒂，孙景蔚. 基于垂直专业化分工的中国产业国际竞争力分析 [J]. 世界经济，2006（5）：12–21.

[257] 张永军. 技术进步,结构变动与碳生产率增长 [J]. 中国科技论坛,2011 (5):114-120.

[258] 张雨. 我国服务出口复杂度及影响因素:增加值视角的新认识 [J]. 国际贸易问题,2017 (9):83-94.

[259] 张忠杰. 中国多区域隐含碳贸易的核算和结构分解分析 [J]. 统计与决策,2017 (13):125-129.

[260] 张忠杰. 中国碳生产率的空间非均衡性及动态演进分析 [J]. 统计与决策,2018,34 (19):135-138.

[261] 赵皋. FDI、自主创新与我国碳生产率关系研究 [D]. 广州:暨南大学,2015.

[262] 赵皋. 我国碳生产率增长的长期关系和短期效应——基于面板协整研究 [J]. 软科学,2014,28 (6):70-74.

[263] 赵国浩,高文静. 基于前沿分析方法的中国工业部门广义碳生产率指数测算及变化分解 [J]. 中国管理科学,2013 (1):31-36.

[264] 赵红,彭馨. 中国出口技术复杂度测算及影响因素研究 [J]. 中国软科学,2014 (11):183-192.

[265] 赵秀娟,张捷. 对外贸易对碳生产率的影响——基于88个国家1992-2011年面板数据的实证分析 [J]. 国际商务 (对外经济贸易大学学报),2016 (1):28-39.

[266] 赵亚南. 京津冀碳生产率分析研究 [D]. 石家庄:河北经贸大学,2015.

[267] 赵燕梅,祝滨滨,吴云霞. 全球价值链中贸易增加值的测度与比较——以中国、俄罗斯、印度三国贸易为例 [J]. 金融发展研究,2021 (1):63-68.

[268] 赵玉焕,王淞. 基于技术异质性的中日贸易隐含碳测算及分析 [J]. 北京理工大学学报 (社会科学版),2014 (1):12-18.

[269] 赵玉焕,郑璐,刘似臣. 全球价值链嵌入对中国出口贸易隐含碳的影响研究 [J]. 国际贸易问题,2021 (3):142-157.

[270] 郑强,冉光和,邓睿,谷继建. 中国FDI环境效应的再检验 [J]. 中国人口·资源与环境,2017,27 (4):78-86.

［271］郑珍远，李小敏，张茂盛．中国与金砖国家贸易隐含碳比较研究［J］．亚太经济，2018（2）：62－67＋150．

［272］智祺．中国参与国际垂直专业化分工的分析［J］．现代经济信息，2009（6）：47－48．

［273］钟茂初，赵天爽．双碳目标视角下的碳生产率与产业结构调整［J］．南开学报（哲学社会科学版），2021（5）：97－109．

［274］钟章奇，姜磊，何凌云，王铮，柏玲．基于消费责任制的碳排放核算及全球环境压力［J］．地理学报，2018，73（3）：442－459．

［275］周升起，兰珍先，付华．中国制造业在全球价值链国际分工地位再考察——基于Koopman等的"GVC地位指数"［J］．国际贸易问题，2014（2）：3－12．

［276］周颖．国际技术溢出对区域碳生产率的影响研究［D］．徐州：中国矿业大学，2017．

［277］左芊．基于工业化和城镇化的工业碳生产率的门槛效应检验［J］．统计与决策，2020，36（13）：77－80．

［278］左宗文．知识产权保护视角下全球价值链分工研究［D］．北京：对外经济贸易大学，2015．

［279］Acemoglu D., Akcigit U., Hanley D. and Kerr W. Transition to Clean Technology［J］. Journal of Political Economy, 2016, 124（1）: 52－104.

［280］Acharyya J. FDI, Growth and the Environment: Evidence from India on CO_2 Emission During the Last Two Decades［J］. Journal of Economic Development, 2009, 34（1）: 43－58.

［281］Aghion P., Howitt P. A Model of Growth through Creative Destruction［J］. Econometrica, 1992, 60（2）: 323－351.

［282］Amiti M., Konings J. Trade Liberalization, Intermediate Inputs, and Productivity: Evidence from Indonesia［J］. American Economic Review, 2007, 97（5）: 1611－1638.

［283］Antras P., Chor D. Organizing the Global Value Chain［J］. Econometrica, 2013, 81（6）: 2127－2204.

[284] Antras P. , Chor D. , Fally T. , Hillberry R. Measuring the Upstreamness of Production and Trade Flows [J]. American Economic Review, 2012, 102 (3): 412 - 416.

[285] Antweiler W. , Copeland B. R. , Taylor M. S. Is Free Trade Good for the Environment? [J]. American Economic Review, 2001, 91 (4): 877 - 908.

[286] Baldwin J. R. , Yan B. Global Value Chains and the Productivity of Canadian Manufacturing Firms [R]. Statistics Canada, 2014.

[287] Baldwin R. , Lopez-Gonzalez J. Supply-Chain Trade: A Portrait of Global Patterns and Several Testable Hypotheses [J]. The World Economy, 2015, 38 (11): 1682 - 1721.

[288] Baldwin R. , Venables A. J. Spiders and Snakes: Offshoring and Agglomeration in the Global Economy [J]. Journal of International Economics, 2013, 90 (2): 245 - 254.

[289] Beinhocker E. , Oppenheim J. , Irons B. , Lahti M. , Farrell D. , Nyquist S. , Remes J. , Nauclér T. , Enkvist P. The Carbon Productivity Challenge: Curbing Climate Change and Sustaining Economic Growth [R]. McKinsey Global Institute, 2008.

[290] Benarroch M. , Weder R. Intra-Industry Trade in Intermediate Products, Pollution and Internationally Increasing Returns [J]. Journal of Environmental Economics and Management, 2006, 52 (3): 675 - 689.

[291] Bridgman B. The Rise of Vertical Specialization Trade [J]. Journal of International Economics, 2012, 86 (1): 133 - 140.

[292] Buciuni G. , Finotto V. Innovation in Global Value Chains: Co-Location of Production and Development in Italian Low-Tech Industries [J]. Regional Studies, 2016, 50 (12): 2010 - 2023.

[293] Casler S. D. , Rose A. Carbon Dioxide Emissions in the U. S. Economy-A Structural Decomposition Analysis [J]. Environmental & Resource Economics, 1998, 11 (3 - 4): 349 - 363.

[294] Cheng H. , Dong S. , Li F. , Li S. , Li Y. , Yang Y. Multire-

gional Input-Output Analysis of Spatial-Temporal Evolution Driving Force for Carbon Emissions Embodied in Interprovincial Trade and Optimization Policies: Case Study of Northeast Industrial District in China [J]. Environmental Science & Technology, 2018, 52 (1): 346 – 358.

[295] Common M. S., Salma U. Accounting for Changes in Australian Carbon Dioxide Emissions [J]. Energy Economics, 1992, 14 (3): 217 – 225.

[296] Copeland B. R., Taylor M. S. North-South Trade and the Environment [J]. Quarterly Journal of Economics, 1994, 109 (3): 755 – 787.

[297] Copeland B. R., Taylor M. S. Trade and the Environment: Theory and Evidence [M]. Princeton: Princeton University Press, 2003.

[298] Copeland B. R., Taylor M. S. Trade, Growth, and the Environment [J]. Journal of Economic Literature, 2004, 42 (1): 7 – 71.

[299] Costanza, R. Embodied Energy and Economic Valuation [J]. Science, 1980, 210 (4475): 1219 – 1224.

[300] Costinot A., Vogel J., Wang S. An Elementary Theory of Global Supply Chains [J]. Review of Economic Studies, 2013, 80 (1): 109 – 144.

[301] Daudin G., Rifflart C., Schweisguth D. Who Produces for Whom in the World Economy? [J]. Canadian Journal of Economics, 2011, 44 (4): 1403 – 1437.

[302] Del Prete D., Giovannetti G., Marvasi E. Global Value Chains Participation and Productivity Gains for North African Firms [J]. Review of World Economics, 2017, 153 (4): 675 – 701.

[303] Deng G., Xu Y. Accounting and Structure Decomposition Analysis of Embodied Carbon Trade: A Global Perspective [J]. Energy, 2017, 137: 140 – 151.

[304] Dietzenbacher E., Pei J., Yang C. Trade, Production Fragmentation, and China's Carbon Dioxide Emissions [J]. Journal of Environmental Economics and Management, 2012, 64 (1): 88 – 101.

[305] Dong H., Geng Y., Fujita T., Jacques D. A. Three Accounts for Regional Carbon Emissions from Both Fossil Energy Consumption and Indus-

trial Process [J]. Energy, 2014, 67: 276 - 283.

[306] Dong Y., Ishikawa M., Liu X., Wang C. An Analysis of the Driving Forces of CO_2 Emissions Embodied in Japan-China Trade [J]. Energy Policy, 2010, 38 (11): 6784 - 6792.

[307] Eaton J., Kortum S. International Technology Diffusion: Theory and Measurement [J]. International Economic Review, 1999, 40 (3): 537 - 570.

[308] Ethier W. J. National and International Returns to Scale in the Modern Theory of International Trade [J]. American Economic Review, 1982, 72 (3): 389 - 405.

[309] Evans D. J. The Elasticity of Marginal Utility of Consumption: Estimates for 20 OECD Countries [J]. Fiscal Studies, 2005, 26 (2): 197 - 224.

[310] Fally T. On the Fragmentation of Production in the US [R]. University of Colorado, mimeo, 2012.

[311] Fan F., Lei Y. Index Decomposition Analysis on Factors Affecting Energy-Related Carbon Dioxide Emissions from Residential Consumption in Beijing [J]. Mathematical Problems in Engineering, 2017, (1): 1 - 14.

[312] Fatima T., Xia E. J., Cao Z., Khan D., Fan J. L. Decomposition Analysis of Energy-Related CO_2 Emission in the Industrial Sector of China: Evidence from the LMDI Approach [J]. Environmental Science and Pollution Research, 2019, 26 (21): 21736 - 21749.

[313] Feenstra R. C. Integration of Trade and Disintegration of Production in the Global Economy [J]. Journal of Economic Perspectives, 1998, 12 (4): 31 - 50.

[314] Feenstra R. C., Hanson G. H. Globalization, Outsourcing and Wage Inequality [J]. American Economic Review, 1996, 86 (2): 240 - 245.

[315] Gereffi G. Beyond the Producer-driven/Buyer-driven Dichotomy-The Evolution of Global Value Chains in the Internet Era [J]. IDS Bulletin-institute of Development Studies, 2001, 32 (3): 30.

[316] Gereffi G. International Trade and Industrial Upgrading in the Apparel Commodity Chain [J]. Journal of International Economics, 1999, 48 (1): 37 - 70.

[317] Gereffi G. The Organization of Buyer-Driven Global Commodity Chains: How U. S. Retailers Shape Overseas Production Networks. In Gereffi G. and Korzeniewicz M. (Eds), Commodity Chains and Global Capitalism [M]. Westport: Praeger, 1994, 95 - 122.

[318] Gereffi G., Humphrey J., Sturgeon T. The Governance of Global Value Chains [J]. Review of International Political Economy, 2005, 12 (1): 78 - 104.

[319] Gereffi G., Lee J. Economic and Social Upgrading in Global Value Chains and Industrial Clusters: Why Governance Matters [J]. Journal of Business Ethics, 2016, 133 (1): 25 - 38.

[320] Gereffi G., Lee J. Why the World Suddenly Cares about Global Supply Chains [J]. Journal of Supply Chain Management, 2012, 48 (3): 24 - 32.

[321] Ghisetti C., Quatraro F. Green Technologies and Environmental Productivity: A Cross-Sectoral Analysis of Direct and Indirect Effects in Italian Regions [J]. Ecological Economics, 2017, 132: 1 - 13.

[322] Grossman G. M., Helpman E. Endogenous Product Cycles [J]. Economic Journal, 1991b, 101 (408): 1214 - 1229.

[323] Grossman G. M., Helpman E. Trade, Knowledge Spillovers and Growth [J]. European Economic Review, 1991a, 35 (2 - 3): 517 - 526.

[324] Grossman G. M., Krueger A. B. Environmental Impacts of a North American Free Trade Agreement [R]. NBER Working Papers, 1991, No. W3914.

[325] Guan D., Hubacek K., Weber C. L., Peters G. P., Reiner D. M. The Drivers of Chinese CO_2 Emissions from 1980 to 2030 [J]. Global Environmental Change-Human and Policy Dimensions, 2008, 18 (4): 626 - 634.

[326] Hausmann R., Hwang J., Rodrik D. What You Export Matters

[J]. Journal of Economic Growth, 2007, 12 (1): 1 –25.

[327] Hertwich E. G. , Peters G. P. Carbon Footprint of Nations: A Global Trade-Linked Analysis [J]. Environmental Science & Technology, 2009, 43 (16): 6414 –6420.

[328] Hu X. , Liu C. Carbon Productivity: A Case Study in the Australian Construction Industry [J]. Journal of Cleaner Production, 2015, 112: 2354 –2362.

[329] Huang J. P. Industry Energy Use and Structural Change-A Case Study of the Peoples Republic of China [J]. Energy Economics, 1993, 15 (2): 131 –136.

[330] Hummels D. , Ishii J. , Yi K. M. The Nature and Growth of Vertical Specialization in World Trade [J]. Journal of International Economics, 2001, 54 (1): 75 –96.

[331] Humphrey J, Schmitz H. How does Insertion in Global Value Chains Affect Upgrading in Industrial Clusters? [J]. Regional Studies, 2002, 36 (9): 1017 –1027.

[332] Humphrey J. , Schmitz H. Governance in Global Value Chains [J]. IDS Bulletin Institute of Development Studies, 2001, 32 (3): 19.

[333] Humphrey J. , Schmitz H. How Does Insertion in Global Value Chains Affect Upgrading in Industrial Clusters? [J]. Regional Studies, 2002, 36 (9): 1017 –1027.

[334] Ivarsson I. , Alvstam C. G. Supplier Upgrading in the Home Furnishing Value Chain: An Empirical Study of IKEA's Sourcing in China and South East Asia [J]. World Development, 2010, 38 (11): 1575 –1587.

[335] Jayanthakumaran K. , Liu Y. Bi-Lateral CO_2 Emissions Embodied in Australia-China Trade [J]. Energy Policy, 2016, 92: 205 –213.

[336] Johnson R. C. , Noguera G. Accounting for Intermediates: Production Sharing and Trade in Value Added [J]. Journal of International Economics, 2012, 86 (2): 224 –236.

[337] Jorgenson A. K. The Effects of Primary Sector Foreign Investment on

Carbon Dioxide Emissions from Agriculture Production in Less-Developed Countries, 1980 – 99 [J]. International Journal of Comparative Sociology, 2007, 1 (48): 29 – 42.

[338] Kanemoto K., Lenzen M., Peters G. P., Moran D. D., Geschke A. Frameworks for Comparing Emissions Associated with Production, Consumption, and International Trade [J]. Environmental Science & Technology, 2012, 46 (1): 172 – 179.

[339] Kaya Y., Yokobori K. Environment, Energy, and Economy: Strategies for Sustainability [M]. Tokyo: United Nations University Press, 1997.

[340] Kee H. L., Tang H. Domestic Value Added in Exports: Theory and Firm Evidence from China [J]. American Economic Review, 2016, 106 (6): 1402 – 1436.

[341] Keller W. How Trade Patterns and Technology Flows Affect Productivity Growth [R]. NBER Working Paper, 1999, No. 6990.

[342] Kogut B. Designing Global Strategies-Comparative and Competitive Value-Added Chains [J]. Sloan Management Review, 1985, 26 (4): 15 – 28.

[343] Kokko A. Technology, Market Characteristics, and Spillovers [J]. Journal of Development Economics, 1994, 43 (2): 279 – 293.

[344] Koopman R., Powers W., Wang Z., Wei S. Give Credit Where Credit is Due: Tracing Value Added in Global Production Chains [R]. NBER Working Paper, 2010, No. 16426.

[345] Koopman R., Wang Z., Wei S. Tracing Value-Added and Double Counting in Gross Exports [J]. American Economic Review, 2014, 104 (2): 459 – 494.

[346] Kortelainen M. Dynamic Environmental Performance Analysis: A Malmquist Index Approach [J]. Ecological Economics, 2008, 64 (4): 701 – 715.

[347] Kraemer K., Linden G., Dedrick J. Capturing Value in Global

Networks: Apple's Ipad and Iphone [R]. PCIC Working Paper, 2011.

[348] Krugman P. Scale Economies, Product Differentiation, and the Pattern of Trade [J]. American Economic Review, 1980, 70 (5): 950 – 959.

[349] Lee J. W. The Contribution of Foreign Direct Investment to Clean Energy Use, Carbon Emissions and Economic Growth [J]. Energy Policy, 2013, 55: 483 – 489.

[350] Lesage J. , Pace R. K. Introduction to Spatial Econometrics [M]. Taylor & Francis Group, 2009.

[351] Letchumanan R. , Kodama F. Reconciling the Conflict between the "Pollution-Haven" Hypothesis and an Emerging Trajectory of International Technology Transfer [J]. Research Policy, 2000, 29 (1): 59 – 79.

[352] Levinson A. , Taylor M. S. Unmasking the Pollution Haven Effect [J]. International Economic Review, 2008, 49 (1): 223 – 254.

[353] Li W. , Wang W. , Wang Y. , Ali M. Historical Growth in Total Factor Carbon Productivity of the Chinese Industry-A Comprehensive Analysis [J]. Journal of Cleaner Production, 2018, 170: 471 – 485.

[354] Lin B. , Kui L. Using LMDI to Analyze the Decoupling of Carbon Dioxide Emissions from China's Heavy Industry [J]. Sustainability, 2017, 9 (7) : 1198.

[355] Lin B. , Sun C. Evaluating Carbon Dioxide Emissions in International Trade of China [J]. Energy Policy, 2010, 38 (1): 613 – 621.

[356] List J. A. , Co C. Y. The Effects of Environmental Regulations on Foreign Direct Investment [J]. Journal of Environmental Economics and Management, 2000, 40 (1): 1 – 20.

[357] Liu L. , Fan Y. , Wu G. , Wei Y. Using LMDI Method to Analyzed the Change of China's Industrial CO_2 Emissions from Final Fuel Use: An Empirical Analysis [J]. Energy Policy, 2007, 35 (11): 5892 – 5900.

[358] Liu Z. , Liang S. , Geng Y. , Xue B. , Xi F. , Pan Y. , Zhang T. , Fujita T. Features, Trajectories and Driving Forces for Energy-Related

GHG Emissions from Chinese Mega Cites: The Case of Beijing, Tianjin, Shanghai and Chongqing [J]. Energy, 2012, 37 (1): 245 – 254.

[359] Liu Z., Mao X., Song P. GHGs and Air Pollutants Embodied in China's International Trade: Temporal and Spatial Index Decomposition Analysis, Plos One, 2017, 12 (4).

[360] Long R., Shao T., Chen H. Spatial Econometric Analysis of China's Province-Level Industrial Carbon Productivity and Its Influencing Factors [J]. Applied Energy, 2016, 166: 210 – 219.

[361] Lu Z., Yang Y., Wang J. et al. Factor Decomposition of Carbon Productivity in China: Based on the Laspeyres Decomposition Method [J]. Journal of Industrial Technological Economics, 2014, 61: 1893 – 1896.

[362] Machado G., Schaeffer R., Worrell E. Energy and Carbon Embodied in the International Trade of Brazil: An Input-Output Approach [J]. Ecological Economics, 2001, 39 (3): 409 – 424.

[363] Meng B., Xue J., Feng K., Guan D., Fu X. China's Inter-Regional Spillover of Carbon Emissions and Domestic Supply Chains [J]. Energy Policy, 2013, 61: 1305 – 1321.

[364] Meng M., Niu D. Three-Dimensional Decomposition Models for Carbon Productivity [J]. Energy, 2012, 46 (1): 179 – 187.

[365] Munksgaard J., Pedersen K. A. CO_2 Accounts for Open Economies: Producer or Consumer Responsibility? [J]. Energy Policy, 2001, 29 (4): 327 – 334.

[366] Neequaye N. A., Oladi R. Environment, Growth, and FDI Revisited [J]. International Review of Economics & Finance, 2015, 39: 47 – 56.

[367] Nishimura K., Hondo H., Uchiyama Y. Estimating the Embodied Carbon Emissions from the Material Content [J]. Energy Conversion and Management, 1997, 38S: S589 – S594.

[368] Oh D. A Global Malmquist-Luenberger Productivity Index [J]. Journal of Productivity Analysis, 2010, 34 (3): 183 – 197.

[369] Omri A., Duc Khuong N., Rault C. Causal Interactions between

CO$_2$ Emissions, FDI, and Economic Growth: Evidence from Dynamic Simulta-neous-Equation Models [J]. Economic Modelling, 2014, 42: 382 – 389.

[370] Pan J., Phillips J., Chen Y. China's Balance of Emissions Em-bodied in Trade: Approaches to Measurement and Allocating International Re-sponsibility [J]. Oxford Review of Economic Policy, 2008, 24 (2): 354 – 376.

[371] Pao H T, Tsai C M. Multivariate Granger Causality Between CO$_2$ Emissions, Energy Consumption, FDI and GDP: Evidence from a Panel of BRIC Countries [J]. Energy, 2011, 36 (1): 685 – 693.

[372] Perkins R., Neumayer E. Fostering Environment Efficiency through Transnational Linkages? Trajectories of CO$_2$ and SO$_2$ 1980 – 2000 [J]. Environment and Planning A, 2008, 40 (12): 2970 – 2989.

[373] Perkins R., Neumayer E. Transnational Linkages and the Spillover of Environment-Efficiency into Developing Countries [J]. Global Environmental Change, 2009, 19 (3): 375 – 383.

[374] Peters G. P. From Production-based to Consumption-based National Emission Inventories [J]. Ecological Economics, 2008, 65 (1): 13 – 23.

[375] Peters G. P., Hertwich E. G. CO$_2$ Embodied in International Trade with Implications for Global Climate Policy [J]. Environmental Science & Technology, 2008, 42 (5): 1401 – 1407.

[376] Pietrobelli C., Rabellotti R. Global Value Chains Meet Innovation Systems: Are there Learning Opportunities for Developing Countries? [J]. World Development, 2011, 39 (7): 1261 – 1269.

[377] Ponte S., Sturgeon T. Explaining Governance in Global Value Chains: A Modular Theory-Building Effort, Review of International Political Economy, 2014, 21 (1): 195 – 223.

[378] Porter M. E. Competitive Advantage. Creating and Sustaining Supe-rior Performance [M]. New York: Free Press, 1985.

[379] Reinhard S., Knox Lovell C. A., Thijssen G. J. Environmental Ef-ficiency with Multiple Environmentally Detrimental Variables; Estimated with

SFA and DEA [J]. European Journal of Operational Research, 2000, 121 (2): 287 – 303.

[380] Rhee H C, Chung H S. Change in CO_2 Emission and its Transmissions between Korea and Japan Using International Input – Output Analysis [J]. Ecological Economics, 2006, 58 (4): 788 – 800.

[381] Rijesh R. Technology Import and Manufacturing Productivity in India: Firm Level Analysis [J]. Journal of Industry Competition & Trade, 2015, 4 (15): 411 – 434.

[382] Sato M. Embodied Carbon in Trade: A Survey of the Empirical Literature [J]. Journal of Economic Surveys, 2014, 28 (5): 831 – 861.

[383] Schaeffer R. , Desa A. L. The Embodiment of Carbon Associated with Brazilian Imports and Exports [J]. Energy Conversion and Management, 1996, 37 (6 – 8): 955 – 960.

[384] Shui B. , Harriss R. C. The Role of CO_2 Embodiment in US-China Trade [J]. Energy Policy, 2006, 34 (18): 4063 – 4068.

[385] Stokey N. L. Are there Limits to Growth? [J]. International Economic Review, 1998, 39 (1): 1 – 31.

[386] Sturgeon T. , Lee J. R. Industry Co-evolution and the Rise of a Shared Supply-base for Electronics Manufacturing [R]. Paper Presented at Nelson and Winter Conference, 2001.

[387] Su B. , Ang B. W. Multiplicative Structural Decomposition Analysis of Aggregate Embodied Energy and Emission Intensities [J]. Energy Economics, 2017, 65: 137 – 147.

[388] Su B. , Thomson E. China's Carbon Emissions Embodied in (Normal and Processing) Exports and their Driving Forces, 2006 – 2012 [J]. Energy Economics, 2016, 59: 414 – 422.

[389] Sun C. , Ding D. , Yang M. Estimating the Complete CO_2 Emissions and the Carbon Intensity in India: from the Carbon Transfer Perspective [J]. Energy Policy. 2017, 109: 418 – 427.

[390] Sun J. W. The Decrease of CO_2 Emission Intensity is Decarboniza-

tion at National and Global Levels [J]. Energy Policy, 2005, 33 (8): 975 – 978.

[391] Swart J. Intra-Industry Trade and Heterogeneity in Pollution Emission [J]. The Journal of International Trade & Economic Development, 2013, 22 (1): 129 – 156.

[392] Tamazian A., Pineiro Chousa J., Chaitanya Vadlamannati K. Does Higher Economic and Financial Development Lead to Environmental Degradation: Evidence from BRIC Countries [J]. Energy Policy, 2009, 37 (1): 246 – 253.

[393] Tan H., Sun A., Lau H. CO_2 Embodiment in China-Australia Trade: The Drivers and Implications [J]. Energy Policy, 2013, 61: 1212 – 1220.

[394] Timmer M. P., Erumban A. A., Los B., Stehrer R., De Vries, G. J. Slicing Up Global Value Chains [J]. Journal of Economic Perspectives, 2014, 28 (2): 99 – 118.

[395] Tukker A., Dietzenbacher E. Global Multiregional Input-Output Frameworks: An Introduction and Outlook Introduction [J]. Economic Systems Research, 2013, 25 (1SI): 1 – 19.

[396] Upward R., Wang Z., Zheng J. Weighing China's Export Basket: The Domestic Content and Technology Intensity of Chinese Exports [J]. Journal of Comparative Economics, 2013, 41 (2): 527 – 543.

[397] Van Nes E. H., Scheffer M., Brovkin V., Lenton T. M., Ye H., Deyle E. Sugihara, G. Causal Feedbacks in Climate Change [J]. Nature Climate Change, 2015, 5 (5): 445 – 448.

[398] Walter I., Ugelow J. L. Environmental Policies in Developing-Countries [R]. Ambio, 1979, 8 (2 – 3): 102 – 109.

[399] Wang B, Wu Y, Yan P. Environmental Efficiency and Environmental Total Factor Productivity Growth in China's Regional Economies [J]. Economic Research Journal, 2010, 45 (5): 95 – 109.

[400] Wang C., Chen J. N. and Zou J. Decomposition of Energy-Related

CO_2 Emission in China: 1957 – 2000 [J]. Energy, 2005, 30 (1): 73 – 83.

[401] Wang Z. , Wei S. , Yu X. , Zhu K. Characterizing Global Value Chains: Production Length and Upstreamness [R]. NBER Working Paper, 2017, NO. 23261.

[402] Wang Z. , Wei S. J. , Zhu K. Quantifying International Production Sharing at the Bilateral and Sector Levels [R]. NBER Working Paper, 2013, No. 19677.

[403] White H. C, Boorman S. A , Breiger R. L. Social Structure from Multiple Networks. I. Blockmodels of Roles and Positions [J]. American Journal of Sociology, 1976 (81): 730 – 780.

[404] Wood R. Structural Decomposition Analysis of Australia's Greenhouse Gas Emissions [J]. Energy Policy, 2009, 37 (11): 4943 – 4948.

[405] Wu C. , Huang X. , Yang H. , Lu Q. , Xu G. , Li L. , Li J. Embodied Carbon Emissions of Foreign Trade Under the Global Financial Crisis: A Case Study of Jiangsu Province, China [J]. Journal of Renewable and Sustainable Energy, 2015, 7 (4): 10288 – 10293.

[406] Wu R. , Geng Y. , Dong H. , Fujita T. , Tian X. Changes of CO_2 Emissions Embodied in China-Japan Trade: Drivers and Implications [J]. Journal of Cleaner Production, 2016, 112 (5): 4151 – 4158.

[407] Xu M. , Li R. , Crittenden J. C. , Chen Y. CO_2 Emissions Embodied in China's Exports from 2002 to 2008: A Structural Decomposition Analysis, Energy Policy, 2011, 39 (11): 7381 – 7388.

[408] Xu X. , Zhao T. , Liu N. , Kang J. Changes of Energy-Related GHG Emissions in China: An Empirical Analysis from Sectoral Perspective [J]. Applied Energy, 2014, 132: 298 – 307.

[409] Xu Y. , Dietzenbacher E. A Structural Decomposition Analysis of the Emissions Embodied in Trade [J]. Ecological Economics, 2014, 101: 10 – 20.

[410] Yan Y. , Yang L. China's Foreign Trade and Climate Change: A Case Study of CO_2 Emissions [J]. Energy Policy, 2010, 38 (1): 350 – 356.

［411］Yasmeen H., Wang Y., Zameer H., Solangi Y. A. Decomposing Factors Affecting CO_2 Emissions in Pakistan: Insights from LMDI Decomposition Approach ［J］. Environmental Science and Pollution Research, 2020, 27 (3): 3113 – 3123.

［412］Zaim O., Taskin F. Environmental Efficiency in Carbon Dioxide Emissions in the OECD: A Non-Parametric Approach ［J］. Journal of Environmental Management, 2000, 58 (2): 95 – 107.

［413］Zhang C. G., Zhou X. X. Does Foreign Direct Investment Lead to Lower CO_2 Emissions? Evidence from a Regional Analysis in China ［J］. Renewable and Sustainable Energy Reviews. 2016, 58: 943 – 951.

［414］Zhang F., Gallagher K. S. Innovation and Technology Transfer through Global Value Chains: Evidence from China's PV Industry ［J］. Energy Policy, 2016, 94: 191 – 203.

［415］Zhang N., Choi Y. Total-Factor Carbon Emission Performance of Fossil Fuel Power Plants in China: A Metafrontier Non-Radial Malmquist Index Analysis ［J］. Energy Economics, 2013, 40: 549 – 559.

［416］Zhang N., Zhou P., Kung C. Total-Factor Carbon Emission Performance of the Chinese Transportation Industry: A Bootstrapped Non-Radial Malmquist Index Analysis ［J］. Renewable and Sustainable Energy Reviews, 2015, 41: 584 – 593.

［417］Zhang Z., Zhu K., Hewings G. J. D. A Multi-Regional Input-Output Analysis of the Pollution Haven Hypothesis from the Perspective of Global Production Fragmentation ［J］. Energy Economics, 2017, 64: 13 – 23.

［418］Zhao Y., Wang S., Yang J., Zhang Z., Liu Y. Input-Output Analysis of Carbon Emissions Embodied in China-Japan Trade ［J］. Applied Economics, 2016, 48 (16): 1515 – 1529.

［419］Zhao Y., Wang S., Zhang Z., Liu Y., Ahmad A. Driving Factors of Carbon Emissions Embodied in China-US Trade: A Structural Decomposition Analysis ［J］. Journal of Cleaner Production, 2016, 131: 678 – 689.

［420］Zhao Y., Zhang Z., Wang S., Wang S. CO_2 Emissions Embodied in China's Foreign Trade: An Investigation from the Perspective of Global Vertical Specialization [J]. China & World Economy, 2014, 22 (4): 102 – 120.

[421] Zhou P., Ang B. W., Han J. Y. Total Factor Carbon Emission Performance: A Malmquist Index Analysis [J]. Energy Economics, 2010, 32 (1): 194 – 201.

[422] Zhou P., Ang B. W., Poh K. L. Measuring Environmental Performance under Different Environmental DEA Technologies [J]. Energy Economics, 2008, 30 (1): 1 – 14.

[423] Zhou X., Zhang J., Li J. Industrial Structural Transformation and Carbon Dioxide Emissions in China [J]. Energy Policy, 2013, 57: 43 – 51.

[424] Zhu H., Duan L., Guo Y., Yu K. The Effects of FDI, Economic Growth and Energy Consumption on Carbon Emissions in ASEAN-5: Evidence from Panel Quantile Regression [J]. Economic Modelling, 2016, 58: 237 – 248.

[425] Zofio J. L., Prieto A. M. Environmental Efficiency and Regulatory Standards: The Case of CO_2 Emissions from OECD Industries [J]. Resource and Energy Economics, 2001, 23 (1): 63 – 83.